▶秦枫

2006年进入凤凰卫视，任北京记者站记者，擅长国际、国内时政新闻报道，采访过多国政要。

▶安东

2007年投身凤凰卫视，任凤凰卫视节目主持人。主持《股市直通》《天下被网罗》《新财富报告》等节目。

◀令狐列

2003年投效凤凰卫视，曾任《小莉看世界》栏目制片人，现任深圳新闻部主任、记者，亲历淮河水灾、汶川地震等现场报道。

▶刘芳

2003年加入凤凰卫视，任凤凰卫视节目主持人。主持《凤凰早班车》《财经正前方》《天下被网罗》等节目。

▲陈淑琬

2002年加入凤凰卫视台北记者站，曾以记者身份报道过许多台湾重大事件。2010年调入凤凰卫视香港总部，任节目主持人，主持《天下被网罗》《媒体大摄汇》等节目。

▲胡玲

谢飞 摄

2004年进入凤凰卫视，现任凤凰卫视北京记者站记者，采访报道过汶川地震、青海玉树地震等。

◀周轶君

2008年加入凤凰卫视。曾任战地记者，现任凤凰卫视记者、时事观察员，专长冲突地区报道，报道过加沙空袭、利比亚战事等。

▲张凌云

2001年进入凤凰卫视北京记者站。现任凤凰卫视驻香港记者，经常跟随国家领导人外出采访。

▲蒋晓峰

2007年加入凤凰卫视，曾任战地记者，现任凤凰卫视记者、时事观察员，采访过泰国红衫军示威集会、印度孟买恐怖袭击、巴基斯坦政府军清剿塔利班等。

▼尉迟琳嘉

2005年加入凤凰卫视，任凤凰卫视节目主持人。主持《娱乐大风暴》《娱乐新闻报道》以及《倾倾百老汇》等节目。

▼王若麟

2005年加入凤凰卫视，任凤凰卫视节目主持人，主持《凤凰午间特快》《凤凰正点播报》等节目。

▼任 韧

2005年加入凤凰卫视，任凤凰卫视节目主持人，主持《凤凰全球连线》《时事开讲》等节目。

▼卢 琛

2006年加入凤凰卫视，任凤凰卫视节目主持人，主持《凤凰全球连线》《今日看世界》《环球人物周刊》等节目。

▲杨舒　张建设　摄

2005年进入凤凰卫视，任凤凰卫视节目主持人，主持《凤凰早班车》《南粤记事》等节目。

▼竹幼婷

2007年加入凤凰卫视，任凤凰卫视节目主持人，现主持《凤凰太空站》《天下被网罗》《凤凰正点播报》等节目。

◄鲁韬

2004年加入凤凰卫视。曾任编译、同声传译，现任凤凰卫视记者、时事观察员。报道过第五届亚太安全会议、以黎冲突等。

►姜声扬

2003年加入凤凰卫视，任凤凰卫视节目主持人，主持《时事开讲》《凤凰午间特快》《凤凰正点播报》等节目。

像他们一样去奋斗

凤凰新锐面孔

杨菁 周元君 冯欣欣 编著

陕西师范大学出版社

图书在版编目（CIP）数据

像他们一样去奋斗 / 杨菁，周元君，冯欣欣编著．—西安 ：陕西师范大学出版总社有限公司，2011.5
ISBN 978-7-5613-5605-0

Ⅰ．①像… Ⅱ．①杨… ②周… ③冯… Ⅲ．①传记文学－作品集－中国－当代 Ⅳ．①I25

中国版本图书馆CIP数据核字(2011)第090466号

图书代号：SK11N0571

上架建议：人物传记·成长励志

像他们一样去奋斗：凤凰新锐面孔

著　　者：杨　菁　周元君　冯欣欣
责任编辑：周　宏
监　　制：蔡明菲
特约编辑：窦　妮
封面设计：蒋宏工作室
版式设计：风　筝
出版发行：陕西师范大学出版社
（西安市陕西师大120信箱 邮编：710062）
印　　刷：三河市鑫金马印装有限公司
开　　本：787×1092　1/16
印　　章：19
字　　数：250千字
版　　次：2011年6月第1版
印　　次：2011年6月第1次印刷
ISBN　978-7-5613-5605-0
定　　价：29.80元

序

吴小莉

这是一本充满活力与锐气的书，讲述的是凤凰卫视一群新锐面孔的故事……

打开这本书，时间彷佛回溯到过去，让我看到了自己当年的影子。凤凰卫视开台时，我也与他们今日一样，怀着实现梦想的勇气，抱着百折不挠的决心，意气风发、踌躇满志。如果没有凤凰卫视，也许我永远不会碰到那么多来自两岸三地、五湖四海的"知己"。凤凰的包容性文化和鼓励个性张扬的理念，为我们这些经历不同、文化各异、性格有别的人，撑起了一片可以自由实现抱负的天空。正是在这片天空下，如衔泥筑巢一般，我们一点点积攒起凤凰的骨血、精神。靠着这血脉的接续，凤凰走过了风风雨雨的十五年。

媒体平台，和人一样，讲究的是气场。凤凰这个媒体平台，因它独特的气场，吸引了无数怀抱同样梦想的人。在这个平台上，大家加班加点却不觉得累，任劳任怨也不觉得苦。以前中文台台长王纪言说过一句话："这么累，这么苦，报酬也并不算高，大家之所以能在凤凰坚守下来，是因为凤凰这个平台可能是我们中国电视人唯一能实现梦想的地方。”王纪言台长所说的梦想，我们一直坚持着，梦想所在，就是凤凰精神的骨血精微。

今天，我们欣喜地看到，一批又一批坚定而倔强的同道者，和我当年一样，为了这个梦想，来到这里，以全然的热情投入到这种对信念的追求中，没有什么比同道者相携而行更令人愉悦的了。眼看他们经历跟我们当年一样的历练，一点点成长起来，心中非常欣慰。他们比我更幸运，是在凤凰逐渐羽翼光华时来到这里，如今的凤凰能够给予他们的条件已今非昔比，而有目共睹的是，他们的新锐之气在这个已经五光十色的舞台上依然绽放耀眼光芒。在这里，我诚挚地祝福他们，在凤凰这个包容万千的平台上走得更美、更远。

“生逢其时，珍惜机遇！”这是凤凰卫视刘长乐主席在开台创业的早年对我们的期望。同样的，我想这也是我们对凤凰“新锐面孔”的期望。

目录

CONTENTS

秦枫

一个典型的狮子座女生，自称是凤凰卫视最“惹是生非”的女记者，说话那是相当的坦率，这放在古代，绝对是江湖豪杰，一代女侠。

她身上流着外交家的血统，痴迷于国际关系与政治，却没有走向外交之路，而是成为了一名新闻从业者，以不同于常人的新闻嗅觉与视角，在这一行业崭露头角，成为佼佼者。她2006年进入凤凰，2008年就荣获了“全球最佳采访记者奖”。秦枫无论在大会堂、中南海，在地震、矿难、爆炸现场，还是在风云国际的外国元首与政要面前，始终坚守客观、信仰真实，言语犀利、态度真诚，一步步实现着自己的新闻理想。

星座： 狮子座

血型： B型

毕业院校： 新西兰惠灵顿维多利亚大学

爱好： 批判地看待世界，带着采访的心态去世界各地旅游，逛博物馆（每次出差，无论国内国外，只要当地有，必须要去），看政治历史书，喜欢研究珠宝首饰。

秦枫

最“惹是生非”的女记者

秦枫来凤凰卫视两年后，就在一年一度的内部评奖中获得了“全球最佳采访记者奖”。要知道，凤凰全球三十多个记者站，精兵强将云集，无论男女，工作起来个个都如狼似虎。一个刚入行两年的记者，能在这支队伍中显山露水，想必一定不是什么省油的灯。

事实就是如此。

“别以为我是凭一杯牛奶出的名”

那一年，全世界都在关注中国的三鹿奶粉事件，别说外国人了，就连中国民众自己，都是一时“草木皆兵”，不敢再喝任何国产奶了，中国的食品安全隐患再次尴尬地现于世人面前。就在这节骨眼上，人们从电视上看到，例行来中国访问的欧盟贸易专员曼德尔森先生，在记者会上公开表示：“我喝中国奶一点都不紧张，我一直以来很喜欢喝中国奶。”说完，他还拿起面前盛了牛奶的杯子，于众目睽睽下喝了一口。这条做到了全中国人民心坎里的新闻就是秦枫的手笔，而且是独家的，只此一份，透过凤凰卫视传向了全世界。

一时间，曼德尔森先生喝中国奶这个给力的举动传遍千家万户，连温家宝总理都看到了。在随后举行的达沃斯论坛开幕式上，温总理在发言中特别“点名”：“我在凤凰卫视看到曼德尔森先生喝了一杯中国牛奶，我心里非常感动，因为他看到的不是眼前，而是未来。”

人们津津乐道曼德尔森先生的“厚道”，身为贸易代表，他高调肯定了中国奶，等于也肯定了他对中国产品的信心。只是没有人注意到，身为欧盟贸易专员的他此番只是来中国例行访问，并顺道出席达沃斯论坛，“不巧”刚好赶上了三鹿奶粉事件。对于并不属于他专管的食品安全领域，曼德尔森先生曾多次放出风来表示，不愿意多谈奶粉问题。但为什么他却在记者会上改了主意，如此“多事”地开腔谈“中国奶”这个处于风口浪尖的话题呢?

这只有秦枫知道。

早在曼德尔森刚到中国的时候，秦枫就一直在跟欧盟驻华代表处联系，约他的专访。结果由于行程紧张等原因，专访没有约成。于是，他离开北京前的记者会就成了秦枫最后的机会。

那年同一时期，中国人除了在为自己的牛奶担忧，还有件挺兴奋的事。2008年9月25日，中国自行研制的第三艘载人飞船神舟七号，在酒泉卫星发射中心成功发射升空。两天后，航天员翟志刚首次进行出舱活动, 完成了中国历史上第一次太空行走。这是多么有意义的事情啊，尤其是对于新闻媒体来说，这种历史时刻谁会甘于人后呢？于是乎，凤凰的人力、物力全都涌向了神舟七号的报道，连秦枫自己也身在“神七”报道的新闻中心。当秦枫准备抽身去参加曼德尔森记者会的时候，竟发现一时都找不出个空闲的摄像师来跟她。说实话，在大家眼中，一场看起来没有什么鲜明新闻点的例行记者会哪有神舟七号重要!

但谁又拗得过秦枫呢？她一再坚持要去，因为只有她自己知道，她这招是“醉翁之意不在酒”， 不是为了什么记者会，为的是一个向曼德尔森提问的机会。秦枫盘算着：中国奶制品添加三聚氰胺的事情被国际舆论炒得沸沸扬扬，如果这时候能够找位有国际份量的政经界人物谈谈中国食品安全问题，会更为客观，效果也更好。

排除困难，秦枫和摄像师匆匆赶到欧盟驻华代表处，记者会正在顺利而平静地举行。因为常常代表欧盟跟中国上谈判桌，记者们追问曼德尔森的话题大都有关中欧间频发的贸易摩擦，偶尔有涉及奶制品贸易的问题，曼德尔森也答得中规中矩。秦枫一直静静地等待，脑子里盘旋着一个简单得不能再简单的问题，当得到提问机会的那一刹那，她直截了当地脱口而出：“你觉得中国奶是不是质量不

↑在记者会上使劲儿举手提问的秦枫。

好，你对中国奶还有没有信心？”瞧这问题问的，一点委婉的意思都没有，一点敷衍的机会也没留。

好在曼德尔森先生也是个痛快人，连秦枫都没料到他回答得这么“有料”。事后回想，曼德尔森或许也是有备而来，不然为何会在面前准备了一杯牛奶。但如果因为这样就说秦枫幸运，那真是 “非也”，不然为何在全场那么多记者中，在提问机会均等的前提下，却偏偏只让秦枫一人拿到了感动了总理的大独家？

这条新闻的确太吸引眼球了，秦枫的知名度也突然在一时间有所增加。当年秦枫被召唤到凤凰卫视香港总部领取“全球最佳采访记者奖”，上台接过奖状和红包，便嬉皮笑脸地发表了一通让大家有点意外的获奖感言：“大家千万别以为我就是凭一杯牛奶出的名。我今年做了很多自己也挺骄傲的新闻，不仅仅是突发事件中采访权威，还有在平日的采访中，能捕捉到重要人物。比如我想说的是，本人是带着脑子，随时在思考的记者。拿到了最佳采访记者这个奖，这是对合格和有激情的记者的奖励。这个奖不是天上掉馅饼。”面对着台下众多的资深前辈，台上就坐一排的高层领导，还能挺胸抬头发出这类豪言壮语的人，也只有秦枫了。

不寻常的启蒙

做新闻不会循规蹈矩，做人又大胆、自信、不怯场，这注定了秦枫是个“出格”却有含金量的记者。她不会满足于被动的采访安排。无论国际、国内发生

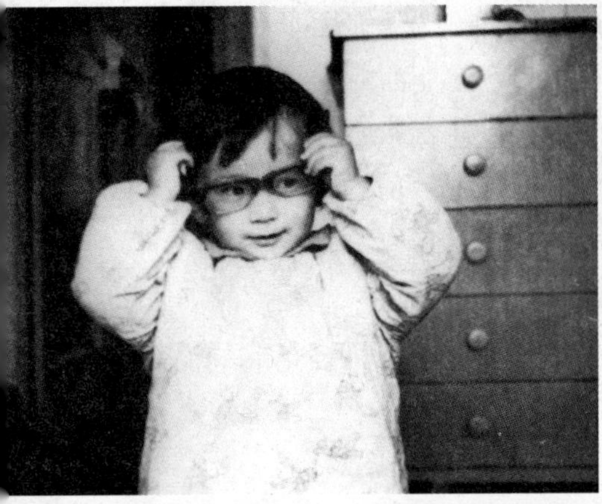

↑秦枫不到两岁，正在试戴爸爸的眼镜，显得古灵精怪。

↑秦枫两岁时很认真地“爬格子”。据秦枫妈妈透露，秦枫在爸爸的稿纸上面非常认真地在每一个“格子”里涂一个黑疙瘩，貌似写作。

大事，她对其中新闻焦点的嗅觉都异常灵敏，这让她能够做到主动出击，因而处处领先，为凤凰卫视拿到大量有质量的独家新闻。

秦枫对自己的工作有着一种狂热，她的作息从不是按照自己的生理习惯排列，而是保持与新闻事件发展同步。新闻来的时候，她可比让她放假兴奋多了，更不会计较今天是不是自己的休息日。大型长时间的采访任务，她绝对要求从头做到尾，等全情投入、一鼓作气地做完了，也不会计较调休还是补假，她的最高采访纪录是一天半做了11条新闻。

当年高中毕业的时候，父母把秦枫送出国读书，本来为她选了经济管理专业。然而本科毕业后，秦枫实在忍不住了，自作主张为自己改了专业，读了自己喜欢的国际关系作为研究生课程。也怪了，一个年轻姑娘，不听流行歌曲，不知八卦绯闻，谈起国际经济政治话题来却如数家珍。对她来说，那些国内、国际的重大问题，就这样一直在脑子里琢磨着，上班算工作，下班算兴趣。

回想自己受到的政治方面启蒙，秦枫说应该是老爸的影响。秦枫的父亲秦晓鹰先生是研究世界史的专家，享受国家级有突出贡献专家特别津贴。秦爸爸对世界历史、政治拥有丰富的知识和浓厚的兴趣。秦枫说，爸爸算得上是中国的第一拨评论员。早在20世纪90年代初，北京电视台就为秦晓鹰先生开了一个周评节目《晓鹰杂谈》，谈论国际、国内时政大事。在秦枫的记忆里，似乎从小在家里聊天就没有过家长里短，老爸因为个人的专业及兴趣，总爱在家里谈论国内外历史、政治上的重大话题，日子久了，这种或多或少的灌输，对秦枫理解各种事件与事件间的内在联系有了非常大的帮助。

小时候，秦枫每个周末都要跟爸爸妈妈回爷爷奶奶家与家族其他人聚会。在小秦枫看来，可能这只是个与家人团聚的机会，但如果从外人眼光看来，这个聚会还真不简单。秦枫的爷爷和姥爷都是新中国老一辈外交家，姑姑和姑父也从事外交事业，并且都曾任居要职，秦枫生长在一个不折不扣的外交世家。这个每周末的家庭聚会就跟个国务院工作会议似的，谈论的动辄就是外交关系、国际大事，可能是中国跟哪个国家不对付了，或者全球某一地区又出现争端了。秦枫和堂兄弟姐妹们一边吃饭一边听着大人们对国际时事的判断和评论，也许他们还不能理解那些事情有什么重大影响，但耳濡目染，确确实实培养了她对于国际关系和时政的浓厚兴趣。

容不得你不服气，对于秦枫来说，有关国际政治、历史的教育从她没记事时就开始了，并早早地生了根，发了芽。说不清是先天的基因还是后天的熏陶，总之，对时事政治的热爱早已融入了秦枫的血液。

有时候，大人们也会说些家长里短，谁的工作调动了，谁家的小子又惹祸了，只不过他们口中的这些“谁”们大都不是一般人。小秦枫自然没这个概念，家人口中这些位居要职的叔叔阿姨们，不就是隔壁的叔叔、爸爸的朋友、姑姑姑父的同事吗，跟普普通通的人没有什么区别。多年过后，当秦枫长大成人做了记者，仍然不习惯对“官”、对“权威”产生仰视。在她心中，无论是国家元首、高级官员还是普通公众，都是平等的。

于是大家有目共睹，虽然采访追逐的目标多是国际、国内位高权重的风云人物，但秦枫可从来没在这些人物面前显现过弱势。有机会就玩命围追堵截，腿如疾风，势如闪电，冲破警卫、秘书、随行人员等层层防线。一旦追上了，双方过招，绝对称得上气场势均力敌。往往官员们连反应的时间都没多少，秦枫会省去所有寒暄、自我介绍以及拍马屁，张口就直奔主题。而且问题一定够直白、够尖锐，直指社会舆论关注焦点，想敷衍、想回避、想顾左右而言他……难！难！难！

“秦枫，我一见到你就心跳加速”

对于秦枫的直白，有人担心她对领导人不够尊重。秦枫却认为这恰恰是专业精神的体现。能堵到位高权重的人采访是非常难得的机会，哪有时间容你寒暄，如果耽误了时间，不让他就民众最想知道的新闻焦点作答，才是记者最大的失败。而事实上，在很多次的独家专访中，正由于秦枫的敢问，才成功地将基层的愿望和疑虑反映给了主管官员，也由此让民众亲耳听到政府真实的声音和态度。

记得在北京奥运会开幕之前，中国政府承诺，将给予奥运报道媒体全面的采访自由。随着开幕日期的临近，全世界媒体都在热烈地讨论着，中国将怎样兑现它的承诺。外国人怀疑，能说到做到吗？国内民众担心，我们准备好了吗？离奥运会开幕不到二十天的时候，秦枫成功地在考察奥运新闻中心的活动中，躲过层层安保，钻到了中央主管宣传工作的政治局常委李长春的身边，直喇喇地问出了众心所向的问题：“全开放了，几千家世界媒体的两万多记者会钻到北京的大街小巷、犄角旮旯，所有好的、不好的全能看见，您就不担心有丑化中国的大幅报道吗？”对于这位主管宣传工作的最高领导来说，在这个时候，恐怕没有比这个问题更加“哪壶不开提哪壶”的了，但李长春的回答却异常镇定，他说我们不会担心的，中国这么大一个国家，自然有坏的地方，开放了，好坏任人评说吧，是世界人民自己的判断了。此话一出，人们肃然起敬，这条独家重量新闻迅速占据了当日媒体头条。

秦枫的旋风式采访，常常出其不意，且攻击力强，

↑朝鲜退出六方会议，秦枫采访戴秉国。

不少官员领教过后都留下了深刻的印象。一次，在中国商务部，部长陈德铭见到秦枫不禁感叹：“秦枫，我一见到你就心跳加速。”还开玩笑说私底下得研究一下怎么对付她的提问。

2010年5月，这股秦氏旋风刮出了点惊天动地的味道。那是一段社会气氛比较压抑的日子，两个月内接连发生了五起儿童凶杀案，案情令人发指。家长陷入恐慌，民众普遍担忧，而同时国际上对此事件的反应则非常负面。

当所有人都在紧绷神经的时候，刚刚休假回国的秦枫就接到了一个电话，有关第二天在天津举行的中阿论坛。秦枫感到意兴阑珊，正准备告诉主办方不想参加了，却听到说：“你还是要重视一下，这个论坛温总理都会参加，是很重要的……”温总理参加！秦枫只听到了这五个字，就眼神一亮，回答：“好，我去！”一个大胆的想法在她心中产生：民众需要一个权威性的说法，世界需要知道中国政府的态度和对策，何不借这个可能接近总理的机会，将久憋在心中的问题亲口向总理问问清楚？

在塘沽最好的会议中心，22个阿拉伯国家的政要和政府工作人员云集于此，各国记者也来得非常多，场面非常盛大。在这种国际会议的场合，想要在散会后的现场对高层进行临时采访根本不太可能。温总理在台上进行开幕发言，秦枫则在台下坐立不安，只见她不停地起身走来走去，眼睛扫着会场的每个大门，在心里比较着哪个门口安保人员多，哪个比较少，以此来判断温总理会从哪个门退场。考虑了一会儿，她便走过去和安保人员有一搭没一搭地套套近乎，后来索性拉着摄像师躲在门口的柱子后面，假装在休息抽

↑秦枫在肯尼亚采访马赛族。

烟。能不能见到总理，就在这一搏了。总理身边的安保措施是最高级别的，想给总理提问，必定要经历一场“恶战”。

要说记者和安保人员想必是这世界上永不可调和的矛盾之一。不过在无数次交手中，秦枫从来就没怯过场。如果安保界有黑名单的话，秦枫一定在前三名上。因为只要是为了抢新闻，她就会浑身散发出一种所向披靡的气势。无论怎样的阻拦，碰上她那刚直的性格，绝对是遇强则强、勇往直前、锲而不舍。不过有时候冲得太猛了，也会不知不觉地“闯祸”，投诉电话直接就打到了凤凰老板的手机上。常常老板在前一刻刚刚接到秦枫抢到独家新闻的喜报，没来得及高兴，投诉电话就追来了，让老板很是头疼。不过老板也有老板的智慧，该臭骂的地方臭骂，等到论功行赏的时候依然会给秦枫的专业精神一个大大的肯定。只是秦枫的直脾气一时半会儿也改不了，于是就在屡次认错之后，依然屡次地不长记性，老板也就接着屡次地头疼。

这边厢，围堵总理的“恶战”一触即发。看到总理走出来，早已守候于此的秦枫企图实施拦截，立刻陷入中南海保镖的“海洋”。原本还因为担心总理不肯正面回答而琢磨着提问技巧的秦枫，此时也顾不了那么多了，一边进行着激烈的肢体争执，一边扯开了嗓门喊：“温总理，近期的幼儿园杀童案……”

秦枫的担心多余了，总理听到她的叫声便停住了，站在原地思考。保镖们放弃了阻拦，秦枫走过去，听到了期待已久的回应。总理说政府高度重视频频发生的杀童案，并承认这不仅仅是治安问题，而是社会深层次矛盾的显现。他说要注意解决造成这些问题的深层次的原因，化解社会矛盾，加强基层的协调作用，不仅给孩子们，也要给民众们一个和谐安全的环境。

两个小时后，凤凰卫视《华闻大直播》节目播出了总理的这一段专访，舆论轰动了，媒体们即时就如潮水般纷纷转发这条凤凰卫视的独家消息。第二天，不仅中文媒体，纽约时报、美联社、路透社、联合早报、法国国际广播电台、美国之音等外国著名媒体也全部在显著位置竞相转载，并都选择了较为客观的语气。就像被秦枫按动了开关，报道开始铺天盖地，有关部门也在随即召开的记者会中一改往日口径。秦枫还接到了老板亲自打过来的电话，上来一开口却问：“秦枫，你接到投诉了吗？”秦枫一愣：“没有啊。”只听老板如释重负地说：“我也没接到，还行还行。”

这条2010年度最给力的新闻，获得了凤凰卫视当年全球最佳独家新闻奖。

↑秦枫在藏区采访。

“她冲的时候别人都不在”

因为性格刚直，总横冲直撞，秦枫在记者圈也是出了名的有个性。不过有心的同行在私下里谈论：“你别以为秦枫总是横冲直撞的，其实她特别有心眼儿，不信你看，其他媒体冲的时候她不一定冲的，但是一般她冲的时候别家都不在。”

迄今为止，让秦枫最得意的一次采访，是在两岸正式开启“大三通”的报道中，在所有资深记者都在场的时候，她于众人眼皮子底下无声无息地抢到了国务院台办主任王毅和海峡两岸关系协会会长陈云林的独家专访。

那是2008年底，海峡两岸即将全面正式启动海上直航、空运直航及直接通邮。从分离的那天算起，两岸已经有60年不能正常来往、通讯。而从大陆方面在1979年元日发表《告台湾同胞书》，最早提出两岸三通的构想开始，这个愿望的实现也等了足足30年。秦枫作为凤凰卫视的代表，与其余200多名海峡两岸的多家媒体记者一起，参与了国台办为此组织的记者团，前往天津港，准备见证“大三通”启动仪式。

↑秦枫爬上步战车。

200多人的庞大记者团，如果严格按照国台办发的时间表，乖乖地跟随统一安排，一起集合，一起坐车，一起到现场，一起架机器，然后几十台摄像机同时对着一个现场、一个人采访，那就不是凤凰卫视，更不是秦枫了。

按照收到的时间表，下午，国务院台办主任王毅及海峡两岸关系协会会长陈云林等大陆官员，将会与前来参加仪式的中国国民党荣誉主席连战一行进行碰头会谈。秦枫刻意放弃跟随专为记者准备的包车，拉着摄像师早早就向会谈地点摸去。由于秦枫他们够勤力，提前了两三个小时到达现场，这时安检程序还没有开始呢，于是秦枫很容易地走入了进行会谈的大楼，并长驱直入，顺利找到了会谈地点。在会场周围转一转，秦枫瞄准了离会场不远的几间休息室，根据自己以往的经验和已知的会谈参与人数判断，秦枫走到了一个最大的休息室门外，一边望着电梯口，一边开始“守株待兔”。

果不其然，过了一段时间，清场的工作人员向这个休息室走来，开始进行警戒封锁工作。根据经验，秦枫知道，这意味着大概半个小时后领导就会到来，只是他们要先蒙混过了眼前的这一关。工作人员过来的时候看到了这样一幕：一个跟他们差不多身穿职业西装的女人，若无其事地坐在休息室门口看书，没什么特别的，也许是国台办那边派来的工作人员来给领导提前踩点儿吧。他们当然看不见秦枫已经事先藏好的摄像机，也想不到这个比他们都早到很久的人会是记者，更何况她一副理所应当坐在这里的样子，理都没理他们，该干吗干吗。

在与连战主席正式会见还有半个小时的时候，国务院台办主任王毅及海峡两岸关系协会会长陈云林先期到了会场，自然一下子就被秦枫拦了个正着。因为在担任驻日大使期间，王毅曾接受过秦枫的采访，有过一面之缘，他认出了秦枫，自然也痛快地接受了采访。到底是外交官出身，而且又是针对这么有历史意义的事情，王毅对着镜头侃侃而谈，从1979年的《告台湾同胞书》讲到如今即将举行的启动仪式，讲到这中间如何历经30年才达成愿望，并言简意赅地评价了“大三通”的意义。

紧接着，对于王毅身边的海峡两岸关系协会会长陈云林，秦枫自然也没放过，立即抛出了一个当时正被热议的，却会令陈会长顿感尴尬的问题：“《海角七号》是否在大陆被禁止放映？您是否认为这部电影有宣扬日本台湾亲善的含义？”因为之前一直流传消息说，是陈云林会长在阻挠台湾电影《海角七号》登陆，而后虽然有国台办发言人澄清，但是两岸民间仍然不相信《海角七号》会在大陆公映。陈云林会长当然马上就表示大陆并没有禁播《海角七号》，一切都在正常的程序之中。他还说自己已经在之前去台湾的访问中看过此片了，不过却对秦枫颇具敏感性的第二个问题不做表态。虽然只是重复了之前的官方说法，但在“大三通”来临之时，听海协会会长陈云林亲口澄清两岸文化交流中的争议，意义自然不同。

采访完成后，秦枫从休息室往会场走，表面上特平静，像什么事都没发生过一样。走到会场门口，她看到所有其他记者正堆在一起，翘首以盼呢。看到走过来的竟

↑在俄罗斯采访空军司令员许其亮。

↑在乌拉巴托采访时任蒙古总统恩赫巴雅尔。

然是秦枫，而且还是从里面往外走出来的，所有人都奇怪地看着她。“你采到了？”比较机灵的同行最先开口问。“采到了！”秦枫平静地回答。看着大家的目光都变成了“恶狠狠”的瞪视，秦枫心里别提有多美了。她甚至开始想，是今天发呢，还是明天发呢？反正怎样都是我的独家。即便那些记者一会儿把从贵宾室出来的王毅和陈云林堵到，但是那么多记者围着，很多灯打着，他们又赶着去会场开会，他们能说多少呢？能说得怎么样呢？最重要的是，将会有一堆各个台标的话筒，很娱乐化。

于是，在正式“大三通”的前夜，通过播放秦枫的独家采访，凤凰卫视在所有的媒体之前，把“大三通”的历史意义，通过中国政府主管台湾事务的最高级别官员王毅和代表民间最高组织的海协会会长陈云林释放出来了。

叛逆的青春

秦枫还在求学的时候，也曾经想过继续家传的外交职业，当外交官。她也的确在中国驻新西兰使馆工作过一年。后来发现自己性格不适合，就作罢了。现在看来这真是“万幸”，不然，以秦枫的性格来看，少了一个优秀记者不说，估计外长得天天处理秦枫惹出来的“祸”事。当然，这是玩笑了。

秦枫的性格连她爸妈都想不通为什么是这样，天生就比较强势。

从小学开始，秦枫就初露端倪，是学校的风云人物。倒不是仅仅因为学习成绩不错，主要是性格比较厉害，常常会跳出来主持事情。见到同学们散漫一团，

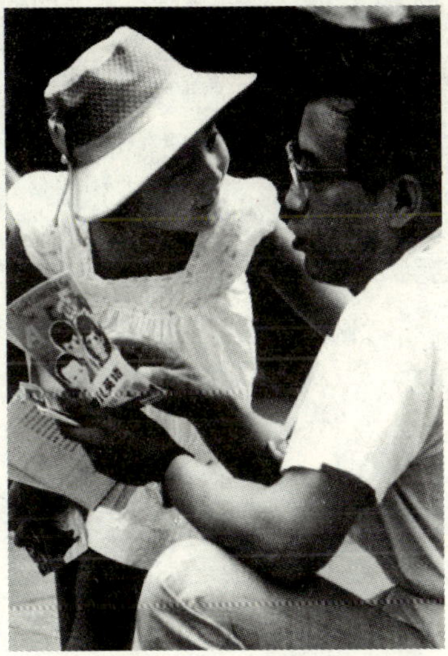

↑秦枫五岁，刊于1985年9月某一天的*China Daily*（《中国日报》）。父女二人在劳动人民文化宫逛书市，被人偷拍，刊登在报纸上。

她会站出来大声说：“别动了！都站好，站好了！”也怪了，同学们还都听她的。于是从一年级开始，秦枫就当班长，没办法，就她镇得住场。往后开始就一路“飞黄腾达”，什么中队长、大队长、十佳少先队员，反正学校什么事都有她，连电视台做节目来学校挑人都能选上她。

秦枫的小学是北京市府学胡同小学，原为顺天府学，校舍本身是历史文物，南宋英雄文天祥曾囚禁在这里，在北京市是最优秀的小学之一。令秦枫印象最深的是，自己的小学教育中，居然竟超前地实行过民主选举！那是秦枫小学三年级的时候，她作为大队长候选人之一，和同年级其他候选人一起，坐在校操场中间，每个人后面放一个脸盆，全校同学来投票。当然，对于小学生来说，学校只是培养意识，其实不设差额选举，选票也都是同学们根据自己的创意来画的。后来秦枫的大队长一直当到了六年级。

等上了中学，秦枫就更加天不怕地不怕了，出了名的不是乖学生，永远按自己的主意走，公开挑战老师的权威，颇具现在的气质雏形。一次放学前的最后一堂课是化学课，老师安排做了一堂课的测试卷子，同学们答完交卷也就回家了。第二天早上第一堂仍然是化学课，老师带着判过的卷子来到课堂，上来什么都没说就发下去，让大家先进行一番自我顿悟，再自行修改。同学们都埋头看卷子，只有秦枫坐在那儿发呆，非常显眼。老师一看，就问：“秦枫，人家都在那儿写，你怎么不写啊？”秦枫心想，天知道这些人在写什么呢。于是答道：“老师，不是昨天晚上刚做完的吗，您又没讲评，我改什么啊？我要是现在会改了，我昨天晚上怎么会做错啊？！”老师听了都没说出话来，让她罚站了一节课。

还有一次，是在1997年香港回归的前日，老师上课时候说：“同学们，明天香港回归跟大家没什么关系，但是明天的期末考试就有很大关系了，大家可得好好准备。”秦枫听了觉得很不舒服，这么重要的事情怎么能说没关系呢，于是就冲着旁边的同学，故意特别大声地说：“嘿！这老师太逗了，香港回归跟咱们没什么关系？！咱们这可是等了有100年了吧！期末考试算什么！”老师顿时无语。

父辈的烙印

说来奇怪，秦枫的个性如此反叛，但她却从不挑战父母的权威。在父母面前，她是绝对的乖乖女，说什么听什么。高中毕业，很认真地参加完高考，爸爸突然说要送她去新西兰读书。原来爸爸早已默默为她办好一切手续，却不想她人生经历有缺憾，让她正常地度过了高考时期。面临人生突然的改变，秦枫二话都没有，抱怨也不抱怨，一个人开始了异国留学之路。秦枫自己总结说，我对自己服的人就比较听话，我还是比较怕我爸的。

爸爸在秦枫的成长中起到了很重要的影响和推动作用。除了培养了她对于时事政治和世界历史的兴趣，秦枫还记得小时候每年假期开始，爸爸都会往她桌子上放一摞书，让她在假期内读完。小学时候给她看《红岩》《烈火金刚》《林海雪原》，不是连环画，都是原著本。有一次秦枫陪着老爸在京西宾馆写作，秦枫把当时日本连环画《世界五千年》十本的文字部分，全部誊抄在自己的小作业本中，足足抄了一个星期。初中的时候就开始涉及外国名著，什么《基督山伯爵》《战争与和平》《静静的顿河》之类。到了高中，就看欧美名著了。秦枫倒是坐得住，也不爱出去玩，爸爸交代的功课每次都会认真完成。就这样，虽然也是80后的女孩，秦枫却从不追潮流，不追星，也没看过琼瑶和武侠。中学的时候，爸爸的朋友来家里做客，看到秦枫的房间后很惊讶，因为一个十几岁中学生的屋子，竟然满眼白色壁纸，配上白桌子、白椅子、白柜子，没有任何明星海报或其他花哨，只挂了一幅俄罗斯农村的油画，相当简单、有意境。

↑秦枫十七岁。在那个时候，出国容易进藏难，根本没有什么人去西藏旅游。偌大的布达拉宫广场，变成了她的天然舞台。

↑二十五岁，秦枫硕士毕业了！

于是长大后的秦枫生活称得上单调。不爱看电视，不爱看电影，不爱出去喝茶喝咖啡，不爱社交。有需要的话，会看看历史题材的纪录片或战争片，而最喜欢的还是看书，每年年初都要确定一个很详细的读书计划，看得最多的还是政治评论和中外历史，倒是很少再看小说了。

其实在秦枫看来，爸爸妈妈以及家里的老一辈们对她最重要的言传身教是“爱国”。自己都说不清是什么时候开始，“爱国”这种情怀在她的身体里酝酿发酵。祖国50年大庆的时候，秦枫正在国外读书，无法回来，爸爸理解她的中国情怀，以最快的速度给她寄出了50年大庆阅兵的录像带。秦枫收到后，盘腿坐在客厅里，把声音开得很大，想尽量营造现场的感觉，住在一起的房东白人夫妇还以为她在看战争大片，竟也被吸引了，秦枫更是热血沸腾。

2006年，秦枫决定从新西兰回到北京，她问老爸自己适合做什么，爸说，做记者吧，她最信父亲，于是选择了凤凰卫视。三年后，她得偿所愿，以一个记者的身份，终于在现场目睹了祖国60周年的盛世大典。那一天，从来都是一身素色的秦枫，第一次穿上了红色的西装。

秦枫做记者五年了。这五年里，她不仅跑大会堂、中南海，深入一个个地震、矿难、爆炸、铁路撞车等现场，还去了二十多个国家，和内贾德、普京、穆沙拉夫、他信、查韦斯等有个性的外国元首和政要交过手。秦枫着迷于自己的工作，认为它可以让自己亲身参与历史，可以让自己站在国家和公众的不同层面去

↑60周年国庆大典，秦枫身穿红色西服，在制高点报道这一盛事。

了解各方观点，穿梭在“庙堂”与“江湖”之间，对世间百态的认识更加清晰。秦枫说自己想做一个“知道分子”，所以现在仍然在“恶补”税收金融知识，她说知道得越多，认识得就越深入、越全面，然后再把自己知道的告诉观众，不加个人评论，让大家自己去判断。

不过在这段行万里路的时期，秦枫对每个国家、每位政治人物也都有自己的思考，为了给自己一个交代，秦枫和父亲秦晓鹰一起“四手联弹”，合著了《枫声》一书，分析中国与大国、小国、地区之间的关系。秦枫的老板、凤凰卫视董事局主席、行政总裁刘长乐在书评中写道：

……我也可以算是一个从业几十年的资深新闻人了，让我欣慰的是，秦枫在《枫声》文章中闪烁的思想火花。我们凤凰一直提倡“专业主义激情”，专业和激情一定并重，才能当一个好记者，激情的新闻需要专业思考。新闻可以变成旧闻，而思想却会有隽永的魅力。

令狐列

身为深圳新闻部的老大，为人十分节俭，其实说难听点儿，就是抠门。不过这确实是优点，他带动周围同事为凤凰卫视省下不少成本，为国家省下不少水电粮食。

他从贵州大学中文系毕业，随后进入新华社，又在1999年初，跳槽到澳门卫视迎接了澳门这个海外小岛的回归。

在随后四年的日子中，他浪荡在澳门的小街小巷，既见证了回归大典、赌权开放，也触摸了这个远东最早西方文化输入地的东西交融。2003年投效凤凰，至今七年，问道过专题，经营过栏目，最终定位在凤凰的新闻资讯。他几乎看过了中国的各式灾难、外国的纷扰战争，在摸爬滚打中奉献着自己职业与生命的双重激情。

家乡： 贵州

星座： 狮子座

血型： O型

爱好： 足球、羽毛球、下棋

最爱的食物： 川菜、湘菜

令狐列

一半是海水，一半是火焰

令人忐忑的指令

2007年7月，淮河发生水患，令狐列领命前往安徽采访。彼时，他刚刚30岁出头，来凤凰已有4年，做深圳新闻部主任3年。

那是一个清晨，令狐列走在安徽省颍上县，这里刚刚实施炸坝分洪，百姓们为抗洪大局被迫牺牲家舍良田，沦为无家可归的灾民。灾区的景象总能触动人心，纵使灾难报道做得多了，令狐列也免不了一次次为灾民感叹，并从不在镜头中隐晦：

“你们可以看到，我站在灯光下，不断有蚊虫在撞击着我的脸，而就在我身旁，你们看不到的地方，很多村民都坐在淮河边上，只为守住自己所谓的家当，他们的家当就是几块塑料布，一些锄头和一些方便面。在这样潮湿闷热的夜晚，在这样蚊虫肆虐的时候，他们坐在这里，让我觉得心里特别难受。”

说这段话的时候，他定定地站在镜头前，皱着眉头，饱含情感，没有标准的记者脸，只有努力释放出的温暖。

走在清晨7点的颍上县，姜塘湖大堤上传来的争吵声吸引了令狐列的注意，一户牧民与地方干部起了争执。令狐列赶到后看到这样的景象：干部奋力抢着拴在堤坝上的羊群和堆放在旁边的家具，努力驱赶着牧民一家，见对方强硬不听，一把推落牧民的床入河。牧民哭得死去活来，口里喊着“我们也没办法”，见家当被抢，恨不得拼命。令狐列了解后得知，蓄洪后，牧民一样是灾民，却拿不到发给普通农民的田地补偿，一家人无处可去，才把羊和家当暂存于

↑小学一年级的令狐在雪地中。

坝上一天，但坝上放牧是明文禁止的，干部们看到坝上的羊群，不由分说要赶他们走。一边情有可原，一边理直气壮，令狐列渐渐地从采访变成了劝架……

手机声让令狐列暂时脱离了混乱的人群，是香港总部来电："有消息，温总理今天的飞机到阜阳，但之后去哪儿还不清楚，想办法跟一下，争取采访。"短暂的通话让令狐列脑子一个激灵，采访总理，这可是一个相当重要的任务，但……阜阳？离这里可有300多公里呢！总理什么时候到？到了以后又去哪里？我该去哪里找他……这无数的疑问尚在令狐列脑中纠结的时候，他和摄像师已登上了赶往阜阳的出租车，"无论如何要快，闯红灯的话我给您交罚单。"令狐列上车就这样跟司机交代，可此时他心中却认为，完成这个任务连1%的希望都没有。

老实讲，这条指令对当时的令狐列来说确实有点不靠谱的感觉。一来，没有总理行程的任何消息提供；二来，对于凤凰这个境外媒体而言，根本没可能拿到贴身采访国家领导人的通行证；三来，当时的凤凰卫视也还没有多少成功采访国家领导人的经验在前。可想而知，令狐列当时心里有多么的忐忑。

呼啸前行的车上，令狐列正在专注地发着短信，他没有放弃和可能提供消息的人士沟通。当然，等消息的同时，他也没忘了把早上在姜塘湖大堤上的采访故事剪成新闻片发回总部。焦急等待中，令狐列终于得到了一个好消息——总理中午会到阜南县吃午饭。经过5个多小时的追赶，令狐列总算到了阜南县城，根据经验驶到了阜南当地最好的宾馆——南山宾馆。看到宾馆四周布满的警戒，令狐列心里踏实了，总理就在里面。

一定要很拽

一切才刚刚开始，首先要混进总理身边的队伍。

根据经验，总理身边一定会跟随着一些随团记者，如果能混进他们的队伍就有机会。看着眼前所有出入口都有警察站岗的宾馆，令狐列不断给身边的摄像师黄宸，其实也是在给自己做着心理建设："待会儿一定要拽，不要怕，大不了就是被赶出来而已。"两个人朝着警力比较少的侧门走去……

"干什么的？"不出意外，警察拦住了他们。令狐列尽可能地做出了一副满不在乎的表情，压抑着内心的紧张说："我们之前跟温总理车队进来的，刚才出去在门口做了个连线报道。"警察听了半信半疑地看着他们，似乎很犹豫。令狐列抬头挺胸迎上警察的目光，心里一直默念：要拽，一定要拽……仿佛有了效果，警察真的放他们进门了。

进入宾馆大院，放眼望去，好家伙，有大大小小几十辆车呢，而且都是空的，显然这些人还在宾馆里吃午饭呢。这倒是件好事，让他们有充足时间先混上车。但是，该上哪部车呢？令狐列回头看看院落四周的警察，又看了看三三两两站在院子里的工作人员，心里盘算了一下之后，便慢慢悠悠地走向一名工作人员，用一种很随意的口吻说道："我们记者是几号车来着？上午下车的时候忘了。" 那工作人员看了他一眼，嘴里嘟嘟囔囔地打开一个小册子，估计心里想，你们这记者当得够有水平的，坐几号车都不记得。随后抬起头，没好气地说："5号车。"

5号车的门锁上了，令狐列和黄宸只有在旁边等着。也许是天赐良机，这当会儿，一名工作人员走到5号车，打开了车门，往车上搬着些雨衣、雨鞋、矿泉水之类的物品。令狐列此时胆子也大了起来，和黄宸两人继续装出一副拽得二五八万的样子，理也不理工作人员，径直上了车。工作人员倒是没有理会他们，他哪里想得到，这两个看似大大咧咧的人其实根本没有上这辆车的证件。

两人在车子最后的角落里坐下，座位前堆放着其他电视台摄录用的梯子，正好可以挡住他们的脸。十几分钟后，真正的随团记者们才三三两两上了车，最让令狐列发憷的中央警卫局人员也上来了。问题出来了，来的时候位子是正好的，

↑大学时候，令狐在贵州高原的草海荡舟，回眸。

现在却多出两个人没地方坐，是谁坐错了？令狐列当然知道，多出的两个人正是黄宸和自己。此时，他们俩依旧表面不动声色地坐在原位，手里却慢慢地将身后的双肩背包反挎到胸前，挡住那醒目的凤凰LOGO，身体也越缩越矮，简直要缩进座位底下了。

这真是一场心理素质的考验。见没有人愿意离开，中央警卫局人员便从第一排起开始了排查。令狐列此时装作没事人一样望着窗外，其实手心一直在冒汗，心想这下怕是完了。谁知奇迹竟然发生了，刚查到第一排就发现了两名记者不该上这辆车，他们就被赶下去了。令狐列简直又惊又喜，目露同情地看着这两位“替死鬼”无奈地下了车，心中长舒口气。车子开动了，一颗怦怦乱跳的心也终于平静下来了。

这事，已经成了一半了！

身份暴露了

车队停在了王家坝蓄洪大堤，等众人下了车，令狐列与黄宸这两个身前没佩戴任何有效证件的记者，便赤裸裸地暴露在中央警卫局人员的火眼金睛下，立刻无所遁形了。“再拍就收了你们的机器。” 迎上警卫那绝不容情的目光，令狐列的脸上却浮现出一种近似温顺的笑容说：“不好意思，我们绝对服从安排。”说着，真拉着黄宸退出了人群。

这么多年的采访经验培养出令狐列一种习惯，虽然身为大男人，关键时刻他却从不跟人急眼，反而身段放软，说话柔和。因为他始终坚信“伸手不打笑脸人”这个道理。换位思考，他也能理解对方的立场和做法。此时他不跟警卫争执，因为他很清楚，拍不拍这几个镜头无所谓，自己的目的是采访总理，犯不着现在就鱼死网破。令狐列意识到自己已经暴露了，不可能再跟着车队走下面的行程了，唯一的机会就是在这里采访。

想到这儿，令狐列一边装作无所事事地晃悠着，一边打量着四周，警卫们已经不再盯紧他们，而是随着总理往坝上走去，这使得他有机会接近停放在另一边的总理座驾，那里只站着几名工作人员。鉴于时间紧迫，令狐列决定采用一个千古流传、屡试不爽又最有效率的办法来接近总理，那就是——“拦轿”。令狐列和黄宸顺着人群的外围慢慢绕向总理座驾附近，他决定搏一搏，总理总要上车的吧，那我就在这里候着。

十几分钟后，温总理听完了大坝负责人的介绍，转头往这边走来。近了，近了，令狐列瞅准时机，出其不意，一个箭步冲上去：“温总理，淮河灾情告急，您想给沿岸灾民和干部说点什么？”话还没说完，人已经被拼命向后拽了好几米远，而可怜的黄宸早就被双脚离地架走了。幸好，温总理听到了他的声音。混乱间，令狐列看见温总理笑眯眯地转向他说：“等一会儿啊，等一会儿。”接着便转头上了对面的二层小楼，那是抗洪临时指挥所。虽然总理走开了，但总理答了他的话，令狐列心里充满了希望。他一边奋力抵挡着警卫的拉扯，一边忙不迭地说：“不好意思，不好意思，你们千万别动怒，别动怒……”

一个指挥官模样的人一脸怒意地走过来，对令狐列批评道：“你们怎么能这

↑令狐进入工作岗位了，第一份工作是新华社，没太多采访，就去踢球了。令狐是蹲着的左边第一个，最帅的那个。

↑不知道是什么采访，令狐沉迷在美女之中，那时候就本性初显了。

样……”令狐列忙解释：“领导，你们千万别动怒，我们确实是没有证件，是我们不对，但是我们也不容易，我们赶了5个多小时，几百公里过来的，绝对不是来捣乱的。”来人面色有所缓和，他接着说道：“我们本着媒体的职责，希望总理能说几句话。这时候，总理的每一句话，无论对灾区也好，对救援工作也好，都是一种莫大的鼓励。灾民看到总理对他们的慰问，心里会非常温暖，地方政府看到总理对他们的指示，也会有帮助……”

令狐列苦口婆心地絮絮叨叨了一大通，说的都是心里话，而且句句都踩在了点儿上，再加上语气颇为诚恳，一脸掏心掏肺的感觉，倒像是完全为别人着想似的，竟把那位指挥官听愣了。令狐列话音落下后，他怔怔地一时没有反应，有半分钟之久，突然回了一句说：“那你们不要乱来哦！”令狐列一愣，这意思是……“我去给你们说一说，你们等着吧。”真是遇到好人了，令狐列欣喜地看着他态度180度大转弯，目送他上了对面的楼。

完成“不可能完成的任务”

二十分钟后，一队人马下楼来，那位指挥官赫然走在其中，边走边向令狐列点了一下头。紧接着，令狐列记忆中相当难忘的一幕出现了：温总理走下了楼，不偏不斜，脚步稳稳地径直向拿着凤凰卫视话筒的令狐列走来。令狐列此时只觉得热血沸腾，心怦怦直跳，忍不住向前抢了几步，主动握上总理的手，像怕他随时会飞了一样。

“总理，非常感谢您接受我们的采访。”紧接着他重复了刚才向总理喊出的问题。总理有条不紊地讲了差不多五分钟，并且掷地有声地做了一次表态：“今年政府将会按照国家最高标准来补偿灾民。”这是灾情发生以来，最高级别的国家领导人公开做出的最重要的也是最明确的一次表态。

不知怎么，令狐列脑中突然浮现出了早上碰到的那户牧民，总理话音刚一收，他紧跟着追问道：“总理，大灾面前，国家防洪大局政策往往和一些灾民的具体生活困难有所冲突，您怎么看这个问题？”时间紧急，令狐问得有些含蓄，总理却像明白了他的意思似的，连连说：“我明白，我明白……”并保证国家会认真统计老百姓的实际困难，给予补偿。

揣着长达10分钟的温总理独家专访，令狐列心里怎一个激动可以形容。想想自己早上接到任务时的迷茫，想到追访过程中无数次的绝地逢生、化险为夷，想着总理回答问题时，还一边轻拍着自己的手，他此时不知道自己是运气好还是够聪明，但有一点他很为自己骄傲，确切地说是有一点庆幸，那就是在这个看似不可能完成的任务中的每一个危急关头，他竟然都没有选择放弃和松懈，如果任何时候放弃了，那么现在的一切都不可能实现。

在采访结束仅仅一个多小时后，凤凰卫视播出了温总理接受采访的内容。当时，令狐列仍然在灾区，准备和总部做海事卫星连线。忽然他听到身旁的百姓们正在纷纷相告：凤凰卫视采访到温总理了，赶快看凤凰……

↓令狐在澳门卫视最远的一次出差——非洲，一个人兼了摄影师和记者。令狐本人表示很喜欢这张照片。

套套磁 躲猫猫

这次颇具传奇色彩的采访经历受到了凤凰卫视老板及管理层的肯定，并被人津津乐道了好一阵子。令狐列自己也常常想起这件事，主要是提醒自己保持敢想敢干、不抛弃、不放弃的工作精神。毕竟作为记者，采访中碰钉子的时候往往占多数，令狐列也有很多次失败的采访经历，有时候甚至直接被屏蔽掉，连说理的地方都没有。但他倒是没有挫败过，下一次依然故我。一年后，令狐列又打了一次漂亮仗。

依然是在灾区。

2008年汶川大地震，凤凰记者前赴后继奔向灾区，令狐列当然也不例外。在北川中学附近采访时，令狐列发现头顶有直升机盘旋、降落，突地联想到当天收到的风声："一位首长要来北川。"猛地跑过去，努力挤进人群，却发现不过是一些士兵在做降落试验。难道这是为首长作准备？虽然只是猜测，第二天早上7点，令狐列和摄像师已经赶到北川中学。到这里一看，解放军部队竟然比他们还早地集结整齐，一看就是等待检阅的样子。这下子心里便有了底，令狐列和摄像师索性就在这里等上了。

做记者有时候和做侦探有点像，敏锐观察、收集线索、推理演绎样样都用得到，必要时候也得套套口供。令狐列此时毕竟还没有掌握确切消息，他哪会闲

↓采访四川地震灾区。

↓汶川灾区，令狐坐在废墟堆上做采访笔记。

着。一会儿这个军营转转，一会儿那个军营串串，到处跟别人套磁。在医疗部队的帐篷里，他装作很内幕的样子告诉军医们："今天首长要来啊，你们准备好了吗？"诸如此类的试探多了，他确定了一个重要消息，今天肯定有首长来，而且来的不是别人，是胡主席！灾区如此艰难的时刻，胡主席到来的一举一动、一言一行都是最具新闻价值的。令狐列和摄像师顿觉重任在肩，但心里的担忧也开始膨胀，因为今天他们注定将面临最严格的警戒，自己和摄像师这两个三无人员又能于何处遁形呢？

警戒果然越来越森严了，开始令狐列他们还抱着侥幸心理，躲在什么帐篷里、树后面、挖掘机里之类的，但是他们最终认识到了自己的不靠谱，两个穿便装的记者在一堆军服中怎样都是最显眼的。没办法，令狐列只能使出最后的杀手锏——套近乎，通俗地讲，就是"拍马屁"。

临时"拍马屁"

在与人沟通的能力上，令狐列可能真的有些天赋。总的来说，不管是达官贵人还是贩夫走卒，他一见面还说不上两三句话，就能迅速与人打破隔阂，聊得相当投机，像认识了好久一样。这点在外出采访时用在搭便车上相当好使。他称呼别人常用敬语，某兄、某总、某老师……当然，他嘴里叫的"总"也许就是某位成功人士，但也有可能是成功人士的司机。一次令狐列去佤帮采访，上了接他的车就忙着管司机叫"总"，那司机其实是佤帮总司令的保镖，听他一叫，吓得魂都出来了，连声说："千万别这么叫，我们这儿就一个'总'！"这算是令狐列的公关工作中少数的小意外。令狐列的"巧舌如簧"、"甜言蜜语"颇受中老年妇女推崇，曾经一位男同事的母亲在与令狐列有过几面之缘后，立刻欢喜得只恨自己没生个女儿好嫁给他。

那日在北川中学，令狐列把这一身功夫使在了成都军区一个副司令员身上。蹲在他的旁边，令狐列特别虔诚地采访着他，并且忙不迭地述说着对成都军区的崇敬和感动，"这次救援你们成都军区是最牛的，你们来得最快，力量最大。目之所及，到处都是成都军区的身影，战士们不畏艰险，军官们不顾疲惫……" 人家副司令员什么世面没见过，渐渐看穿了令狐列的意图，不过令狐的一番话听着总归是舒坦的，他哈哈一笑说：“你跟着我没用！”随后指了条明路——介绍一个姓赵的现场副指挥长给令狐列认识。令狐列即刻转移火力，一句“赵总——”人就飘了过去。“赵总”也是个明白人，在听了令狐列什么“勇敢坚毅”、“临危不乱”等等一番四字词的轰炸后，也就没赶他们出警戒区了。这样，几回合的清场下来，就连军委办公厅的清场也被令狐列扯着嗓门的一句“赵总特批同意留下的”而躲过去了。

但是，真正的大人物还没出现呢。当胡主席一到，中南海警卫出场，一切都得靠边站。跟中南海警卫过招是相当艰辛的，令狐列这个三无人员再一次被毫不留情地拦了下来。他配合着无比亲切的笑脸说：“大哥，对不起，我不是来给您添麻烦的，我知道您的职责，但我们也是特例批准进来的，麻烦您理解我们确实不容易，我都那么大年纪了，让我拍两个镜头吧。”实验证明，外表似冰山的人往往内心似火山。虽然警卫一副没在听他说话的样子，但渐渐地，也就不再用力阻拦，最后竟然还默许令狐列把举摄像机举酸的手架在他肩膀上。而此时，围在胡主席身旁的摄像机仅有三四部而已，分别是央视等几个身佩特别徽章的随行记者，以及令狐列。

当胡主席基本完成了视察的工作时，令狐列抓紧机会喊道：“主席您觉得现在救灾最大的难度在哪里？今后的重心是什么？”主席抬头回道：“现在我们当务之急还是先救人，只要有一线希望，我们就要千方百计。”后来这句话就成了当天各媒体的头条。

过五关斩六将

要说令狐列行走江湖这么多年，虽然靠着“厚脸皮”、“拍马屁”、“装大头”等等“独门秘技”一次次达到了以柔克刚的效果，但有道是，道高一尺魔高一丈，所谓一物降一物，令狐列也不是没有急得干瞪眼的时候。

2009年重庆发生山体坍塌事故，80多人被瞬间掩埋。正在成都采访公交车大火的令狐列突然接到命令去重庆。晚上12点，完成了成都最后一项工作后，令狐列和摄像师连夜赶往重庆，由重庆到涪陵，再到武隆，再到铁矿乡，再到鸡尾山，一路辗转终于在第二天下午来到出事的山脚下。令人有点意外的是，这距离事故现场还有“十万八千里”的地方竟已经开始设了卡。令狐列倒也没有多想，跑了这么多灾难新闻，哪有一次是顺顺利利、大摇大摆就能采到的。搭上一个装运物资的卡车，他们很容易混过了这道关。

但是他们在第二道关卡上被截住了。这回令狐列有点傻眼，他起码游说了这位站岗的警察半个小时，连当地宣传部门都被他拉上了，警察就仨字“不让过！”彻底无视他。这回令狐列算是遇到对手了，一时竟也不知如何是好，只有先干耗着。说得累了，令狐列便走到一旁，与另外几名在旁边休息的警察有一搭无一搭地闲扯，就这样一直耗到关卡换岗。令狐列仿佛看到了希望一般，立刻冲过去，故技重施，当然还是被硬生生拒绝了。一不说，二不休，令狐列深吸一口气又开始了长达半小时的游说：“你看我们多不容易啊，从成都赶过来……这个事情呢反正拦也拦不住……但是你们说的是对的，上面给你们指令，你们也不可能不听指令。你们也没法分别出来哪些媒体是可以进去的，哪些媒体是不可以进去的，你们也不知道谁进去是捣乱的，谁进去是帮忙的，但你们还看不出谁是好人谁是坏人吗……”站岗的警察刚刚在休息的时候已经侧面见识到了令狐列的功力，现在又遭遇一遍“正面袭击”，估计当时已经快崩溃了，看着这个有如《大话西游》中唐僧一般的人物，只有道：“你进去吧，进去吧。”其实心里暗想：这里距坍塌点还有十几公里，也没有车，你们慢慢走吧！

还好，过了关不久，令狐就拦下了一辆老乡的摩托，三个大男人以及机器设备压在一辆小摩托上于山间颠簸，令狐的腰一直硌在身后紧贴的小工具箱上，被第三道关卡拦下时，觉得已经快断了。

此后的路不允许任何交通工具通行，纯步行街，于是他们又走了一个多小时，中间又混过一道关，终于接近了坍塌现场，却偏偏又被拦下了。这位警察叔叔竟跟前面那位脾气出奇的一致，就是不让进。令狐此时也不淡定了，掏出钱包、身份证硬往警察手里塞，说我把身家都押这儿还不让我进吗。警察被这招搞懵了，最后还是让他们进去了，当然，没要他的钱包。

两只游魂

终于进入事故现场了，令狐列心力都已经用了大半，接下来的日子，他们死活也不敢出关卡一步了。令狐列他们原本只计划在成都工作两日，没想到会来这里，所以两人身上也没带什么随身物品。山区条件有限，如今出了这样的事故，物资运送困难，所以生活条件是相当凑合。山里还在下着雨，每天出去采访都是在泥水中打滚，却没法洗脸、漱口、洗澡，也没有换洗衣服。哪儿有开伙就在哪儿蹭点吃的，晚上就和救援部队的战士们一起挤在附近乡亲的家里，睡板凳或者地板。被埋同胞的生死牵动着全国人民的心，令狐列他们也工作得很忙碌，每天从早到晚都会在几档新闻直播节目中做连线报道，随时通报救援工作的最新情况，每天也都要制作几条新闻片传给总部。这里只有他们一队人马，不能按时按量完成任务，后方编辑只有干着急了。令狐列一向对总部的要求说一不二，要求90分，一定做到91分。所以现在虽说自己也觉得累点、苦点，却不允许工作上打折扣。这样一来，日子可是越来越难挨。

令狐列给总部传片子用的是3G，山上经常找不到信号，于是经常出现这样的画面：令狐列打着一把伞，伞下是摄像师郑雨丹怀抱着一个笔记本电脑，两人在落着雨的山间漫无目的地缓缓移动，目光直直的，犹如两只游魂。突然，他们停下了，一动也不动，这说明找到信号了，在传完片之前一定得保持队形。日复一日的某一天，怀抱着电脑的郑雨丹突然非常认真地对令狐列说："我现在最大的希望就是这个电脑突然坏了，那样的话我们就可以撤了。"令狐列听了不禁会心一笑，这帮兄弟都和他一样，没少在灾区摸爬滚打，都是吃过苦受过累的人，如今突然说了一句这么孩子气的话，也确实是因为这次有点艰苦得超出预料了。

在山上住的第三天，令狐列意外地在寄住老乡家的厨房找到一个破旧的小沙发，于是便"狠心抛弃"郑雨丹，开始长期占领那里。美中不足的是为了给这些"客人"做饭，乡亲们每天清晨4点多就到厨房来劈柴洗菜，聊天说笑，在滚滚浓烟下，令狐列不得不起床，蹲在门槛上半睡半醒地发一会儿呆，等到5点多天色亮了便出门在山里转一会儿。清晨的山间又下过雨，空气清新怡人，让多日劳累、睡眠不足的令狐列竟然产生了一种幸福感，那时他35岁了，来凤凰6年，做深圳新

↑令狐采访北方的旱情。

闻部主任5年。

之前令狐列做新闻的经历可以追溯到大学，那时他是学生会主席，带着同学自己办报纸。毕了业进了新华社，开始接触音视频新闻，刻苦好学的劲头很被前辈们看好，但令狐列注定受不了这里的沉闷，一年后他决定“出逃”，来到了澳门卫视，在这个尚未回归的小岛为理想而开始自己的闯荡。那时候令狐列24岁，经常像《创世记》里面一样，看着海面对岸的灯火暗下决心，一定要好好地做！在瞧不起和奚落中坚持，体会忍耐和委曲求全，学会思考。4年，从无名小卒成为采访部负责人。最苦的时候试过7个人支撑起一个直播节目。来凤凰卫视，令狐列相信这里有机会、有空间让他做得更多更好。第二年，他做了凤凰深圳新闻部主任，那时他30岁。

这些年，纵使手下兵将充足，令狐列还是没停过东奔西走。有些太艰苦的，有些太微妙的，他还是自己去比较稳妥，领导也放心。此刻一身疲惫地站在清晨的山中，令狐列竟有一点感激，要不是在凤凰，像自己这样

“一把年纪”的或这样职位的人现在应该都还在被窝里，再睡上三四小时后便坐在办公室里沏一壶茶，开始一天的工作。而自己还有机会面对如此艰苦的条件，体会单兵作战、重任在肩的孤独，心中竟是感到十分痛快的、自豪的和欣慰的。

“令狐，我们有没有买保险？”

采访中的一天，令狐列决定到对面山上打钻的现场去看看。那里有个被埋的矿井，如果钻打通了就可以了解里面27名矿工的生死，还可以使救援工作取得突破性进展。关于打钻的进度情况，山这边没人说得清楚，令狐列下决心亲自去看看，毕竟钻井打不打得通是现阶段救援工作的关键。令狐列的决定遭到了身边所有人的反对，连救援专家和救援部队的人都劝他不要冒险。钻井虽然看着近，但因山体坍塌的关系，需要绕开乱石，下到这边的山谷里，横穿过去之后，再翻上对面的山坡，才能到达。这条路不知道多长，也没有车可以搭他们过去。令狐列认真衡量了一下，仍然认为那里的情况是最具新闻价值的，回头跟郑雨丹说：“咱就走过去吧。”郑雨丹认命地跟他上了路，一来他也认为令狐列的判断是对的；二来，谁不知道跟着令狐列采访没好日子过啊！

不一会儿，他们就迷路了，不，正确地说是找不到路可以走。雨不断下着，地上泥泞得深一脚浅一脚的。令狐列一度不小心从坡上滑到了草沟里，手上划得都是血。而郑雨丹也有几次差点摔倒，是因为踩到泥里的脚一只拔出来的时候另一只没有站稳。两个人都搞得惨兮兮的，并且不知道这种状态到底要维持多久。艰难前行中，雨丹悠悠地问了令狐列一句：“令狐，我们有没有买保险？”令狐列听到霎时想笑，但很快心里涌上一丝心酸。此刻他也有点绝望，心里毛得厉害，甚至开始怀疑有没有必要去采访了。

令狐列很少有这样的犹豫，他一般工作起来就会忘乎所以，不完成就会一直铆足劲儿拼命。刚到深圳新闻部的时候，令狐列不仅要负责每天的新闻采访，还得做周播的专题片。一套片子很多集，得策划、采访、找素材、剪辑，活儿还都是急活儿，往往都是没日没夜地才在播出前赶出来。有一年国庆期间，上面给任务让做出一套给十七大献礼的片子，准备10月12日播出。令狐列计划利用国庆节

↑令狐在新华社开始干正事儿了，这是他最开心的一次出差，去贵州的梵净山拍摄风光片，吃喝玩乐。当时他最年轻，所以机器都是他扛上山的，搞得跟挑山夫一样。

把片子做完，谁知10月1日他下班回家的时候开车撞到石墩子上，气囊都被撞出来了，人当时就昏了过去。过一会儿他自己醒了，觉得好像也没什么事，自己累得不行就回家了。半夜里鼻血“哗”一下流出来，令狐列这才一惊，心想不会是内出血吧？自己思考了一会儿，竟然决定明天上午还是先去机房剪片，如果觉得脑子不清楚，或者昏迷、胸痛，再去医院不迟。做出这样的决定令狐列也的确没办法，当时连个后备的人也找不到，节目赶得这么急，不抓紧做就要开天窗。后来他终是没去医院，又连续工作了七天。

而现在，在找不到前行之路的山上，令狐列少有地动摇了。但想到已经走了两个小时了，有点骑虎难下，令狐列和郑雨丹还是咬着牙继续前进，后来找到人问了路，终于翻上了钻井台，已经4个小时过去了。第八天的时候，令狐列接到撤退的指令，两个已经浑身散发异味的人回到重庆，认真洗了澡，躺在床上，令狐列用四个字形容：“恍如天堂。”

“珍惜健康，远离令狐！”

深圳新闻部曾经流传过一句话：“珍惜健康，远离令狐！”令狐列工作起来废寝忘食，这让跟他合作的人也得陪着受罪。在凤凰深圳乃至香港的摄像师界以及海事卫星工程师界，令狐列受到集体声讨的一项“罪行”是：跟着他出去采访没午饭吃！后来大家都学乖了，出去前先去买两大袋吃的备用，因为他们发现，令狐列这家伙不完成一天的工作根本就想不起午饭是个什么东西。但是令狐列就是令狐列，在你抱怨着“我怎么会跟这种人一起工作呢，简直不可理喻”的时候，你心里却怎么也不能对他真的生起气来。他比任何记者都会照顾摄像师们，因为他也做过这一行，懂得摄像师的辛苦，看他们体力吃不消的时候，立刻接替他们扛起机器；不拍摄的时候，也会争先恐后地帮他们拿设备。在采访现场，再着急再混乱，他也会心平气和地向同事提出他的要求，没有命令，尽管他是他们的主任。除了他永远不记得让别人吃午饭，那是因为他自己也不记得吃了。

↑在澳门回归的大日子，令狐列等待采访江泽民。

对深圳新闻部的同志们来说，令狐列更像是一个带头大哥，没架子，谁都能开他几句玩笑。就连指派工作都是商量的口吻，尽量不想影响到同事们的私生活。令狐列也很喜欢经营自己的小团队，喜欢把团队变得像家一样的感觉。他最爱开会，大家一起聊工作，也聊生活，有什么话都互相说开。每次开会必选在办公楼下的咖啡厅，因为这里总是洒满阳光，很配合他每次的结束语：“不管昨天怎么样，今天让我们在阳光中出发。”

这样的主任，就算时不时不能吃午饭也就忍了吧。但是，令狐列另外的一点“怪癖”却真真让他的同事们头疼，它就像一个紧箍咒，每个出去采访的人都要被罩住，并在采访过程中“惶惶不可终日”。众所周知，凤凰卫视是个商业电视台，以勤俭，不，以吝啬为美德。这对别人来说可能还一时难以把握尺度，但对令狐列来说简直算是发挥特长。能蹭车不打车，能打车使劲砍，砍100不嫌多，砍5块不嫌少，总之，每个人出去采访前必须接受的教育就是——尽可能地省钱！在这个“紧箍咒”下，记者们势必要做到锱铢必较、斤斤计较。

吝啬鬼与豪爽哥

2009年，令狐列一行前往采访乌鲁木齐骚乱，行前得知被安排住在乌市最好的五星级宾馆——海德宾馆，令狐列一听就急了，这哪儿住得起啊，不住！但最后协商不成功，令狐列就开始四处找人打折，东打西打把五星级宾馆打到400多块钱，相当地满足和开心。抵达乌鲁木齐的当天晚上，还沉浸在400块钱住五星级宾馆的喜悦中的令狐列，由于心情大好，主动宴请先期抵达采访的北京记者站同事秦枫一行，结果一个没留神，吃了500块钱，当晚就心疼得没睡好觉。第二天一大早，同行的海事卫星工程师给他打电话："令狐，楼下吃早餐啊。"令狐列警觉地说："多少钱？"工程师："不要钱，我签单啊。"令狐列听了肝都颤了，这么大折扣住进宾馆，谁还包你早餐，签单还不是要我花钱！五星级宾馆的早餐得多少钱啊！经过双重的打击，第三天早上，令狐列拎着一个塑料袋走到其他几位面前，面露诡笑地说："从今天开始，早餐我们吃馕，每天两块钱，连吃三天，就可以吃回来啦！"众人晕……

还有一次在河南采访北方旱灾，一行人某天在村里采访，一大早，令狐列花5毛钱买来一堆饼，企图解决掉所有人的早饭。同行的摄像和海事卫星工程师都坚决反对早上吃干巴巴的东西，于是要求吃碗面，村口的小摊上一问，两块五一碗面，令狐放心地应允了，随着他们在面摊坐下，看着老板若有所思，突然问："汤要钱吗？""不要。""那来两碗汤！"正好可以就着汤把饼吃了。海事工程师目瞪口呆地看着他，哭笑不得地

↑两只大猫。

说："令狐，就你这样怎么拉动经济啊！"

要说令狐列这人也挺怪，帮公司省钱的时候，多花一点跟要他命似的，可集体出去吃喝玩乐的时候他却主动自掏腰包买单。不工作的时候和自己的小集体在一起，他又会变得很随性，会像孩子似的突然"闹"起来。有次集体饭局上，见大家都没怎么喝酒，他突然对一个酒量很好的女孩说："好，哥陪你喝！"主动斗起酒来，结果人家没怎么样，自己倒喝得七荤八素的。令狐列属于酒后喋喋不休型，自己却一点没记忆。于是那次饭局的第二天，令狐列默默地把每一个同事分别叫进办公室，小心地问："昨天我没说什么吧？"

2010年元月，令狐列暂别深圳，调去北京记者站工作了一年。新闻部的"孩子们"依依不舍地送走了这个"家长"，在家里的"大姐"——一直做新闻部副主任的张玮娜的带领下，踏着令狐的足迹，自力更生、奋发图强，勇夺"凤凰卫视2010最佳记者站"大奖。

2011年元月，令狐列又回到了深圳，回到了他的"组织"，"合家团圆"后的深圳记者站重新"在阳光中出发"。

刘芳

一个心思敏感细腻的女生，出生于北京，中学就赴美留学。大学毕业后，她先后于华尔街投资银行高盛集团研究部和美林集团投资银行部从事企业融资工作，但一直惶惶没有明确的人生目标。

直到进入了凤凰卫视，她才在传媒这个充满变化与挑战的行业中找到了乐趣与成就感。2010年，公司将最佳新闻主播奖颁给刘芳时，她终于认可了自己，终于相信自己成为同行眼中一个合格的媒体人。她现在主持的节目包括《凤凰早班车》《财经正前方》等。

家乡： 北京

星座： 射手座

血型： AB型

毕业院校： 常春藤盟校康奈尔大学运筹工程系

最喜欢的书： 《1984》

最喜欢的人： 《1984》的作者乔治·奥威尔

最喜欢的格言： “人生没有格言”，因为人生本来就非一成不变的嘛！

刘 芳

跨行的华丽转身

刘芳说："我是个天性软弱的人，在面对自己缺点的时候最善于逃避，但遗憾的是，一个人的缺点往往比优点更能说明其个性。"

终于没人再说"别紧张"

放弃投行，加入媒体，刘芳的决定最初遭到了全家人的坚决反对，他们反对的理由很简单，因为刘芳从小就是个不爱说话的人，没人相信她会成为一个靠说话吃饭的主持人。但刘芳决定试试看，因为她觉得这会是一份有意思的工作，每一天都能接触到新的事物，跟上世界的脉动。

那个时候的凤凰资讯台人手很紧张，每个主播都当三个用，刘芳在编译组实习了几个月之后，就在几乎没什么准备的情况下坐在了主播台上，第一次，就是直播。那个节目叫《晚间财经》，汇总一天的财经新闻，直播进行了半小时，加上之前的半小时，之后的半小时，总共一个半小时，刘芳都能听见自己的心跳，甚至怀疑观众都能看见她的心一上一下，她的冷汗也浸湿了两件衣服。尽管那一次刘芳并没有出什么错，但整整半小时，她在镜头前一动也没动，没眨眼睛，也没转眼球。

第二天，所有同事见到刘芳的第一句话都说，"你那么紧张干什么？放松心情，不用紧张！"刘芳沮丧地找到主编陈一宏，告诉他“所有人都说我紧张极了”，一宏一笑，“过两天就好了。”

两天很快就过去了，两周也很快就过去了，但刘芳依然抑制不住地紧张，所有同事看见她的第一句话还是在说，“别紧张。”于是刘芳心灰意冷地去找前辈请教。

鲁豫说我从来没紧张过，帮不了你。

子墨说，播几次就好了，没什么。但两周过去了，两个月过去了，刘芳还是紧张。

亚芳说，谁让你说话那么快，慢一点不就行了嘛！刘芳就按照她的方法试了多次，可就是学不会慢下来说话。就这样，刘芳以飞快的语速，伴随频密的心跳，紧张了足有一年，同事们见到她才终于不再说“别紧张”。

那一年里，除了主播外，刘芳还在伊拉克战争期间兼职过同声传译的角色。她发现，只要她的图像不出现在屏幕上，她就丝毫也不会紧张，于是刘芳学着尽量不看屏幕反送，假装电视上没有自己这个人。

当然刘芳也出过些荒唐的笑话，例如她曾经紧张到大脑短路，将巴基斯坦想成巴勒斯坦，当然也就一直念错，然后直到该段新闻结束，她还一直很纳闷为什么巴勒斯坦会与印度出现各种纠纷。她也曾经将“中国商务部副部长于广州表示”很顺口地就说成“中国的一位商务部副部长在广州表示”。多年后刘芳告诉于副部长这个笑话，他大笑。

那段时间，刘芳经常考虑放弃。但她不是个遇到困难就选择全身而退的人，她要努力证明自己可以。于是只好强迫自己一天天把紧张当成工作的一部分，直到有一天，不再紧张。

↑2007年，刘芳在朝鲜拍专题片。

刘芳不记得自己是从何时起克服紧张的，这样的改变，是个漫长的不知不觉的过程。现在她回看自己最初直播的时候，只想往桌子底下钻，因为她想不出还见过谁比自己更紧张。当凤凰的每个人都将“感谢凤凰的机会”这句话挂在嘴边的时候，刘芳虽然不想人云亦云，但却是真心觉得，“我的存在，本身就是凤凰包容新人的最佳证明。”

如老年人般早睡早起

渐渐的，待她真正适应直播状态之后，也开始更加喜爱第一时间把新闻带给观众的成就感。一年半后，刘芳加入了早班车的团队，开始了凌晨4点起床的生活。那个时候， 刘芳还清晰记得自己在投资银行的日子，几乎没有4点以前睡过觉。

那个时候的凤凰总部在九龙黄埔，刘芳的家与公司隔着海，每天上班都是个跋山涉水的征途。但当她闭上眼睛回想上班的过程时，好像从来没有看到山，甚至没有瞥见海，因为她上班的时候从来都没有太阳。黑夜里，刘芳只是感到湿润的海风吹过，等到这股风渐渐大些了，黄埔公司也就近了。因为黄埔是全香港风最大的地方之一。

每天进入公司的第一件事就是看稿，看看隔夜发生了哪些事，早班车的很多新闻内容都来不及写稿，也就是说，需要等刘芳看完了报纸之后把新闻故事叙述出来。好多人都问她，这样是不是需要记忆力特别好，时间人物地点等细节都要在短时间内背下来。其实，记住内容并不难，反而是把脑子里的一大堆信息用精简的语言讲出来更加难。这个状态，刘芳又适应了将近一年，这里有她的不放弃，当然也少不了各位观众的包容。

好多人都羡慕刘芳每天下午就下班，但刘芳有点委屈地觉得，怎么每个人都能看到我下班，有人见过我上班吗？每天，刘芳都是日出之前就连滚带爬地冲出家门，睡眼惺忪地踏入公司，然后手忙脚乱地开始工作。每次起床的那一刻，是她最孤独的时候，那个时刻，她总是盼望童话故事里的好心的精灵会出现，变出另一个刘芳去上班，让这个爱睡懒觉而不得的刘芳再睡上两小时。

承受每天凌晨这种孤独的，还有早班车的所有编辑导演们，所以刘芳只要一

↑2007年，刘芳在朝鲜拍专题片。

跨进公司的门，这种孤独感也就自然不翼而飞了，反而有种暖暖的感动。她和大家一起看资料，紧张中的团队是最团结的。尽管每一天的早班车都在手忙脚乱中完成；尽管每一天主编和导演都要为了种种小事而发生冲突；尽管每一期的节目大家都自觉不完美，但每天节目结束后，所有早班车成员都能轻松快乐地一起享用早餐，看着香港的上班高峰人群匆匆走进办公室。为了那样的成就感，为了对得起全团队的付出，刘芳总是一次次下决心：第二天早上无论多难受，都不许自己迟到。

因为早班车，刘芳养成了老年人一般的早睡早起的好习惯。

“地道”的北京妞?

和大多数凤凰的同事不一样的是，进电视媒体这行，并不是刘芳从小的梦想，来到凤凰实属她的误打误撞。从年幼时在国外的艰辛求学，到毕业后在投行工作的昏天黑地，刘芳经历了漫长的一段路。可在刘芳看来，她的经历中并没有值得记录的惊涛骇浪，全是一些稀松平常的小故事，像碎片一样散落在她曾经生活过的城市里，虽然经过时间洗礼，但总有些事情在记忆中保持着昨天一样的鲜亮。时光荏苒，当很多城市早已脱胎换骨，她的记忆却永远定格在那飘着槐花香的胡同里，拥挤阴晦的弄堂中，车水马龙的旧金山地铁站外，高入云霄的世贸大厦上，还有海风轻拂的维港边。那些记忆才是她最重要的财富。

刘芳生于北京，长于北京，自认为是个地道的北京妞。可如今，离开了北京十七年的刘芳，再见到北京的时候，变得哪儿也不认识了。新的地方不认识，旧家也找不到，小学搬了家，中学早已面目全非。她时常站在一些曾经熟悉的地方，凭吊逝去的那条胡同，那棵大槐树，还有学校里那些厚重的砖楼。有关北京的一切，都要从零开始寻找，而等她好不容易花了一个月的时间在自己的故乡摸到了门道后，一年不见，北京又变成了一座新城，而她也就又成了流落在故乡街头的外地人。

刘芳以前的家在北京再普通不过的单元楼里，小学和中学分别坐落在西城区两条不起眼的胡同里。一到春天，校园里的海棠花开满树，在和风中轻轻地摇；夏天的时候，杨树的树冠将小胡同与外面刺眼的阳光隔开来，形成一个悠然自得的小世界；秋天到来的时候，树叶飘落，她最爱听自行车轮压过枯叶的叹息声；冬天的胡同里，总有卖红薯的大婶在吆喝，走近她的火炉，一阵暖意就钻入人的心窝。

北京“动物园”

虽然上世纪90年代的北京曾经有一段时间禁止在楼房养狗，但刘芳却幸福地拥有过不下十种不同的宠物。尽管刘芳记得生物老师说过，只有灵长类动物才会微笑，但在刘芳的记忆中，她养过的每一只宠物都会笑，那些微笑一直伴随着刘芳，延续至今。

小刘芳总喜欢把自己爱吃的分给那些动物伙伴。例如她的蝈蝈，从黄瓜吃到西瓜，从苹果吃到奇异果；她的小狗，是只白色的长毛马耳他，和她一样爱吃红烧肉，结果经常弄得猪油酱油满脸满身，以至于邻居们很长一段时间里都以为它是只小花狗；还有上学前养过的一只红眼睛小野兔，她一度以为既然它是兔子，就也一定爱吃柿子、栗子、 李子、桃子之类叫“子”的东西，于是找来了好多柿子和栗子。幸亏这只小兔子是个倔脾气，一看到柿子就扭过头去，否则后果恐怕不堪设想了。

刘芳还养过一只神气得像老虎一样的小黑猫，一身油黑的毛，雪亮的眼，个头虽小，但脾气极大，动不动就吹胡子瞪眼。这位小霸王，在刘芳去上海的时候被寄放在一个住四合院的朋友家里。朋友不许它上桌一起吃饭，一气之下它蹿上房顶，掀了人家的瓦，还和隔壁的猫儿狗儿大战了好几个回合。等刘芳从上海回来再见到它的时候，黑猫已经俨然一副黑社会老大的模样，完全不把刘芳放在眼里了。

↑刘芳两岁时，跟亲戚去天安门玩儿。

慢吞吞与奶油蛋糕

陪伴刘芳时间最久的一只小乌龟，是个十分幸运的小家伙，因为唯有它，爱吃的东西碰巧和刘芳全一样。确切地说，这只乌龟从动作慢，到爱睡觉，各种习惯性格都和刘芳惊人的相似……它很挑食，夏天的时候，爱吃西瓜，而且是最中间的那部分没籽的瓜瓤。没人打搅的时候，这只小乌龟可以花整整三分钟左右的时间伸个懒腰，比瑜伽大师的动作还平稳。有空的时候，刘芳喜欢慢吞吞地给小乌龟讲安徒生童话，可惜它慢吞吞地听了之后从来没什么反应。这只懒到连散步都要刘芳提着的小乌龟还特别爱在生日，确切地说，是刘芳的生日的时候吃蛋糕。 这一点也和刘芳如出一辙。

上世纪80年代的北京，奶油蛋糕还是极其稀罕的奢侈品。刘芳五岁那年赶上外公的六十大寿，家里一周前就准备好了一个巨大的奶油蛋糕，被外婆藏在衣柜顶上。这个衣柜上的蛋糕就是刘芳这辈子尝到的第一个蛋糕。只是她和表姐等不到外公生日，趁午睡时间叠起两个凳子，爬上衣柜偷吃。蛋糕上有一层厚厚的人造奶油，还有一朵粉红色和一朵浅绿色的奶油花。她和表姐以为，只有这两朵花是不能动的，其他的奶油被吃了应该也不会有什么太可怕的结果。于是每到午睡时间，两个小姑娘就爬上衣柜，偷偷用手指头从外围一点点地吃奶油。一个星期过后，当外婆从衣柜上把蛋糕取下打算为外公庆生的时候，蛋糕的模样早已惨不忍睹，除了两朵奶油花外，到处都是些小手指滑过的痕迹。全家人正要对两位偷吃的大小姐大发雷霆之际，外公淡淡一笑，把两朵奶油花也分给她和表姐一人一朵。刘芳至今还清晰地记得，自己是坐在外公的腿上，在全家人愤怒的目光下，战战兢兢地吃了那朵绿色的奶油花。刘芳曾经以为外公是个只会写书法，不爱说话的大闷瓜，但那一次事件后，她发现他是全家最富有感情的人，当然也是最宠爱孩子的人。

“现在用山东话默写你都会了吧？”

刘芳二年级的时候被临时寄放在上海的爷爷奶奶家，虽然只住了一年，但对刘芳宠爱有加的家人们，至今令她难以忘怀。尤其是刘芳的四姨奶奶，成了她最好最信任的朋友。四姨奶奶在刘芳生命中的角色无异于奶奶，于是刘芳便叫她奶奶。奶奶是山东蓬莱人，说着一口地道的胶东话。每天晚上，她都用一个字拐七个弯儿的胶东话给刘芳默写。这样一来，刘芳倒有了借口，每次忘了怎么写，就佯装听不懂山东话，执意要偷看。时间久了，奶奶觉得这样不成体统，六十多岁的人，竟然开始努力跟刘芳学起了普通话。刘芳在上海的那一年，奶奶的普通话进步了很多。

刘芳加入凤凰后，在一次论坛上采访过一位主管外贸事务的山东省副省长，他也说着一口地道的胶

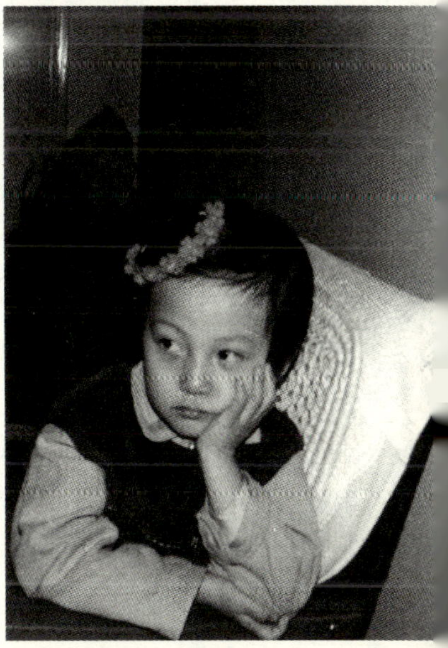

↑三岁，抓拍，在家里。

东话。刘芳用普通话问，他用胶东话答，一问一答，节目顺利录完后，这位副省长把刘芳从头看到脚，又从脚看到了头，都说了再见又忍不住扭过头来，拉住刘芳，大声问："小姑娘，我说的话你全能听懂？"刘芳笑了，想起奶奶的乡音。

那天晚上刘芳打电话告诉奶奶这一天采访的经历，奶奶也笑了，"现在用山东话默写你都会了吧？"

二十年后，当刘芳再回到上海的家，那个种满法国梧桐的院子还和以前一模一样， 尽管它的周遭，从乌鲁木齐路到常熟路的所有细节，都已大踏步地现代化。但这个小院子，就像被时间遗忘了一样，继续着旧时的安宁，仿佛等着刘芳回来。楼下传达室的大婶，也和刘芳小时候的那个人差不多，端着和过去一样的铝饭盒。刘芳在院子里走来走去，唯一看得到的改变，就是奶奶楼下的住户变成了一对金发碧眼的美国夫妇。有一次和奶奶散步的时候碰上他们，奶奶使劲招手，让刘芳跟这对夫妇说话，说要告诉他们，这个小楼里，终于来了个会说英语的人。除了这个变化以外，刘芳每一次走进这个院子的时候，都会觉得一切还和过去一样，仿佛她从来没有离开过。

上了小学三年级的刘芳回到北京后，对爸爸说："虽然咱家很冷清，只有你我两个人，但还是可以相依为命。你说怎样？"那一次，也是第一次，刘芳看见爸爸厚厚的镜片后面有泪花闪过。

而第二次看见爸爸流泪，是刘芳十五岁那年离开北京去美国的妈妈那儿。

翻烂了两本字典

刘芳是个很幸运的人，美国的环境虽然陌生，但一下飞机，她就有了新的家庭。她抵达美国的时候已经是八月中旬，两周后就开学。于是她匆忙办好手续，入读离家不远的Miramonte公立中学。后来她才知道，在她入读前不久，姜声扬也刚刚开始在这里就学，尽管两个人当时并不认识，但后来在凤凰看到姜声扬的时候，刘芳的确觉得声扬十分面熟。

如此年幼的刘芳去了美国，也真经历了一番历练。去美国之前的暑假，刘芳没有和其他出国人员一样，发愤补习英文，反而想到自己十五岁就要离开祖国，认真地将中国四大名著看了一遍。她对自己的英文水平很自信，因为就在不久前，她代表她的中学参加北京市中学英语比赛，获得了一等奖，也是一百个获奖学生中唯一的初中生。

获奖之后，沾沾自喜的她就再也没翻开过英文书，没想到一去美国，丢人丢大发了。

开学第一天，她发现自己一句话也听不懂。迎面走来的同学和她打招呼问："How are you？"她刚反应过来，人家都已经走远了。那天刚一放学，刘芳爸爸的越洋电话就打过来问："美国老师留的作业多不多？"刘芳吞下眼泪，压抑情绪回答爸爸："我听不懂，也看不懂老师布置的功课是什么。我连自己的教室在哪里都差点没找到。"

爸爸说，没关系，过一段时间一定会好起来。妈妈的朋友Harry也说，没关系，只要强迫自己看、听、写，没什么学不会的东西。刘芳还有个特别好心的美国同学Kathy，没事就一字一顿地安慰她："没、关、系，你、天、天、跟、我、说、话、怎、么、样？"

"没关系"，"It's okay"，大概是刘芳第一学期听到最多的话，只是摆在她面前的一系列问题都关系重大，而且她的境况一点儿也不okay。

去美国的头三个月，刘芳翻烂了两本字典，而英文课却依然是她最头痛的科目。开学第一周，英文老师就把刘芳叫去谈话，大概说了些关心她的话，还问她是否需要特殊辅导。当时的她只是连点头带摇头，完全听不懂老师说话，而老师的这一番心意，刘芳也是后来才知道的。

除了英文课外，美国历史课和美国政府课也让刘芳极其头痛。那个学期的历史课，从美国内战，到二战、越战、朝鲜战争；政府课从总统，到议员、州长、市长、郡长，短短三个月，让刘芳大开眼界。她开始好奇地尝试着从美国的视角看世界。这让她意识到，原来人站的角度不同，看到的同一事物可以大相径庭。待历史老师讲到韩战的时候，她做了自己在美国课堂上的第一次发言。

很长一段时间，刘芳因为害怕自己考不上大学而浑身发抖，泪流满面。直到感恩节的晚上，她在Kathy家吃火鸡的时候，突然在不知不觉中与其他人对答如流。交谈中，她还发现，原来各科目的老师给她的成绩并不很糟糕。刘芳长长地舒了口气，对自己说，“或许我并非完全的不可救药。”从此以后，她才对自己重拾了自信。

最明朗的蓝

感恩节过后不久，英文老师又把刘芳叫去谈话，先用了整整半小时，拐弯抹角地夸赞她如何在三个月的时间里进步神速，但最后指出，由于英文并非刘芳的母语，所以要真正将英文变成第一语言，还需要时间，也就是说，这个学期，不论刘芳多么努力，他很难给她打A。最后老师用最慈爱关切的目光看着刘芳，小心翼翼地试探着问：“首先， 请相信我，我绝不会打击你。但如果我给你B的话，你会很伤心吧？”刘芳打量了这位细心善良的英文老师良久，小声回答他说：“我以为自己及格就很好。”

等她和老师推心置腹的长谈结束，正要转身离开的时候，英文老师说：“今天是我第一次看见你微笑，你这个年龄的人，应该每天都笑。”从老师的办公室走出来，刘芳看见旧金山湾区的天在一瞬间变成了最明朗的蓝色，上面还浮着最快乐的云。

于是，再往后的学徒生涯中，不管面对多少困难，刘芳头顶上的天始终是蓝色的，也没有再全身发抖地哇哇大哭过。 一遇到难题，刘芳就会想起老师对她的鼓励。

不久后，她收到了伯克利和康奈尔等大学的通知书。在家门口看到校方寄来的厚厚的录取文件时，刘芳兴奋无比， 以为这些信封里装着她的幸福明天。

大学的梦想可以实现了，刘芳一颗心终于落了下来。金黄色的暑假要到来了，刘芳心里萌起了一个想法——她要替妈妈分担一些责任。

刘芳的妈妈是州立大学医学院的一名研究员，为了能让女儿如愿以偿走进理想的大学，一直以来省吃俭用。刘芳看在眼里，疼在心里，漫长的暑假一到来，刘芳便找了一份在唐人街银行里打杂的临时工作。

这家当时叫做California National Bank的小银行的主人J先生是刘芳妈妈的朋友，一名台湾华侨。尽管银行很小，专门服务旧金山的华人，但每天下午午餐时间过后，都会有很多在唐人街开餐馆的人送来大量现金，所以这个小银行里永远都缺数钱的人。

↑刘芳在康奈尔大学。

走进这家银行的第一个出纳柜台，第一眼看去，总能看到一位身材高挑、长发披肩的大美人。她叫玫瑰，来自台湾，能说流利的普通话、英语和广东话。刘芳很快跟漂亮的“玫瑰”成了好朋友。

在“玫瑰”的指导下，刘芳学会了快速点数现金的方法，还学会了如何辨别纸币的真伪以及检验支票的技巧，更令人捧腹的是，连万一遇到打劫银行时的应对态度，“玫瑰”都一点点详细教给了刘芳，“可惜”这门“技术”一直到打工结束，刘芳都没有机会一展身手。

不久之后，刘芳也有了自己的出纳柜台，神气地做起了小出纳。但由于毛手毛脚、粗心大意，短短几个月，就在账目上出了两次错误。没办法，只好晚上加班忙乱，善良的“玫瑰”一起陪她加班。第二次加班的时候，“玫瑰”对刘芳说，你以后上大学可千万别读数学。结果几年之后，应用数学专业在读的刘芳，发现数学比银行出纳容易很多。

经过这次打工，刘芳发现，打工不仅不辛苦，而且能学到不少东西，认识好多人。大学四年期间，刘芳也一直坚持半工半读，并且乐在其中。

大学的“女中豪杰”小分队

刘芳的大学在纽约州一座名叫伊萨卡的小城，大半年的时间都被鹅毛大雪覆盖着，若不是有大学里的年轻人成天吵闹，真让人担心伊萨卡会不会永远沉睡在白色的外套里。

刘芳在农学院图书馆的机房里兼职做管理员，又跑到食堂去申请职位，在忙忙碌碌的课程中，断断续续地进行着各种打工的工作，就这样和同学们走过了四年最天真最快乐的时光。

大学一年级，刘芳和所有的孩子一样，是个找不着北，也顾不上学习的人。每一天， 各种派对不断，刘芳不厌其烦地认识了好多新朋友，当中不乏来自各地的华人学子，而她们当中的三位，后来成为刘芳的室友，以及形影不离的好朋友。

刘芳的三位朋友都是看上去很温顺，但实际上个性很强的人，用刘芳的一位男性友人的话形容，她们都是“女中豪杰”。

L是“一家人”中成绩最优异的，几乎每一科都得A$^+$。同时她还是个既爱吃，也会吃的人，所以刘芳常说她上得考场，也下得厨房。每次L的男朋友来，她都会做好几盘味道一流的各式小炒，只是每次炒菜都把整个厨房客厅弄得烟熏火燎，而刘芳的房间却不幸紧挨着灶台。于是作为补偿，L一有机会，总记得邀请刘芳加入她和她男朋友的浪漫晚餐，刘芳也就从来都没客气过。L头两次炒菜，隔壁的老外还以为她们屋子里失火了，后来，每次闻到她们做饭的味道，老外们就会跑过来凑热闹，顺便吃几口L的私房美食。如今刘芳在香港这个美食之都生活了十年，却还是时常想念L的手艺，也模仿过一次L的三杯鸡和红烧牛尾，但只模仿了一次就发誓再也不试第二次。

Y的房间紧挨着L，是位读土木工程的漂亮女孩。她身材瘦弱，皮肤白皙，无论如何也不会有人把她和钢筋水泥联系在一起。可就是这样一个女孩，如今不仅要设计各种桥梁港口的方案，还一个人带着小孩生活在纽约，独自支撑着家庭，也支持着做医生的丈夫去发展中国家为穷人看病。

Y是个慢性子的人，慢到刘芳以为她是从小被人调到了慢动作程序，总想找个

↑刘芳大二的时候，爸爸来看望她。

按钮，让她恢复正常。Y的每餐饭，都要吃上整整一小时；她擦一张桌子，需要五分钟；就连穿双鞋，等绑好了鞋带两分钟已经过去。刘芳和室友三姐妹有个不成文的协议，每到谁的生日，都要由寿星本人做个蛋糕和“家人”一起庆祝……除了Y。其余三个人的生日都刚好在秋季学期，唯独Y的生日在暑期，所以谁也不可能吃到她的蛋糕。为了这个，刘芳想出了办法，等考试周结束，就嚷嚷着要提前吃Y的蛋糕。漂亮女孩瞪大了眼睛问，还有三天你们就各奔东西了，怎么来得及？但最终还是在三姐妹的哄骗下同意了这个建议。三天过去，等三姐妹的行李打好包准备开始放假的时候，Y刚开始把一样样买来的牛奶，鸡蛋和面粉倒在盆里，然后对三个人说：“等开学吧，开学我的蛋糕就做好了。”

Y最常挂在嘴边的话就是：“人的一天若有48小时该有多好，哪怕是36小时也不错呀！”奇怪的是，以Y的超慢速度，也能以优异的成绩顺利完成紧张的学习。唯一一次考砸，是因为早上起床后来不及吃早餐，于是从冰箱里顺手拎起一瓶汽水，喝完后开始感觉头昏脑涨，考试当然也就一塌糊涂。那瓶“汽水”其实是另一位室友C的男朋友放在冰箱里的果味清凉酒，自从那次后，Y再也没喝过冰箱里的任何饮料。

室友C的房间挨着刘芳，她很有音乐天赋，喜欢弹琴、打鼓、唱歌，而她的音乐绝不是噪音，有时候晚上看书累了，听听隔壁传来的声音，无论是铿锵有力的节奏，还是优美流畅的旋律，都让人心情舒畅。

C的男朋友开着一辆很风光的跑车，C的生活本该无忧无虑。但她的梦想是要根除世界上的贫困，让非洲国家的朋友们也能过上美国人一样的日子。虽然这在C的有生之年，大概是个不可能实现的梦。但C

很执著，而后来的事实也证明，她下定了决心，是真的要为这个梦想而付出。

毕业之后的第四年，刘芳突然收到C的邮件，C刚辞去银行里的工作，加入了一个慈善机构，去广西的贫困县做事，她计划为当地做的扶贫项目，初步估计需时两年。一年之后，刘芳去广西探望她的时候，C已经变成了另一个人，一个刘芳虽然没见过，但却很熟悉的、心怀梦想的人。C很骄傲地带刘芳参观了她集资铺成的小路，为贫困户建的冲水卫生间，还有为当地小学改造的校舍与操场。C虽然没有了跑车，每天要在乡间走好几公里，但她很充实，很快乐。

C在广西住了三年，离开的时候，乡里的每户人家都有了冲水厕所。倒是她自己住的地方时常停水，无论春夏秋冬，经常没法洗澡。刘芳和她一起住了一周，真的佩服她的毅力。C的家中经常有蟑螂壁虎之类的小生物爬来爬去，她还是若无其事地继续做饭。大学时的C，一次因为在客厅里发现一只蟑螂而高声尖叫，导致住在楼下的男生专门跑上来一探究竟。刘芳问C是什么给她带来如此大的改变，C回答是环境使然，换了谁也能适应。刘芳却觉得是梦想，心怀梦想的人，就能克服困难。

正是刘芳的这些姐妹的行为，一直到现在，都影响着她的人生态度。如今，大学时的那三位姐妹都忙碌于世界的不同地方，和刘芳一样，她们也都有了自己的家。但十年前四个人组成的那个特殊的家依然很珍贵，因为那样的家，只有在大学时代才存在，在每个人的身上都打上了深深的烙印。

决心吃上带有好几个零的菜肴

大学不仅仅是个学习场所，更重要的是个丰富阅历，或者说是帮学生准备好面对复杂人生的场所。因此，刘芳就读的大学不仅为学生创造很多兼职工作的机会，还鼓励学生在大三一年期间外出打工，如果能找到合适的工作，学校就自动为学生办停学手续。刘芳的整个大三，都在曼哈顿度过。这座城市对她来说，是忙碌的，每一天都有做不完的工作、干不完的活；曼哈顿当然也是兴奋的，每一天都有去不完的派对、吃不完的饭局；那里当然更是无比浪漫的，刘芳喜欢和朋友泡在世贸大楼顶层的酒吧里，一起看着云雾从华尔街上空飘过。

大三几乎一整年，刘芳在高盛的两个不同部门实习，先到IT部门协助写软件，再转去衍生产品研究部见习。也是从那时开始，刘芳决定要到投资银行工作。

刘芳很喜欢纽约的环境，那里的人虽然每个都忙碌不堪，但总是充满活力。她无论是走在街上，坐在办公室里，还是泡在爵士酒吧里，仿佛都能听到一座城市的富有节奏感的心跳，而这人的心跳也带动着刘芳的小心跳，像个大磁场一样吸着她。除了这里能找到各种风光的工作外，还有能让刘芳忘我的各色爵士乐队，永远看不完的百老汇，好多情投意合的朋友，以及那些充满情调的小餐厅。

那一年，和刘芳一起在高盛实习的还有另外三个康奈尔的同学，尽管几个人是来到纽约才互相认识的，但很快就成了每天一起上班，一起吃饭，一起看戏，一起在中央公园溜冰的形影不离的好伙伴。

四个人，除了刘芳以外，另外三位的家都在纽

↓在纽约高盛打工时，刘芳和同期来的同事们一起去中央公园滑冰。

约，所以也自然对当地吃喝玩乐的各种场所十分了解。刘芳跟着他们，品尝了数不清的大众小餐厅，每一次都很满足。唯一一次例外是在一家名叫Union Square Café 的地方。

那个礼拜，纽约最权威的食评刚出炉，这家餐厅名列榜首，于是好朋友们没有仔细了解，就匆匆抢订了位子。到了那里，打开菜单，他们首先看到的都不是菜肴，而是带有好几个零的价格。四个人几乎同时抬起头来，面面相觑，异口同声地说："这么多零，中间怎么连个小数点也没有呢？"

刘芳和另外一位女生，厚着脸皮，叫来服务员，确定这样的价钱中间是真的没有小数点。服务员很绅士，也很耐心地对着这几个目瞪口呆的人微笑点头，这下子，他们彻底傻了眼。

那一餐，四个人，只点了三个头盘，就灰溜溜地出去了；那一餐，刘芳眼看着两个做起事情来风风火火的大男生，细嚼慢咽地品尝了每一片菜叶；那一餐，让刘芳第一次瞥见纽约高档法国餐的风范，明白了原来风范需要有金钱支撑。

从餐厅走出来之后，每个人的心里头都五味杂陈。站在街头沉默深思了很久后，其中一位最具有领袖气质的男生第一个开口说："等我正式拿到投资银行的工作，一定请大家来这里饱餐一顿！"

后来，四个人全都顺利圆满地进入投资银行，但遗憾的是，Union Square Café 不久后竟停业大吉。而开始投行工作之后的四人，竟再也没能找出时间来聚首，重温那段曾经的狼狈。

至今没忘了他叫"现金"

刘芳的大三是1999年，也就是说，她找工作的时候正值全球科网泡沫巅峰，美国经济如日中天之际。刘芳又一次幸运地碰上了最好的时机，顺利拿到了投资银行的职位，加入美林的亚洲团队。对于投资银行的具体工作，以及这份工作的意义，刘芳当时并没有多想，只是一心向往着比一般人多个零的薪水。当时她以为只有这样，才算对得起省吃俭用供她上学的母亲，也给自己多年的努力一个交代。后来才发现，很多进入投资银行的人其实都是为了一种生活方式，具体来说就是住五星级酒店，飞公务舱，戴瑞士手表，开名牌跑车的生活方式。而刘芳，碰巧并没有这些奢侈的高档品味，也并不向往那样的生活方式，而是糊里糊涂地就进了好多人梦寐以求的投资银行。三年后，当刘芳决定离开这个光鲜亮丽的行业时，很多人都来劝她，说她身在福中不知福。可自己幸福与否，大概没有人比她更清楚。

开始正式工作前，她首先接受了足足四个月的培训。第一天上课，刘芳眼睛都没敢眨一下地盯着老师，以至于两小时的课结束后，她都怀疑老师是否被她的目光浸透了。

培训第一课是基础会计，老师是大名鼎鼎的Cash先生，他的梳妆打扮都像极了华尔街电影中的老大，仿佛一吸气，傲慢的鼻子就能闻到钱的味道。他说他没有什么阿猫阿狗之类的名字，他的名字，就叫“现金”。因为现金，Cash，是这个世界上最牛的玩意儿。确切地说，“现金”先生本来应该还有个名字的，但自从成为现金之后，就忘了自己是谁。

仿佛是为了时刻告诉别人自己的身份，他第一次来的时候，带给学生们从棒球帽，到咖啡杯的各种小商品，上面全都醒目地印着：现金为王。（Cash is King.）

确切地说，Cash所指的现金，应该是针对股票、债券、期货等各种金融产品而言的一种钱的形式而已，但他的通篇演讲中，始终语焉不详。他的第一课也并没有讲任何会计理论，整整两个小时，都在讲大道理，告诉学生们为什么现金为王：“我知道，你们在座的每个人，父亲母亲、兄弟姊妹、亲朋好友都对你们说过，钱不是最重要的。”现金停顿片刻，似乎在观察下面每个人的反应，“哈！我告诉你，他们全错了！钱，确切说是现金，是这个世界上最重要的东西！而且你知道吗，虚伪的不是我，是那些对你们说钱不重要的家伙们。”

刘芳惊讶得眼球都要掉出来了，他还继续讲：“从今天开始，你们要学整整一个半月的会计，你们要学着做自己的金融模型，评估一家企业的现金流。这些都很好，但其实并不像你想得那么重要。一个半月后，你们从我的课堂走出去，你可以什么会计理论都不懂，但务必，务必，记得一句话：现金为王。然后记得我叫现金。”

类似这样的道理，他讲了两个钟头。应该说，他的教育方法很成功，因为刘芳至今都没忘了他叫“现金”。

这一课结束之后好久，刘芳都坐在椅子上一动不动的，脑袋一片空白，甚至来不及反思人的价值观，只是静静地发呆，像刚经历了脑震荡一样，头晕目眩。

这个时候，来了个陌生人跟刘芳搭讪，“哎，你不会还在想现金为王吧？别放在心上，一起去吃饭吧！”他的话把刘芳叫醒，等刘芳站起来，他已经替她拿起公文包，引她往外走。那一天，刘芳发现，这个来自新加坡的老好人就住在她公寓的隔壁，和她有着相同的价值观。再后来，他们两个各自决定，做对方的另一半，用爱勾勒出美好的未来。从“现金”的课堂走出来，刘芳依然坚信，现金，绝不是最重要的玩意儿。

放弃投行到凤凰

刘芳来到香港的头三年，在美林银行的投资银行部门度过。那个时候，美林还是独立的投资银行，当这家银行在2008年濒临破产而被迫收购的时候，刘芳觉得自己的一部分也进入了历史。那是十分辛苦的日子，她平均一天睡四个小时，连续熬夜一整年，一年中有半年都在生病。

这三年的高压工作，不仅让刘芳学到了不少应对事物的方法，还留下了很多难忘的回忆。那是投资银行有史以来最难熬的三年，遇上这样经济萧条的情况，刘芳反而认为这是一种机遇，一份幸运。刘芳面对种种状况，在极短时间内完成竟标书，又一遍一遍重做；经历了一轮接着一轮的裁员，短时间内结识了很多同事和朋友，又目睹他们离去。刘芳经常躲在厕所里大哭，然后迅速擦干眼泪，像没事人似的走出来，继续投入到难以喘息的工作中。这不是一份带着光环、神秘又高端的职业，作为大学毕业刚进去工作的人，刘芳从最低端开始，所有杂事都要负责。刘芳坚持了很久，但最终，还是决定辞职。彼时，她刚考完GMAT，准备申请商学院。

就在她茫然失措的时候，碰上了一位多年没有联络的朋友。他是陈鲁豫的表弟。而刘芳的命运也就从这里开始了幸运的转折。

在朋友的介绍下，刘芳找到鲁豫，来到凤凰，开始了从面试，到考试，到试镜的一系列程序。

不久之后，刘芳正式递上了辞职信，美林的上司通情达理地和她说了再见。离开美林之后，刘芳步履轻盈地回到家，睡了两天两夜，醒来的时候，虽然感到前所未有的头痛，但也还是看到了香港的蓝天。

阴差阳错，刘芳于2003年加入了凤凰，开始了全新的职业生涯。

从外行到专业

当刘芳克服了紧张，适应了早起，她慢慢融入了凤凰的大家庭，也逐渐了解了电视这个行业，并很自豪地将自己视为媒体人。但尽管如此，刘芳还是觉得和同行比起来，自己有点显得外行了。于是她在2006年申请入读了香港大学的国际政治硕士班，每周两天晚上上课。两年期间，中美关系、非洲政策、战争伦理，这些她以前很少思考的事情成了刘芳生活的一部分。通过这些科目，刘芳在看每天的新闻时有了新的角度，也有了更深刻的思考。正是这种不断学习思考的精神，让刘芳给观众带去了更多好看而有深度的节目。

在港大读硕士期间，刘芳经历了多场大型直播，每一次都是她学习成长的机遇。同时，她也开始了她的专题节目《财经正前方》。这个节目今天还在继续，记录着中国的、世界的财经热点。

很多人可能都觉得财经是一个枯燥乏味的领域，但刘芳始终认为这个世界上，从政治外交、社会民生，到家庭琐事，样样都和钱有关（当然和Cash所说的“现金为王”意义不一样啦）。也就是说，世界上的所有事情，都有它的经济角度。

每个星期，刘芳和栏目组开会讨论节目选题的时候，都会感慨世界变化之快，每周一个选题，经常有跟不上中国变化速度的感觉，有幸与《财经正前方》一起见证中国的改变也成了件令人兴奋的事情。

刘芳喜欢自己定选题，也喜欢采访到写稿的所有过程，因为通过这些，她几乎能触摸到中国经济的变化。从刺激出口，到人民币升值，再到中国消费者支撑起全球奢侈品市场，中国的每一次转变似乎都来得很突然。当然，从现象的背后，节目组也在不停地反思中国的制度，例如财政预算的公开、地方政府债务的黑洞、中国富豪的投资移民浪潮等。这类内容，是经济现象，也是法治现象，政治现象。

2010年，公司将最佳新闻主播奖颁给刘芳，令她感动不已。因为这个奖对刘芳来说意义重大，她终于认可了自己，终于相信，自己赶上了前辈们的脚步，成为同行眼中一个合格的媒体人。

截至今日，刘芳在香港已经生活了十个年头。香港，已经是刘芳的第二家园。她喜欢香港包容的气氛，在这里哪怕你不会讲广东话，也不会遭遇异样的眼光；她喜欢香港人快节奏的高效生活，让每一天都特别充实；她还格外喜欢香港的夜景，看着温馨的万家灯火，她知道自己也是这繁华美丽中的一个小小点滴。这个时候，刘芳觉得自己已经是个香港人了，一个香港的媒体人。

刘芳，作为一个从北京出生，然后再去世界流浪的幸运人，一直在与人的不断交往中，简单生活，拥抱生命。

周轶君

非典型文艺女青年。从小就一门心思要当记者，还要是战地的。既喜欢旅行、摄影，渴望四海为家；又爱窝在厨房切切涮涮，烹煮食物，仪式感十足。她评价自己是个幽默的人。幽默比眼泪更动人，更智慧。唯独目击生命苦难时，一个旁观者不可能用“幽默”笔调来抒写。

1998年从北京第二外国语学院毕业，2001年于埃及开罗大学新闻系进修，2002年在加沙做过两年新华社战地记者。现任凤凰卫视记者、编译主任，时事观察员，专长冲突地区报道，访问多国政要。她的《在埃及数骆驼》一文被编进了初中语文课本。

星座：处女座

血型：B型

毕业院校：北京第二外国语学院阿拉伯语系

属相：小龙女

喜欢的食物：天下美食

爱好：行走、阅读

周轶君
游离的行者

“我总在‘大众的宠儿’和‘世界的逃兵’之间转换角色。庆幸的是，我不再为此挣扎——无论处于哪种状态，重要的是快乐和精彩。这宝贵的内心安宁，正是时间的赋予。”

这段感性而不失清醒的文字，出自周轶君的博客。“大众的宠儿”和“世界的逃兵”两个标签，看似矛盾，用在周轶君身上，那是再恰当不过。

东南西北人

从上海开始，一步步走来，北京、开罗、加沙、香港……这些年，周轶君足迹所及，遍布全球各地。她做过通讯社记者、主持人、观察员，在小剧场里看话剧、听摇滚乐，在地中海的灿烂千阳下漫步，在导弹的轰炸声中入睡，在残垣断壁和死尸旁工作……从新华社到凤凰卫视，她从来没有让自己安稳过。

走过东南西北，“我就是个东南西北人”。

周轶君本是土生土长的上海人，举手投足间有上海女人的韵味。历经几年的风霜之后，如今脸上逐渐现出一种奇异的组合表情：眼睛里闪过的是孩童样的天真，表情却已经是个妩媚的女人了。多年相似的是，有一种气质始终像雾一样环绕着她，是游离的味道。

“出来的上海人跟没有出来的上海人不一样，本身想出来的人和本身不想出来的人又是两种人。”

1993年，周轶君读高中。低年级时，有人自北而来，对沪地的高中生说起北大燕园的故事。从此，北京，在这个小女生心中扎了根。艾敬一曲《我的1997》四处传唱时，她给篡改成“1994，快些到吧，我就可以去北京啦！” 那时候，站在上海的旧式公寓下，从底层仰头上望，一户户晾衣服的四方铁架，叠成梯形，她感觉自己如同压在雷峰塔下的千年白蛇，出走的意愿也就是从那时萌生的吧。

↑在阿富汗。阿富汗员警非让周轶君拿着他们的枪合影，周轶君自知记者拿枪很不专业。但重点是：照片右一员警的手……

高中毕业，正逢上海高考制度改革，北大、清华、人大都不在周轶君报考范围内。奈何心中发向北京的列车已经启动，志愿书上第一栏，周轶君毫不迟疑，全填上了北京的大学。除了高旷澄净的北地天空有着致命的诱惑，还有一个梦想埋藏在她心中，除了去北京可以实现，别无二地。拿到北京第二外国语学院的通知书，梦想向她奔来。

1994年，北京的天很蓝，东郊多艳阳晴空。周轶君下了火车，第一件事是买了一本北京俚语，北京话那股懒洋洋的儿化音特别迷人，她一学不可收拾。从小就有语言天赋，她深懂不同民族的语言有不同的风情，千姿百态的语言，千姿百态的世界。初次接触阿拉伯语，轻巧怪异不知所云，带着兴味，她俯下身子埋头苦学，那时还没料到尔后竟与这门语言有这么大的缘分。

1998年，周轶君大学毕业，进了新华社，终日与“稿”为伍。北京让她着迷，可“不安分”仍在体内发酵着。少年时代的梦想，口中吐就的异国语言，她等着上路那一天。2002年，机会降临，周轶君终于踏上巴以冲突正酣的加沙战场，一时悲喜交加。

两年后，从加沙回来。一番抉择之下，离开新华社，她到了香港凤凰卫视。冥冥中的巧合，她在凤凰卫视任职于新闻采编部特稿组，与她离开新华社时的部门名称一字不差。

北京、开罗、加沙、香港，相距万里的几个地方，她沿着未知的轨迹挨个停留。

“我想做的事情肯定能做到”

毕业时，班上四个人有条件报考外交部，周轶君是其中之一。部级单位，机会非常好，同学们都好生羡慕，周轶君看上去却并不为之所动。毕业前，老师拿来摄像机，要每个人对镜头说说将来的打算，轮到她时，老师直接说：“不用说了，大家都知道，你要当战地记者。”这就是她埋藏多年的心愿——要去考新华社。为这个梦想，周轶君愿意放弃任何旁逸斜出的诱惑。多年之后，在一次返回母校的讲座中，看着下面同她当年一样年纪的学弟学妹亮闪闪的眼睛，周轶君泄露了当时的心理，“上大学时，我怀着不为人知的秘密——想当战地记者。那是怎样一件战天斗地、令人兴奋的事情！猜想，那时候，我也是一双亮闪闪的眼睛。”

罗伯特·卡帕（Robert Capa），著名的战地摄影记者，早在高中时候就是她的偶像了。在枪林弹雨中，他用血肉之躯去换取莱卡相机里的一格格底片，看他的照片仿佛可以听到子弹疾飞、隆隆的炮弹声响，每一帧都是人类愚蠢行为的明证，“如果你的照片拍得不够好那是因为离炮火不够近”，这句话曾无数次让周轶君在暗夜里血液沸腾。可是后来，等她自己成为战地记者，她在讲座中，时常提醒那些“闪亮眼睛”的大学生，卡帕伟大之处，不是他踩了地雷，而是他生前拍了很多好照片。

所以，大学毕业，利器在手，到施展天下的时候了，她怎么会放弃呢？为了这个梦想，哪怕顽固得接近无理，她也要继续下去。“我觉得我想做的事情肯定能做到”，她知道自己不是那种各方面都去投一把注，广撒网、碰运气的人。认定了一件事，她一路走到底，死也不回头了。

开始，周轶君认定新华社的国际部。新华社传回消息，不要女生，就算第一名也不要。后来她三番五次亲自去问，招生的人头都大了，说了不要女生，这女孩怎么还来。最后，精诚所至，他们让她去对外部试一下。对外部对她很感兴趣，只招了一个人，就是她。

事后想想，她自己都觉得冲动，万一新华社考不上呢？怎么就那么孤注一掷呢？但好多时候，不孤注一掷也不行，倒应了那句老话，“谋事在人，成事在天”。

第一篇报道，坐在牛街清真寺，她看着采访回来的一堆东西，几个小时不知道怎么写。后来在别人的帮助下，一字一句学着写，慢慢地也像模像样了。

之后还去过埃及一年。留学回来，轮到她可以驻外了。领导照顾，让她去突尼斯，虽然环境好，可还不是她心中所想。发酵几年的梦想，此时已深沉如酒，寡淡的白水如何能满足她？听到加沙分社有空缺，刚好也没人愿去，她主动请缨，上面却不肯批准。她写信，写了长长的一封信交给社长，社长转给了人事局局长。消息反馈回来，局长要见她，要看看这小女子的固执所在。毕竟还是个小姑娘，周轶君忐忑起来，感觉凶多吉少。见了面，局长带着笑意望她，讲了个故事。之前有记者驻在那里，局长去看他，一个大老爷们，当着局长的面，眼泪都流下来了，那地方，不仅危险，而且艰苦，更重要的是，常年一个人生活，闷啊。听到局长的故事，周轶君放下悬着的一颗心，信心来了。“对于男性来说更多的是一种爆发力，女性更多的是一种韧性和耐力，我是去待两年，不是两个星期，耐力比爆发力更重要。”听完，局长只说了一句话，“姑娘你去吧”，十分钟，他判定了这个女孩正是需要的那一个。

时间流逝，阅历增长，今天的周轶君会说，我开始接受，不是自己想做的事情都能做到。

“原地找回我的牙”

“曾以为在加沙两年只是生命中的一段拼打，后来才知道没有日子不留痕迹。无论在哪里，什么时候，只要加沙的场景在电视上、照片里闪过，我总能准确无误地辨认出来。”

凤凰摄像师们跟周轶君开玩笑，说她去加沙采访是回“老家”，每一个角落都那么熟悉。在那里，她见过了战火，见过了鲜血，见过了泪水，虽说回来几年了，却怎么也忘不了。

↑周轶君摄影作品：正统犹太教徒。

↑在加沙，途经两头倒地的死牛。

在加沙的时候，周轶君最喜欢一个故事，叫“原地找回我的牙”。一位CNN的女摄影记者被派往萨拉热窝进行战地采访，在那里，已经有多名记者丧生。六个星期后的一天清早，一颗子弹击穿车玻璃，正好击中她的脸部，几乎掀掉了她的半边脸——颧骨被打得粉碎，牙齿没有了，舌头也被打断了。送到诊所时，大夫们直摇头，认为她不行了。经过二十多次手术后，她又奇迹般地回到了工作岗位。这时的她，下颌仍无感觉，脸部还留着弹片。但很快，她要求重返萨拉热窝。这个女记者幽默地说，说不定我还能在那里找回我的牙齿。她甚至想认识一下当初袭击她的枪手。有人问：见到那个枪手后怎么办？她说，我会请他喝一杯，问他几个问题，比方说当时距离有多远。

这个故事，残忍得接近不真实，却是所有战地记者的处境和心声。回来之后，有人问过周轶君，你还想去加沙吗？周轶君回答，我还会去，我对那里有牵挂。

离上帝最近

刚到加沙，CNN的记者给周轶君上了战地记者第一课：“坦克车向你开过来，人群朝你跑来的时候，这个画面是最好的，这是第一。第二，如果坦克车手故意要打你的话，你怎么躲都躲不过去。在武装冲突中，记者是不会被当做攻击目标的，你可以拍照片，你可以离他非常近；坦克手不介意的。只要你旁边没有巴勒斯坦人，你不乱，他就让你拍。当然，如果你身边没有见证人的话，他也会开枪。”一点一点，之后，周铁君学会了如何既能拍摄到第一手资料，又能保住自己的命，比如走的时候走之字形（让坦克手没法瞄准），举起手中的相机，让坦克手对自己没有戒心。

以色列空袭，发射的导弹要一个一个数出来，这是周铁君最常做的事情。住的地方，玻璃因外面炸弹爆炸震得乱颤，窗外火光冲天，她第一次数的时候，心惊胆颤数出了八个，第二天，看同行的稿子是十二个，估计是害怕，数到第八个就已经晕了。

炸弹离她最近的一次，就在楼下。那次，中国驻巴勒斯坦办事处工作人员请她吃羊肉。刚吃完放下碗筷，外面就传来惊天动地的声音，窗口一片火光，地板一直在晃，所有人立刻趴在地上。四次爆炸之后，武装直升飞机的螺旋桨声、重型机关枪扫射的声音接踵而至。爆炸结束后，周铁君赶回自己的办公室，炸弹的落点就在她的窗户下，刚才吃羊肉的地方，离办公室只有200米。这几乎是周铁君在加沙的工作经历中最容易的一次——不用出办公室，就拍到了现场照片。

在战地，女记者是稀有动物，无论是国际媒体圈里还是巴勒斯坦当地都非常少见。由于加沙环境恶劣，西方媒体的办公室都设在以色列的耶路撒冷，周铁君曾是唯一常驻加沙的外国记者。

去难民营采访，即使她穿了袍子，那些男孩子看到一个外国女人独自出来也觉得非常好奇。她在前面走，后面能跟着几十个孩子。开始不断朝她丢小石头，试探一下反应，她不予理睬时，他们改丢大石头，结果就把她砸伤。比起石头，更可怕的是不长眼睛的子弹和弹片，在加沙活动的记者们人手一个头盔、一件防弹衣。战地的状况变化不定，并不意味着穿得越多越安全。2002年，CNN一名记

↑周铁君摄影作品：哈马斯的葬礼。

↑周铁君摄影作品：巴勒斯坦儿童灯光集会，以抗议以色列空袭。

者拍巴勒斯坦人向以色列坦克扔石头的场面，因为他穿着避弹衣，人们就躲在他背后拿他当盾牌，结果他被以色列人打中受了重伤。

在以色列时，周轶君很少会坐公共汽车。难得一次搭公车，分外紧张，小心翼翼挨个给这些人“相面”，周轶君看有没有潜在的人体炸弹。曾经有次跟朋友一块儿坐车，在车上碰到熟人，周轶君请朋友用希伯来语代问那个熟人“是否害怕乘车”，朋友很不屑地哼哼几声，意思是，不要问人家这种问题。不过很快，他郑重地对周轶君讲：“你害怕吗？以色列人每天每时都要面对这种情形！”

“爆炸背后人性的东西”

“真正动人的故事是在前线稍后一点的地方，要做爆炸背后人性的东西。”在加沙的两年，炮火、枪击、炸弹，带来的恐惧都是暂时的，永恒的还是日常的生活。恒常生活中累积出的善恶，善恶中彰显出的力量，恰恰是最不能忘记的。任何人都不愿意拿危险当炫耀的资本，可不得不直面这一切时，除了需要勇气，还需要一种力量。有人说，面对苦难和挫折，你要抬起头来，笑对它，相信这一切都会过去，今后会好起来的。希望是不幸者的第二灵魂。向往美好的未来，是困难时最好的自我安慰。在多难而漫长的人生路上，我们需要一颗健康的心，需要绚烂的笑容。苦难是一所没人愿意上的大学，但从那里毕业的，都是强者。

为了采访“爆炸背后人性的东西”，她来到距离以色列定居点最近的一户巴勒斯坦人家，全家十多口人，只有一张床。当晚这张珍贵的床让给了她，其余人全部睡在地上。这个什么家具都没有的家里，最安全的地方是厕所，那一晚，全家往厕所里跑了好几次。透过窗台，周轶君可以看见以色列的巡逻坦克正通过他们的门前。

随后她又去了另一户以色列家庭，仅隔一条边线，这户人家的生活与巴勒斯坦人有着天壤之别，房子很新很漂亮，安全措施很严密，像一个世外桃源。可是，这个家庭连一个巴勒斯坦人都没有真正见过，却把对方想象成为魔鬼。毗邻的人，相互不见面、不了解，却将仇恨的根系越扎越深。回国之后，她多次提起，只有你真正经历过那样的一段生活，战争、流血、死亡，不再只是电视、报

↑周轶君摄影作品：失去孙子的巴勒斯坦妇人。

↑周轶君摄影作品：哈马斯小战士。这张图片广为流传，获奖无数，一个阿拉伯网站还评这个小女孩为“最美的阿拉伯女性”。

↓周轶君摄影作品：镜头下的阿拉法特。

↓周轶君摄影作品：镜头下的阿拉法特。

纸上的影像和图片，而是就发生在你面前的真实景象，那一刻，你会发现其实一切都不是最重要的，生命、人道，才是你付出所有的努力想要达到的最底线。

那次周轶君停车在马路边上，迎面走过来一个衣衫褴褛的小孩，央求她买他的糖。匆忙之中顾不得这个孩子，她继续打电话，许久才发现，孩子在马路边上哭起来。俯身询问得知，这个孩子一天一笔生意也没有做成，父亲失业了，妈妈常年卧病，兄弟六人在加沙不同的角落卖糖、卖报纸。孩子还告诉周轶君，长这么大，他从来没有喝过牛奶，更不要说吃肉什么的了。听了这个，她于心不忍，把他的糖全买了，后来楼下的警卫都笑话她。隔了一段时间，在另外一个地方，周轶君又碰到这个孩子，告诉他她可以买他的糖，他却说出了一句话，让她肃然起敬。他说我不是乞丐，你不用这样对我。之后再遇到他，周轶君会给他买一些奶粉，她说你可以上学。他说家里比较穷，虽然是义务教育，但是他们要收书本费。很长一段时间没有看到他，有一天周轶君在马路边的时候，另一个孩子跑来告诉她，他上学去了。那一刻周轶君眼泪差点掉下来。

新华社驻加沙的办公室特别大，周轶君一个人住198平米，因为巴勒斯坦人全是大家庭，找不到小房子。她有两个卧室加一个大客厅，经常一个月都不会走到客厅里去，客厅的钟停了多久她也不知道。

忙的时候不觉得，一闲下来，孤独就钻进心里了。她不是一个很恋家的人，但有一年中秋她特别想家。“我的窗户对着地中海，我就冲着大海叫妈妈。”但这种时刻太少了，两年里她几乎忙得根本没有时间去孤独。强烈的使命感能帮人克服厌倦，要像生活本身一样活下去，还需要一份谦卑的态度。周轶君最不缺的就是这个，她在阳台上种了很多薄荷，学中东人煮红茶的时候就摘几片放进去，为自己营造点小情调。空袭一过，她会开着大吉普车去海边。加沙什么工业也没有，天非常蓝，没有人的地中海宁静而美丽。她觉得自己独霸了这片天地，这辈子都不会在其他地方看到这样的美景了。

进了凤凰卫视后，巴以冲突仍然是她报道的重点之一，几乎每年都要往返一次。每当同事听说她要去加沙，都会逗她：“你又要回家了吧？”像个仪式一样，一回到加沙，周轶君就会开着当年的大吉普到曾经居住的公寓楼下转一圈。

“当年的门卫还在那里，而且没有忘记我，我的车子离得还很远，他就叫喊着我的名字。一个地方待久了，即使加沙这样的地方你也会产生感情的。”

她一直觉得自己挺幸运的，第一次被派驻加沙时才26岁，作为一个记者，很年轻的时候就来到一个全世界最热点的地方，不是谁都有这样的机会。同时，作为一个人，年纪轻轻开始目睹生与死的较量，就像一颗种子种下去，慢慢发芽抽枝，将会汇聚成一股怎样的力量！

做一个真正的记者，做一个真正的人

英国小说家毛姆说，对于有些人而言，在出生的地方，他们好像是过客，在本乡本土的陌生感，逼着他们远游异乡，寻找一处永恒定居的寓所。远方，才是故乡。

战场上死亡的威胁令人拥有前所未有的强烈存在感，重回故国，过客的影子又清晰地浮现上来。周轶君要继续走。《诗经》里说，“茕茕白兔，东走西顾。衣不如新，人不如故”。时间只是单程火车，有去无回，有的只是现在这一点。到凤凰卫视，是此刻生命中的机缘。

决定离开新华社，去凤凰之后，许多原来的同事对她的行为感到不解。

“我不认为，一夜成名会给人带来成功。我相信，一个人在努力工作，取得成功之后，才会成为一个真正的人。因为他从中得到正确的思想，它包含着对世界和宇宙的认识，他也因此能理解别人的错误，能赞赏别人的成就……我希望在将来，首先是我的思想，其次是我的眼光，可以触动社会，也许你认为我有点想入非非，我希望保留我的自由。”摄影师Ernst Hass的话，周轶君拿来回答那些疑问，此行目的——做一个真正的记者，做一个真正的人。

“从通讯记者转做凤凰人，由图文思维转做影像观察，足迹从中东荡至天下——讲故事的手段改变，看世界的心灵依然载欣载奔。”在相对特别的位置看世界，这是凤凰卫视能给予周轶君的自由和位置。

到凤凰之后，她又有了多次机会回加沙，也去过伊拉克，依旧在飞来飞去，在记录，在分享，只是做新闻的方式，从文字和照片变成活动的影像。在凤凰最重要的成长，是她完成了从中东记者到国际新闻记者、时事记者的转型。除了伊拉克、阿富汗、以色列、埃及、巴林，她还出色完成了朝韩冲突、泰国总理专

↑周轶君摄影作品：加沙街道满是涂鸦。

访、二十国集团峰会、瑞士达沃斯论坛，乃至汶川地震、新疆“7·5”事件、台湾选举的报道。

忙碌起来时，她是一贯的有条不紊。除了做“指哪儿打哪儿”的记者，同时还任“纵观全局”的新闻编辑；大事发生时，作为资深记者，她会客串新闻直播中的评论员；同时，多次走上主播台，主持新闻深度报道节目。因为主持《凤凰观察》，周轶君还尝试了一个新的身份——时事观察员，每天从纵横交错的国际资讯中抽丝剥笋，识别一条条新闻间的关系，判断哪些会成为焦点；继而调查新闻的前因后果，整理新闻发展的趋势。

从通讯社记者转作凤凰观察员，在凤凰的日子也四年有余，“大事发生我在场”，经历多年的新闻职业生涯，她开始思考自己所从事的这份事业的意义。

“我们每天做动态的新闻，很多人说有什么意义呢，你今天做完了，明天就是一张废纸。包括做战地记者，我很好的朋友说，你们那是去看人打群架的，管我什么事啊。”

“其实我觉得很多时候你做的事情是在做积累。记者工作的意义不是在一开始你就能去发现它，而是慢慢的，你就会有一种能力，发现一个问题，回答一个问题，推动解决一个问题。”

对她这样的人来说，做新闻、做记者，永远不是一个功利的过程，而是类似一个聚水成涓的过程。一个事件本身，相对于浩渺无垠的时间来说，也许是微不足道的。但是，当无数的事件无数次地累积之后，一种不可思议的力量便从中而来。做新闻，最大的价值也就在这里。

非典型文艺女青年

常有人笑她是文艺青年，周轶君不置可否，感情跟血液融为一体，她需要的是一个发泄口，至于表现在外的形式，文艺与否，已经不重要了。

零敲碎打的时间里，采访归来的夜深人静，她打开博客，涂抹一些感性而跳跃的文字，有时通宵伏案，直到东方既白。她懂得一旦偷懒，经历便再也没办法复活。从加沙的时候就养成的习惯，到现在一如既往。

“今天，在结束旅途的纷乱之后，终于推开自家房门，知道吗，我竟忽然感觉一脚迈进坟墓。大概那一天来临时，人就是这种感觉——旅程结束，进一个房子休息。但这感觉一点也不恐怖，甚至有些欣慰。”

“我也蛮享受含雨欲滴的天气，好像蜷缩在一粒

↓有人拍到周轶君在采访途中睡着。话说随时入睡是记者的本能之一。

灰蓝色的大水球中，稳稳妥妥。也只有在这样的天气里，回忆旧友，心间无限温暖。这世界上，还有那么几个人，你在他们面前，可以放声大笑，也可以潸然泪下。想到这点，我就心满意足。”

从加沙回来，周轶君集中精力写了一个多月，2005年，《离上帝最近：女记者的中东故事》一书出版了。

“冰冷的新闻稿背后，还有更多所见、所闻、所想，新闻稿之外，还有这样一种方式，让人们更好地去了解，我们的同类，那样生活着。”

“最重要的是在巴以地区，这个传说中‘离上帝最近的地方’，人性的善与恶，格外分明。这本书，是战地见闻，更是人性的镜子。写巴以的特殊性，更写人类的共性。去那里之前，我只知道他们爱，他们恨；亲身体验之后，才看到了为何爱，为何恨。‘为何’背后，是人性的多层面。”

书的后记中有一段话：“无法坦然面对他们的眼神。记者总是从别人身上榨取故事，然后走掉。我总有穿上裙子、看到正常生活在彼岸的一天，他们还继续他们的冲突，他们的故事……”

除了文字，还有影像。周轶君喜欢摄影，水平很不错。时间过去之后，若要重温，照片是最鲜活的。周轶君的照片，捕捉一些细微的光影律动，不经意露出时间、生命的变迁。光怪陆离的影像中，总带着隔离的味道。

性格多面体

闲暇之余，她用做菜犒赏自己。英谚所谓“烹饪是唯一可以不让艺术家饿肚子的艺术”，周轶君常挂在嘴边。厨房是书房之外她最爱待的地方。切切弄弄，蒸蒸煮煮，还要记得“统筹安排”，仪式感十足。她幽默地调侃自己，要调理，一是写字，二是烧菜，大概可以通向龙应台说的“素颜修行”。因为这个趣好，博客上常常记录“妙手偶得”的过程。

“剩了一顿‘芝士炒饭’的料，妙手偶得，用‘浙绍南乳’替换芝士，仍跟黄油炒，再添一味素鸭。盐都免了，颜色更加喜人，口感愈发缠绵。这道菜是从一不相识的上海美眉的博客上看来的。她年轻可人，早早结婚生子，看得出很得先生疼爱。可她却给这道洋葱青椒胡萝卜方腿香肠的‘十全大补’起名‘什么都有，也会有被厌弃的一天，我们都要有这个准备’。常怀千岁忧啊，小小年纪。腐乳换芝士，多了一星幽默，不知道能不能破了她心里的谶。如果要转行，我想当个素食厨子。不开私房菜，开电影《海鸥食堂》里的那种平民小馆。名字就叫‘相见欢’。”

知己难得，无酒不欢，偶尔素手调“羹”，调一杯“自由古巴”与朋友分享。有人写周轶君，说她是一个想成为喜剧演员的记者，举出她一个段子。有一次在北京，她和《生活》杂志的一帮人在鼓楼大街张旺胡同“床”酒吧，有其他朋友要过来，打周轶君的电话问她酒吧叫什么名字，她对着电话大声说：“叫床！”乐坏一干千杯知己。

博客里也有记录，“终于见到在香港中文大学攻读《圣经》的希伯来语才子孟振华。热烈地讨论他

↓难得的周末休闲出行。

在以黎战争期间的前线见闻，讨论我们两年前在MSN中聊过巴拉克＋阿巴斯的组合，是否能开创巴以新局面……那天，虽然因为忘记带钥匙，把自己反锁在门外一下午，但心里还是美美的，非常满足”。她是率性无为的。

周轶君常说自己幽默。见惯了悲喜之后，幽默何尝不是一种豁达。“我很无厘头的，真的，我觉得自己就是周星驰的妹妹，我以前一直想成为一个喜剧演员，因为我觉得自己很有喜剧天分。”她常这样与人诉说，信则有，不信则无。

周轶君解嘲，也有“矫情”的一面。说是“矫情”，毋宁说在为心灵搭筑的一点自由空间。看戏剧流泪，看电影流泪，参加葬礼流泪，听到某句话、体验到某种感情也流泪。在加沙的时候，周轶君看戏剧《警察乐队来访时》，讲埃及亚历山大警察交响乐团到以色列演出，意外迷路在荒郊，埃及人与以色列人的心灵碰撞。看到埃及警察摘下帽子，盖住以色列餐馆里一张“六日战争”照片，座中泣下，唯周轶君也。

“每次参加葬礼都想流泪，不是因为死者，而是葬礼上的活人：绝望而盲目地呼喊口号。最动情的一次是听说特拉维夫发生自杀爆炸，而前一天，我第一次去那个城市。写了一篇《为生者哭泣》。还有一次从拉姆安拉出来，一个巴勒斯坦老太太抓住我的腕子反复喊：犹太人把我们欺负苦啦！当时我就‘迎风流泪’了。你看，我不但为巴勒斯坦人，也为以色列人流眼泪，所以有的人说我‘亲巴’，有的人给我扣上‘亲以’的帽子，其实我只是作为一个普通人，体验人在战争状态下的情感。政治层面上的是非是另一个问题。”

平淡是真

回归平实感情。多年的奔波，周轶君心觉亏欠的，还是父母。从当初报考大学义无反顾选择北上，到行走战场，回国之后，又到了香港，常不能相见，亏欠良多，着实心愧。国内工作的日子还好，在加沙做战地记者时，工作多久，他们就承受多久的折磨。一直以来，只好以“善意的谎言”相告。以色列发生爆炸时，她就说自己在加沙；加沙遭到轰炸，就说自己在耶路撒冷。后来，父母渐渐习惯了，周轶君才敢“实话实说”。父母不愿见她到处乱跑，但给了她选择的自由，让她感恩无限。

幸运的是，爱过人，也被爱过，现在仍然爱，也被爱着。

从战场回来，作为“战地玫瑰”，周铁君出名了。相比名声，她说自己更看重的是“作品”。相比畅销，她更更看重的是“自己满意否”。相比“自己满意”，她更看重的是，对他人、对时间有没有意义。为什么六年前出版第一本书之后没有趁热打铁接着出？她回答，因为没有“自己满意”的东西。更因为还在思考，什么才是对他人、对时间有意义的东西。她补充说：“当然，这么想，也许是我把自己看重了。”

胡 玲

胡玲，这个笑容甜美舒心、相貌颇有明星气质的女子，没有走向大荧幕，没有去演八点档，而是选择了一个默默无闻、蓬头垢面、满世界乱跑、哪儿危险去哪儿的职业：记者。她2004年从英国利物浦大学政治与大众传播专业硕士毕业，进入凤凰卫视。六个年头里，成为凤凰的北京记者站主力资深记者。

她采访报道过中美日俄等多个国家的重要领导人，世界各地都有她的足迹。但最让人印象深刻的是，2008年的汶川大地震，胡玲作为凤凰卫视第一批赴震区采访的记者，转战近十个重灾区，始终坚守在救援现场，不断发回一线报道，并在灾区独家采访到国家主席胡锦涛、中央军委副主席郭伯雄等人。可谓娇弱身躯蕴含巨大力量，难怪被同事称为“有特异功能”。

家乡：昆明

星座：射手座

毕业院校：北京广播学院（本科）；英国利物浦大学（研究生）

爱好：各种网购

最爱的食物：云南菜（家乡菜的味道总是最割舍不掉的）、川菜、泰国菜、日本菜

胡玲
金刚芭比的幸福生活

地震后的第一个报道

2008年5月12日14时28分04秒，四川汶川县，8级强震猝然袭来。

地震发生五分钟后，凤凰卫视北京记者站的胡玲接到通知，作为凤凰卫视的第一批记者前往四川。尽管当时对前方一无所知，不过以凤凰记者的霹雳作风，胡玲迅速收拾好行李，直奔机场。

别看胡玲面嫩，其实她算是凤凰卫视的老记者了，2001年就进了凤凰深圳记者站，后来出国读了一年书，回来就到了北京记者站。人们都说凤凰卫视美女云集，这话还真不能谦虚。女主播就不用说了，连风风火火的女记者也当真个个如花似玉，可谓出得厅堂，下得现场，入得机房。胡玲绝对是那种第一眼美女，一张精致的娃娃脸，高鼻梁、大眼睛，眉目清秀，皮肤白净，身材看起来相当瘦弱，活脱脱一个芭比娃娃，和女记者的形象相去甚远。不过此刻，这个瘦弱的小女子正努力地在第一时间冲向灾难报道的第一线。

"现在余震还在发生……"震后第二天，胡玲就出现在了电视镜头上，从都江堰发回了地震后的第一个现场报道。当时的人们，连胡玲在内，都还没有意识到这场地震的破坏力有多严重。胡玲只知道，她在做这条出镜报道时，其实脚下晃动得特别厉害，摄像师都已经站不稳了，很多救援人员也在往外跑。现在回想起那个时刻，胡玲才感到有些后怕。

在汶川大地震现场，凤凰的第一批记者小分队领到两个重要任务：去到震中、找到在震区考察的中央领导。兵分两路，胡玲领了其中一个重要使命：追访和他们差不多同期抵达震区的温总理。在这样的大灾现场，温总理来去匆匆、马不停蹄地辗转各个受灾的县镇，往往是“打一枪换一个地方”。第一天指挥部设置在都江堰，可第二天又设置到绵竹、德阳，下一步他要去哪里更不知道了。胡玲一路追逐总理的步伐，辗转至重庆—成都—都江堰—什邡—德阳—绵阳江油—北川陈家坝乡—绵阳九洲体育馆—绵竹汉旺镇—绵竹遵道镇……有时候总部打来电话通报总理的消息，可是等胡玲撒丫子地赶到时，人早已走了。几天过去了，始终没能堵到“大人物”，怎么办呢，胡玲感觉快疯了！

也许是胡玲的艰辛感动了上天，机会终于来到了！

她一定有特异功能

那天胡玲一行结束了在绵阳的采访，拖着疲惫的身体刚回到成都，就收到了绵阳那边发来的短信，说好像明天有个大人物要来。说起来凤凰的记者走到哪里都有好人缘儿，大家对凤凰都挺有亲切感的，在震区不管走到哪儿，人们一看到凤凰的标志，就赶忙说我们还有什么人困在什么地方，希望凤凰去报道一下。现在传递这个消息给胡玲的，就是他们在采访时认识的绵阳体育馆的志愿者，因为他们知道凤凰想采访中央领导。

虽然这是一条不确定的消息，也不知道究竟是哪位大人物要来，但足已令胡玲感到兴奋。5月17日凌晨4点，胡玲与前一天同她会合的曹景行先生一起从成都出发折回绵阳，7点赶到绵阳时，体育场已戒严。好在胡玲早已在此打下坚实的群众基础，自已又来得早，警戒还没到严格的地步。借来证件伪装成志愿者，把摄像机藏进大包，胡玲一行人就这样“潜伏”进了体育场。后来证明，当时现场除了胡玲他们，只有跟随领导人而至的中央电视台记者，基本没有其他媒体。

下午3点半，胡锦涛主席竟然出现在绵阳南河体育中心。没追到温总理，倒等来了胡主席，胡玲他们一时热血沸腾。凤凰记者的叫喊声吸引了胡主席的注意力，特别是看到了一头惹眼的花白头发的曹景行先生，胡主席竟朝着他们走了过来。瞅准机会，个子不高的胡玲立即越过人墙把麦克风递了过去，胡主席开口道："这次特大地震灾害，涉及范围广阔，而且救灾难度很大，应该说面临非常严峻的考验……"突然，胡玲感到不对劲，回头一看，孜孜不倦的中南海警卫们正使劲驾着凤凰的摄像师往后拖……"我们是凤凰卫视的，胡主席已经对我们说话了，摄像机！"危急中，胡玲一把将麦克风塞进曹先生手里，一边对警卫高喊，一边敏捷地一把抢过摄像机，也不知道看起来那么瘦弱的她当时从哪里来的劲头。中断十余秒的画面又接上了，采访继续……就这样，一段疯狂的"追堵"终于有了结果，凤凰卫视拿到了对胡锦涛主席的独家访问。

↑采访四川地震灾区的现场救护人员。

胡玲的同事说，胡玲一定是有特异功能，不然为什么一工作起来就和平时判若两人？！平时面对普通的采访，胡玲都是客客气气地与别人沟通那种，可是一旦遇到关键情况，她就会迸发出一种无穷的力量，连身边的男摄像师也不得不在心底感叹："厉害，厉害！"

不想做"残忍的闯入者"

2010年，青海玉树再次发生强震。有过地震采访经验的胡玲再次第一时间冲向了灾区。毕竟经历过一次那么严重的灾难洗礼，胡玲这一次出发前可比上一次沉稳得多。可是到达后胡玲才发现，自己把玉树想得太简单了。玉树地处高原，虽然地震范围比较集中，面积较小，但受灾情况非常严重。这里不像汶川是那种整个楼房的倒塌，而是一大片土木结构的房子全部被夷为平地。而且与汶川相比，高原的救援和报道难度更大，生存环境也更恶劣。在汶川采访的时候，记者还可以去成都或者绵阳这两个大后方休整一下，而此时的玉树简直就是一个孤岛。高原的晚上气温非常低，胡玲他们刚到时被子都不够用，于是胡玲就把自己的军大衣让给了一个新过来的同事，结果自己晚上冻得睡不着，艰难熬到天亮。

更可怕的对手是高原反应。一到现场，体型强壮的摄像师和海事卫星工程师就开始出现比较严重的高原反应，胡玲自己却还算幸运。人们都说上高原的人，女的比男的强，瘦的比胖的强，身体弱的比身体壮的强，正好，胡玲都占上了。只是她还是感到头痛，他们从到达后就不得休息，一边采访拍摄，一边马不停蹄地顺着山路往重灾区进发。废墟早已将路堵得一塌糊涂了，他们只能靠步行，胡玲他们走几步就喘得厉害，采访在艰难中推进。

地震现场，任何一处都有报道可做，因为基本上每家每户都有亲人离开，你可以让他们回顾当时地震的情况，问他们生活面临什么样的困难，包括地震带给他们什么样的感受，这些都是可以去捕捉的。但胡玲又觉得自己是一个“残忍的闯入者”，面对越来越多的受灾群众，她渐渐不敢去问问题了，她怕自己随便的一个提问就会伤害到一个人。胡玲开始不断地找那些比较感人的事情，想让观众多看到一些能带给人希望的东西。当她得知地震中的孤儿被收养在“二炮”的帐篷里时，她立即赶了过去，看到了那个才出生三天、父母双亡的藏族小孩喝上了从西宁运来的奶粉时，她就忍不住地流泪。

小宇宙再次爆发

在海拔3700米的玉树地震现场，胡玲又遇上了胡锦涛主席。

那一天也是在震区一个安置灾民的体育场，胡玲闻讯赶过去时发现很特别，这次胡主席视察的地方全部对媒体开放，不像以往重要领导人来到的场合必须清场，这让她很惊讶。现场聚集了一百多家中外媒体，平时采访时能遇见的媒体朋友基本都在场了，大家一面打着招呼一面都在心里打鼓，这么大阵仗下想抢到前面采访到胡主席太难了，更别说拿到独家了。几个跟胡玲相熟的记者看到她后就在那边咬耳朵，说等会儿一定要跟住胡玲，跟着胡玲就有戏了。

当然，胡玲如此聪慧的女子，早在别人忙着咬耳朵的时候就先闪人开始行动了。想到在汶川时采访胡主席的经验，胡玲认为占据最有利的地形才能冲到最前方。说来胡玲真是人缘好，走到哪里都能遇贵人。此时正巧让她碰到了以前采访时认识的云南边防武警，而他们的驻地恰巧就在最接近体育场入口处的位置上。大家再次碰面，真有他乡遇故知的感觉，云南边防的朋友自然也就网开一面，让胡玲“埋伏”在了队伍里头。而此时再看那其他一百多号记者，包括央视的、国外的，都统统被赶到了警戒线外特定的媒体区。

等待了整整三个小时，终于看到胡主席的身影了。当胡主席开始和第一个人握手时，已占领有利“地形”的胡玲瞄准时机，高举起凤凰的LOGO，大声喊着“胡主席，凤凰卫视向您提问！”接下来的场面可想而知，就在她边喊边冲向胡主席时，中南海的警卫迎了上去，胡玲还没来得及反应，只觉麦克风一下子被挤得了出去，上面的凤凰台标也飞了八丈远。小宇宙再次爆发了！只见胡玲娇小的身影迅速趴在地上捡回了麦克风，接着起身再次边冲边喊……

就在胡玲感觉绝望的时候，胡主席听到她的声音便停下了脚步，伸出手稳稳地抓住了她，并连喊了三声：停一下！停一下！停一下！就这样，胡玲那个早已经面目全非的麦克风终于伸到了胡主席的面前。等她站稳后，胡主席开始回答提问：“一是救人珍惜生命；二是保证灾民有饭吃，有干净水喝，有帐篷住；三是加快灾后重建；四是让孩子们尽快回到学校……”

不知为什么，此刻听着胡主席的声音，胡玲脑子里不断重放着几天来在震区见到的一幕一幕，想到了很多受灾藏民对她表达的迫切需求，而胡主席此时的话语，直截了当地切入到灾区救援的关键环节。想到主席此时是提前结束了巴西外访赶回国的，他临走时候说他“要和人民在一起投入抗震救灾”。

这一刻，胡玲突然止不住泪水，后来她说，她突然间感到了“国家”这两个字的力量。

报道自己被打动的东西

结束震区的采访后，从玉树飞到西宁，六天没有洗漱的胡玲一下飞机就奔进了洗手间，当她看见洗手间里面明亮的灯光，看着哗哗流出的自来水，看着这些

↑胡玲采访玉树灾区。

平时都觉得很正常，存在得很合理的事物，脑子里却还盘旋着那些震后的场景，那些等待救援的被困者，那些与亲人生离死别的遇难者，那些失去家园的百姓，那些失去父母的孩子……复杂的心情令她又一次泪流满面。

对胡玲来说，她一直渴望以自己的视角去关注一些百姓的切身之痛，经过自己的观察来报道百姓的故事，她希望报道自己被打动的东西。就像她去做一些地震孤儿的报道，她当时觉得特别心痛，甚至觉得简直无法支撑自己。于是她在自己的博客上写这些孤儿，得到很多人回应，希望资助孩子们，她觉得这是自己对灾区最重要的帮助。

亲历了两次地震现场，胡玲更加懂得了珍惜，也变得更豁达，重新体会到了活着的幸福。她很感谢这两次报道经历，使自己交了很多朋友，像北川中学的学生，直到现在有时间还会偶尔通电话，孩子们会像对大姐姐一样跟她讲一些自己的快乐和烦恼。

在汶川地震采访归来的博客里，胡玲曾写了一篇《寻找北川陈家坝乡长杨开武》来寄托对灾区的牵挂："回来后我一直好希望能够联系到杨乡长，看看他的妻子和在北川中学上学的女儿是否平安，看看他守护的那些陈家坝的村民怎么样了。"

而在实际生活中，胡玲也把这种牵挂落实到了行动。那次从震区回到绵阳后，胡玲到绵竹中学把杨开武的女儿接到绵阳，在宾馆里住了一晚。那天晚上，女孩一直在上QQ，到班上死去同学的空间里收集照片，想保留下来。这对胡玲的触动特别大，当时她就想怎么能够帮助她。后来在奥运会期间，胡玲特意把女孩接到了北京。第一次坐飞机，第一次到北京，第一次到国家大剧院看演出，第一次到奥运赛场看比赛……胡玲本以为女孩会很兴奋，很开心，但事实却恰恰相反，女孩无论到什么地方都把自己拘在一个角落里不停地发短信。这时胡玲突然发现，自己一厢情愿地为别人做这些事情时，很大程度上只是为了安慰一下自己。从此，胡玲更加关注灾区人们的心理重建问题。

“我是记者，也是一个母亲”

感性的胡玲做过一次最固执的采访。那是在2010年初，海地发生7.3级地震，中国八名维和人员不幸遇难。遇难同胞中有三名是云南公安边防总队麾下的干部。

胡玲的老家在云南，家乡的人有难，异常触动她的心弦。她有个强烈的愿望，要亲自去云南采访遇难的那几位边防人员的家属，替所有关心他们的国人了解一下他们好不好，需不需要帮助。胡玲到了边防总队后，队上还是挺配合的，允许他们进入遇难同事生前办公室，采访他们的同事、他们的领导以及总队长等等，但是只有提到家属，队上出于保护的原因坚决不肯让胡玲见他们。边防总队的家属院都有警卫把守，胡玲想不打招呼自行前往非常不容易。

胡玲在采访遇难者同事的时候，听到有人介绍一位遇难者的妻子和小孩。这位妻子刚刚生了孩子，她的丈夫还没见到自己的孩子就遇难了。因为小孩子和胡玲的孩子差不多大，所以当时听别人介绍这对母子时她就边听边抹眼泪。她产生了一个不可抗拒的想法，一定要见见这对母子。

胡玲的倔劲上来了，她和摄像两个人想办法混进了边防总队的家属院，在一群楼宇中见人就打听，最后没办法了，看哪家阳台上面晒小孩的衣服就上去敲门。这样转悠了大约三个多小时，在他们都想要放弃的时候，无意中打听到了那位妻子的住址，只是邻居说她生完小孩后就一直住在娘家，好长时间没有回来了。正当胡玲按地址走到楼门口的时候，只见一辆边防总队的汽车停下来，刚好是护送那对母子回家。胡玲跟着他们上了楼敲开门，刚好见到了这位妻子，平时伶牙俐齿、语速飞快的胡玲此时已经语无伦次了。她刚说我也有个小孩……然后眼泪就流了下来，接着她掏出一张名片，说如果有什么需要可以随时给我打电话，因为我也是孩子的妈妈，我的孩子跟你的小孩一样大，无论什么事情我都会尽力帮你……说完她就走了。

胡玲回到边防总队后，队上的一位领导正在为他们采访家属的事大发雷霆。胡玲自从见到那位妻子后心里一直很压抑，这会儿忍不住就大声说："我虽然是记者，但我同时也是一个母亲，我为什么不能去慰问一下这些家属！"也正可谓不打不相识，巧合的是，吵了这架之后，胡玲与这位边防总队的领导又在玉树震区遇见了，虽然再见面有些尴尬，但也算有缘分，况且人家真是帮了一个大忙：掩护她成功采访到了胡主席！

↓胡玲三岁就已经显现出了她是个美人胚子。

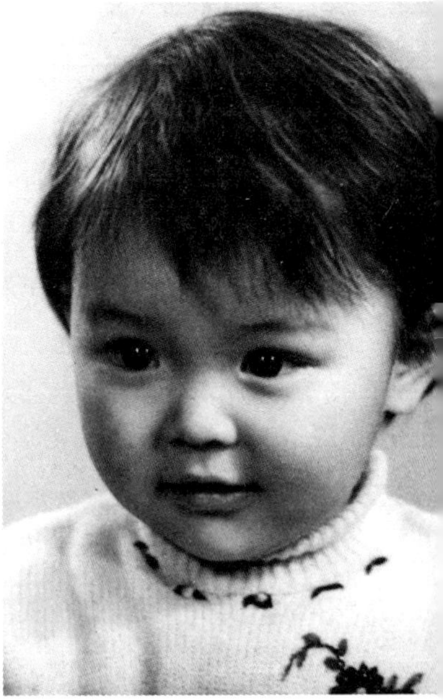

"狠心"的妈妈

当了妈妈后的胡玲好像多愁善感了一点，尤其是这次到云南边防总队采访的过程，同行的摄像师说，你完蛋了，你做妈之后怎么变得那么脆弱。其实胡玲这个妈妈也有"狠心"的时候，孩子生下来没多久，她就开始恢复原样，有了新闻还是不管不顾地往前冲。那次玉树地震时，领导第一考虑当然想让她去前线，但那时候胡玲的孩子还没满周岁，领导试探地问她，你去有问题吗？她想都没想地回答说，没问题，我去。作为一个专业的记者，大事发生的时候冲到最前面，这是不可回避的责任，谁让这个妈妈是记者呢？！

可是哪个妈妈不想孩子啊，每次工作一结束，胡玲第一时间就想冲回家。当时去玉树震区之前，胡玲跟老公说，我把孩子交给你了，你不能有任何差错，你一定要做好后勤，要不然我会疯掉的！胡玲到玉树采访后，当地信号不好，电话特别不好打，就连每次做节目连线都特别费劲。可是一有时间胡玲就抓紧给家里打电话，拼命拨二三十分钟才能拨通，然后就问问孩子怎么样，三言两语也对她是个安慰。

其实胡玲知道自己还有件事对不起孩子。那是2009年元宵节之夜，胡玲正在家里吃草莓呢，只听老公接到一个紧急通知，说央视新建大楼着火了，需要他们以救火的速度赶到。胡玲家就在着火地点附近，到那里只需十来分钟。而胡玲的老公也是凤凰人，从事专题片导演工作，摄像技术也是专业级，家里也常备着机器。凤凰的领导真是“英明神武”，不仅摸清了手下的资源分布，关键时刻还懂得整合。于是胡玲两口子临时组成了凤凰记者小分队，开着自家车，带着自家设备，迅速赶到了火场附近。当时车辆已经限行了，于是他们停在了马路对面，下车翻栏杆到了火灾现场。

重点来了，胡玲当时已经怀有六个月身孕了，但她不仅在老公的推扶下翻了栏杆，还站到距离起火大楼特别近的现场做连线报道。当时周围一片混乱，浓烟滚滚，看都看不清楚，只觉得上面有爆炸声，接着铺天盖地地往下掉小碎片，然后就听到有倒塌的声音。胡玲两口子因为赶到及时，成为了当天极少数能靠近现场的记者，第一时间将火场的真实情况报了出去。事后胡玲才想起来后怕，火灾现场那些化学品的味道特别刺鼻，自己也没戴口罩，不会影响胎儿吧。只不过次次都是这种事后诸葛亮，一到现场什么事都忘了。

“老公你是单眼皮还是双眼皮”

胡玲的老公年长她十几岁，在家里常常被胡玲调侃为“大叔”。当年正是因为年龄问题，胡玲的父亲不太接受女儿的这个选择，所以积极支持女儿出国深造。结果女儿学成回国后，还是找了这个人，这让胡爸爸很无奈：“要是早知一定嫁这个人就不花这么多钱啦！”这当然是玩笑。

↑三岁，正在昆明五华山认真读书的胡玲。

胡玲的执著当然有她的原因，因为她欣赏这个人，喜欢这个人，信任这个人，和这个人在一起觉得开心，感到踏实。女孩子天天在外边跑新闻实在够辛苦，虽然每完成一个重要的报道心里会特别有满足感，但是这种感觉很快就过去了。每当忙完一天，回到自己的小窝里，世界一下子全静下来了的时候，胡玲的心里总是感觉空落落的。她觉得有了家才会让自己心里踏实，再出去干活心态也就不一样了。于是女记者胡玲在适婚的时候结了婚，在适孕的时候生了孩子，从事这种每天需要东奔西走的非贤妻良母型工作，竟然也没耽误她遵照正常的时间表完成一个女人该走的步骤。

怀孕的那段日子，和每个准妈妈一样，胡玲想的事挺多的。没事就琢磨，是生女儿好还是生儿子好呢？她想了想觉得还是儿子更好，因为儿子会跟妈妈比较亲，女儿则跟爸爸亲，因为她自己就跟爸爸的关系比较好。而且儿子可以让他自然成长，女儿则会更操心一些，想想自己成长过程中让父母操了多少心啊。还有就是生儿子哪怕长得丑一点都没关系，而女儿如果是单眼皮怎么办呢？

这些事“折磨”得她有一天睡觉的时候，突然睁开眼说：“老公你是单眼皮还是双眼皮，我好像从来没有注意过。”老公说是单眼皮，她就心头一沉，完了，要是生女儿肯定就是单眼皮了。

初为人母的考验

可能是有心“抗议”妈妈怀她时候的“神经大条”，胡玲的女儿在刚出生时跟妈妈“开了个玩笑”。新生儿都需要做各种器官的测试，胡玲女儿在做听力测试时一直没有成功。因为是剖腹产，医生说有可能是羊水还在耳朵里面，要等15天或者满月之后再去测一遍。胡玲在忐忑不安中度过了15天，然而还是没有测出来。

虽然是在坐月子，但胡玲根本没好好休息过，天天抱着孩子跑医院。一边要喂奶，一边不能让自己的情绪太激动，不然会影响到产后恢复。但是每天醒来一睁眼面对孩子，胡玲就控制不住情绪了，基本上天天都在哭，最后被打击得没有了奶水。

更煎熬人的是，因为孩子小，没有发育好，看不清耳朵里面的构造，医生一时也没有办法看准确，只能建议她每15天去医院试一次，等到三个月后去再去做一个诊断，如果真需要治疗，也得起码等到六个月之后。可是六个月之后的孩子已经到了学说话的年龄了，那时候再做治疗会不会影响到孩子说话?

那是胡玲最煎熬的一段时间，可以说已经做好了最坏的打算，准备接受这个孩子是没有听力的。慢慢平静下来后，胡玲开始天天上网，尽可能寻找一切相关资料。一次她从网上发现了一个事例，那是一个和自己女儿很相似的小孩， 孩子爸爸不小心把吸奶瓶摔到地上了，结果那个小孩哇的就哭了，孩子的父母才肯定孩子是有听力的。这个例子启发了胡玲，她抱过当时正在睡觉的女儿，一把将一个塑料杯子扔到地上，孩子就突然大哭起来，胡玲很兴奋，她觉得孩子肯定是有听力的。

转眼到了满月的时候去医院测试，还是没有通过。胡玲不理解，问医生为什么扔那个杯子孩子就听到了。医生说，你想想，摔杯子是很大的声音，她有可能有听力，但是她可能听不到正常人说话的这种声音，就是弱听。胡玲并不失望，因为她相信女儿最起码是有听力的。

孩子三个月的时候去做诊断，医生竟然宣布一切正常，孩子耳朵里堵塞的东西不知何时自己排出去了。整整三个月时间的精神和肉体折磨终于结束了，初为人母的胡玲长舒一口气。在那些煎熬的日子里，胡玲曾经一个人上弘法寺，拜了那里面的每一个佛祖，并跟他们说，只要我的孩子健健康康的，我可以不要任何东西。如今单眼皮的女儿在胡玲看来也很漂亮，每当胡玲一叫女儿的名字，女儿就转过小脸来冲妈妈笑，胡玲说那种感觉好幸福，觉得已经足够了。

天生“购物狂”

没生女儿之前，胡玲几乎每个周末都逛商场，有了女儿之后她就开始了网购，总之就是个“购物狂”。有一次她和同事一起出差去意大利的罗马，被安排在许愿池附近自由活动一个小时，人家本意是让他们这些客人趁时间走马观花地看一看。可胡玲却跟疯了一样，往一个个商店里冲，她觉得自己都到了意大利了，如果不买点什么东西就太遗憾了。同事陪她走进商店，只见胡玲看见东西就兴奋地试，边试边说，你看这条牛仔裤，在国内得卖好几千，在这个地方合人民币也就一千来块钱，太值了。试完了裤子，服务员又不断给她推荐衬衫，衬衫试完服务员又拿来一双鞋，又拿来一个包……胡玲一边试一边不停地问同事意见，这同事是个男的，一看见这些女装头早晕了，心想我哪知道好不好啊。就这样，时间分分秒秒过去了，同事急了，说不行，到时间必须走了。结果两人刚走出商店没几步，胡玲突然不甘心地说，不行，错过这个机会就再也得不到了。于是又杀回了商店。这次仅仅用了十分钟，就见胡玲买了两条刚才没试过的牛仔裤跑回来了。男同事心里很纳闷，女人真奇怪，既然十分钟能搞定的事，那之前的一小时在干吗？

↑胡玲在读大学的时候，就很有现在流行的“森女”范儿。

作为记者，为了行动方便胡玲在很多场合都穿着帆布鞋，其实她也是很喜欢高跟鞋的，也买了不少双，只是上班时候没法穿啊，只好在周末时穿穿过瘾。可现在连周末也没法穿了，因为她要抱孩子，这让美女胡玲真的很无奈。

好母亲 好妻子 好女儿

胡玲一直都想养只小狗，可是自己东跑西颠没有这个条件，后来终于养了一只，可是没有养好，在她去汶川期间小狗死了，胡玲特别伤心，她自责自己没有经验，没有对这个生命尽到责任。为了纪念这只小狗，胡玲又选择了一只和它长得很像的小狗，起名叫“弟弟”。这一次胡玲特别精心，她要对这个生命真正尽到责任。尽管经常外出，但她抽出时间认真查阅了很多资料，对于每天要喂什么，喂多少，怎么喂，要带它去打什么针……每一个细节问题都搞得很清

→专访英国史上最年轻财政大臣奥斯本后，胡玲和他合影。

楚。说起来胡玲是在怀孕期间养的狗，当时很多老人都说不能养，但胡玲还是坚持了，现在女儿和小狗也相处得十分好。

胡玲是个好母亲好妻子，也是一个好女儿。平时她“一有事拔腿就走”，陪家人的时间实在不多，但每次完成工作任务，或有值得高兴的事情，她都要给爸爸打个电话，分享一下心情。作为一个女记者，她的奔波和忙碌总是得到家里人的理解和支持，这是她一直感到幸运的。但是在她第二次去北川的时候，家里人很反对，可倔强的胡玲还是去了。当她站在唐家山堰塞湖坝上的时候，脚下余震不断，几天里一直在说唐家山要溃坝，这时她心中很复杂，多么想给家里打个电话啊，但最后还是控制住了自己。

2010年底，凤凰卫视一年一度的内部表彰会上，胡玲获得了年度“最佳记者大奖”，而她老公制作的专题片也同时获得了“最佳系列专题节目奖”。他们俩成了当年唯一一对“夫妻双双把家还”的获奖者。胡玲上台领奖的时候对自己的记者工作如此感言：“每每回头来想，我都是非常喜欢这份工作的，可能说不清楚是什么原因。我真的很喜欢当记者，在凤凰当记者，有一种很让内心充实、满足的成就感……”

陈淑琬

经常看凤凰卫视的观众，一定对那个很长一段时间在《台北直播室》中，留着一头秀发、外表端庄美丽的女主持人不陌生，她就是凤凰卫视驻台湾记者陈淑琬。这个来自台湾省台北县的温婉女生，却最怕别人叫她美女，可见为人十分谦虚低调。但她又做过一件特高调的事：参加台湾大选。于是她成为了首次国新两党联合提名参选“立委”的年轻女性。

淑琬从台北站的记者，做到香港总部的主播，逐步走向更广阔的世界。跑新闻的时候，她几乎参与报道了所有台湾的大事。工作中，她不止步于报道事实，还用自己的见解去参与事件的发展，是个名副其实的“有想法青年”。

家乡：台湾省台北县

昵称：Coco

血型：A型

星座：射手座

毕业院校：世新大学（本科）；政治大学EMA传播学院（研究生）；淡江大学国际事务学院大陆研究所（暂休学）

专长：钢琴（开过钢琴演奏会）、黑管

爱好：爱说话，拿过多项演讲、辩论比赛的奖状奖牌；爱运动，得过田径接力、羽毛球和游泳接力竞赛的嘉奖

最爱的食物：白米饭、蛤仔面线

陈淑琬

内心彪悍的文静女

患上“外貌不自信症”的美女

相貌温柔婉约的淑琬，对美女二字，却总有种手足无措的感觉。一旦被别人叫美女，她就会觉得浑身不自在。她对自己有着刻骨铭心的认知，那就是：“我不是美女”。

中学时期的淑琬，或许因为升学压力，每天就是坐在书桌前和一堆课本奋斗，特别在逼近升学联考时，那压力会让她一天要吃很多甜食才安心，结果身材变得圆圆的很福气。可那时的她并没有在外形上花过多的心思，同年纪的女生都很费心打扮，但她那根筋却发展得比较晚，直到高中毕业考完大学后，才开始做一个美梦：希望一觉醒来后，突然就变苗条啦！情况在她大学第二年有了变化，自从听了老妈的建议，留了长发，加上自己注意运动，后来身形渐渐拉长，终于出落成了一个气质端庄的女生。

但这个颇受欢迎的美女淑琬，因年幼时胖胖的外貌，遗留下的“外貌不自信症”，一直埋藏在她的潜意识之中。后来在就业路上，被叫“美女”，不管对方是客气招呼或是真心称赞，她的脸上总是会爬上几条尴尬的黑线。到后来进了媒体行，她发现自己竟然很怕相机。从事电视新闻工作的她，要常常面对镜头，但看摄像机镜头和相机对她来说，有很大的不同。看摄像机，她会认为是真的在对人说话，但面对相机，她便会不自觉地想要闪躲，浑身僵硬。许多朋友说，在网络上可搜寻到的淑琬的照片很少。没错，除非是特别去拍，或是不经意的时候被偷拍，否则淑琬极少留存什么好看的个人照。所以现有的可发现的个人照，绝大多数都被列入“机密档案”！而中学胖胖时期的照片更是机密中的机密！淑琬曾鼓起勇气拿给好友看，大家都对她的事先警告嗤之以鼻，却在看到照片后捧腹笑到快要飙泪，这其中还包括淑琬那亲爱的老弟。

“男人婆”与“文艺女”

拥有一张温柔面庞的淑琬，骨子里却是个假小子。那是因为父母一直没有对淑琬进行过什么“设计”，没有将她禁锢在某一个形象圈子里。淑琬曾经一度疑惑过自己是什么样子的人，应该成为怎么样的人。学钢琴、学画画、学这个学那个，虽然很多都是三分钟热度，常被妈妈念浪费钱，但长大后，淑琬才明白，小时候许多一时兴起但不耐久的学习意识，却都悄悄地扎根在她的潜意识里，让她面对新事物时总是不忧心，有一定的适应力，并不断期待着新的挑战，这也正是作为一个新闻人所应该拥有的特质。淑琬后来从母亲那里得知，小时候，只要是小淑琬自己主动开口想要的学习，父母二人勒紧裤带也会尽量满足和帮助她。正是他们的心意锻炼出淑琬的创造力和意志力。

在淑琬的学习生涯中，她始终对小学生活的印象十分清晰，因为那里实在有许多相当精彩的回忆。淑琬从小就是那种因为成绩好，便有点小特权的班干部，也经常被选上成为模范生。但个性上，外表文静的淑琬却是个男人婆，更会被男生归类为“虎姑婆”和“恰查某”（凶悍的意思）。在班上，她不怕男生的蛮力，不怕打架，常自以为仗义地为那些被男生欺负的女同学打抱不平，再加上声音分贝大，很多时候男同学总会被她的大嗓门给吼回去。这实在是和一路学音乐的她，气质很不衬。

对于淑琬来说，音乐是她一辈子的挚友。她小学因为学钢琴的底子，曾轮值担任每日升旗典礼的奏乐指挥。然后，凡是能想象得到的比赛名目，她都能沾到边：有书法比赛、作文比赛、注音符号比赛、查字典比赛、朗读比赛、演讲比赛……她也常被选入班上的代表队，参加田径比赛，在接力跑中总是作为冲刺的第四棒，得到好几次第一，让到场加油的老爸忍不住开心大叫：“真不愧是我们原住民！”

会吟诗的原住民

淑琬的父亲在她的成长中绝对是至关重要的人物。父亲是台湾的原住民族，母亲是客家人，在那个时代，社会氛围对于原住民还存在着歧视，原住民说国语的口音也很重。淑琬父母亲的婚姻一开始是不太被祝福的，原住民认为客家人比较苛刻，且太过保守；客家人认为原住民就是山胞、野蛮人。当时的原住民被粗分为山地原住民和平地原住民两种，常常被统称为“山胞”，而原住民口中则是叨念着：“抢我们地的那些汉人”。不过淑琬父亲家并非住在深山的部落，他们已经迁徙到平地，有自己的房子。在那样的年代，要脱离这种意识隔阂，似乎教育是条救援的绳索。淑琬父亲相当会念书，是家乡那区原住民中最先考上中学的，淑琬的爷爷奶奶还为此大摆宴席，放鞭炮欢呼。后来因为经济的关系，父亲没有选择考大学，而是考上了职业取向较强的台北工专。爱念书，也相信念书会让自己的社会地位改变的父亲，后来在对淑琬和弟弟两人的教育上特别的用心。

对于台湾的原住民，外界许多印象是，很会唱歌、运动神经很好，但也爱喝酒、很会偷懒和不会念书……淑琬的父亲确实爱喝酒，音乐细胞也很好，歌唱得好，吉他和口琴也属专业级，也曾在活动中赢得游泳和竞走方面的奖牌。

↑淑琬上学时人缘一直挺不错。

↑淑琬和妈妈。

连淑琬自己都觉得很神奇的是，父亲竟也爱吟诗作对，家里摆着一水儿的唐诗宋词。淑琬起初以为只是放着好看，长大后有几次去翻阅，竟发现父亲在字里行间加入了很多批注的小笔记，令淑琬十分赞叹。有一回，淑琬翻到书中掉下一片干掉的树叶，上头似是情话，她便拿去问妈妈，结果竟成了当天二老互不承认且斗嘴的箭靶！

被父亲“念”出的标准国语

场景换到一个小房间，那是在淑琬小学三年级的时候，父亲双眼盯着她，让她好好看清楚他的嘴型，三令五申要她仔细听：“耳朵要听清楚，重要的是要听清楚”，然后要淑琬把三十七个注音符号“ㄅㄆㄇㄈ……”依序念给他听，有尾音的符号父亲则会特别多听几次，务必要淑琬发音清楚准确。若是读不好，淑琬就会被罚站。父亲很会说话很会教训人，他不是打骂教育，而是发挥了“超级无敌念念神功”。淑琬回忆说：“爸爸的念功可不是盖的，我常被念到全身起鸡皮疙瘩、头皮发麻。”

长大后，淑琬认为父亲提醒要“听”清楚，是很受用的。因为先听清楚，才能把音学清楚；而听清楚，在人际互动上也很重要，把人家的话听清楚了，才能把情况真正搞懂，给人以准确的回应。淑琬也是摸索了一段年月后才深深体会到的。

可那时还在上小学的淑琬其实并不能完全理解父亲的苦心，她心里充满了疑问：“为什么那么要求我的发音？为什么要把国语说得那么标准？”绕在淑琬耳际的，一直是父亲的这样一句话：“孩子，你一定要把国语讲好，把国语讲好，才不会被人家笑，不会被人家歧视。”小淑琬并不懂被笑和歧视是什么，或许是因为她在校成绩都很好，很受老师宠爱。

淑琬第一次被选上年级模范生，要交两寸头像照片，爸妈开心到要飞了，帮她穿上好衣服，到照相馆正式地拍了照片。当时的学校是超级八卦之地，学生在学校的表现，不知怎地总能传遍千里，谁家小孩成绩好，谁家小孩调皮闯祸，有什么风吹草动，总是能很快传到学生家长的耳朵里，传遍住所那条街上和巷弄间。每次出门，邻居看到淑琬的母亲，总爱询问淑琬学习的方式，因为考试前夕，大家都要小孩回家K书，而小淑琬却还在外头找人玩跳橡皮圈或跳格子。那时期的淑琬，可以说无忧无虑，快乐成长，没有意识到任何的压力。直到她参加演讲比赛之后，心智似乎被提前渗入一种成人世界的比较法则……

↑淑女淑琬，拍得很有明星范儿。

整个学习历程中，淑琬参加演讲比赛这件事，是父母亲最最高兴的一件事，在父亲脸上，更显现出无比的骄傲感，或许是父亲知道，从小对淑琬发音的监督，终于有了小小的成就。而小淑琬也颇为争气地在第一次参加演讲比赛时，就打败高年级的常胜将军，令当时许多老师都讶异万分！而这讶异的原因，和淑琬血液中流淌着的原住民血统有关。就在那次比赛后，某一天，淑琬听到了别班老师问自己班的老师："你们班上的陈淑琬，不是原住民吗？国语怎么会讲得那么好？"当时的小淑琬，不晓得这种讶异是怎么回事。但这种惊讶确实让不少老师错愕，从原本在背后的议论，到干脆忍不住在她面前直接问。以淑琬的个性，当然是不服气地回嘴说："没错，我爸是原住民，但我爸国语也讲得很标准啊！"老师听了便会一脸狐疑地说："真的啊？！"淑琬遇见这种态度之后，就会很生气，回家告诉爸妈。而父亲却没有多说什么，只是要淑琬回忆，小学第一次拿到奖状时，父亲为她在装裱好的奖状上头题的字："胜不骄，败不馁。"淑琬在演讲事件之后，渐渐开始理解父亲要她把国语学好的苦心。以至于后来，不用父亲的提醒，淑琬就常拿着报纸快速朗读，这成了她对自己惯常的训练之一。

“我看你以后会不会跑到电视台报新闻？”

或许是因为喜爱诗词文学，父亲也捎带脚地酷爱书法。这点影响到了淑琬，不知为何，闻到笔墨香，淑琬总是有种莫名的安心感。每年过年，春联几乎都是父亲写的，写不过瘾，还要写着分送邻里。这样的父亲，一直希望他的女儿可以学钢琴，陶冶气质。父亲不会钢琴，却为了孩子的学琴路，自己硬学了一些伴奏和弦，好和孩子们一起在琴键上敲出乐章。父亲希望女儿考音乐系，在台上美美地演奏钢琴。但这一点，挨不住嫌学琴辛苦的淑琬，并没有成真；父亲不愿女儿辛苦，便希望她能当老师，这样能稳定些。而这一点，也没有成真，因为当时的淑琬冲劲儿十足，最怕的就是太稳定。反而是父亲无意中脱口的那一句，“我看你以后会不会跑到电视台报新闻？！”却一语中的！这便是：无心插柳柳成荫了。

走上了新闻这条路，淑琬便一发不可收拾。她长时间地跑新闻，积累了丰富经验和精彩经历，见证了诸多重大事件。通过对政治时局的感悟，和她对自己采访工作极限的疑虑，淑琬开始渴望并想象着，自己如何才能进步，并发挥出更多潜能？2000年台湾大选之后，政治表现的主战场，从国民党中央党部大楼，移转到“立法院”，“立委间”的口水战开始热闹非凡。淑琬跑新闻时，有种声音是很重要的，就是“直觉”，她认为那种第六感，是人类很特别的一种能力，只是人们常忽略它。突然的某一天，淑琬觉得，“如果我到一家台湾以外的媒体试试看，会有什么化学作用呢？”当她有了想要转换频道的意愿时，正巧一位淑琬相识已久的老长官牵线询问她是不是愿意到凤凰工作。

其实无论是学习阶段还是人生打拼路程，淑琬从没想过飞上枝头变凤凰，或是麻雀怎么变凤凰这件事。唯一有点关联的，可能就是她真的如父亲所言，加入一家电视媒体，名称就叫“凤凰卫视”，就此和“凤凰”两字结下一种特殊情缘。

走进台湾看不见的“凤凰卫视”

凤凰卫视，在台湾是看不见的，是一家尚未落地的电视新闻台，所以淑琬当时从没听过这家媒体。但她十分好奇，那位在她眼里学识底蕴好，新闻采访能力也很强的长官，为什么会这么选择和推荐？！所以，她毫不怀疑地踏入了凤凰的门。虽然在她刚进入台北记者站时，根本不太了解这家电视台，但就是那直觉，安抚着她先去定心感受这个新的工作环境。

淑琬在最先两周的工作中，出现了诸多的不适应，因为许多新闻措词相对要更严谨些，许多新闻写作的方式，也要多些解释。淑琬忽然懂了，当新闻工作者要设身处地为境外华语观众着想时，就有很多工作要做，这其中的关键就是：“我播出来的新闻，要能被观众看懂，而且，有信息意义。”

后来淑琬发现，并不是她自己孤陋寡闻和好奇心过强。在她进入凤凰后，连带引起了同业和采访对象的好奇。这家媒体对被访者和其他媒体来说，一开始是相当陌生的。有回淑琬要邀访一位重要的政治人物，他的幕僚问了她许多凤凰卫视的情况，他们讨论后觉得，“Coco会跳到这家媒体，想必这家媒体很不简单”，于是答应了淑琬的邀约！淑琬当时特别感动，不枉多年新闻路线上的经营

↑淑琬长大了，工作了，终于出落成一位气质端庄的美女，让她恍惚有了美梦成真的感觉。这张是和摄像大哥的合照。

和一直引以为傲的直觉。

可与此相对的，淑琬也遇过一些嘲讽的状况，因为跳到一家台湾看不到的电视台，在当时两岸还没破冰时，难免就会被开开玩笑。在那个当下，反而让淑琬坚信自己的选择是有所必要的。因为在凤凰，淑琬会慢慢加快体会的步伐，知道两岸新闻上必须努力搭建值得信任的桥梁的重要性。让全球人共享，才是新闻的意义所在。于是淑琬在刚开始加入的头两年，反复说明这样一段话："这是一家总部在香港的境外媒体，是发展规模和影响力相当有分量的一家国际媒体，我们绝对有空间让您能将观点说明清楚，台湾虽然看不到，但在海外华人市场，特别是人口最多的大陆，却有它独特发展的视角和权威口碑……"淑琬如此将这套因感受而生的说帖，不厌其烦地重复说给不了解凤凰的、想要了解凤凰的人听。直到两岸关系破冰后，在台湾民间社会，还是很多人不清楚，就算听说过，也没有看过。但在口口相传的过程中，在口碑逐渐树立的旅途上，却让淑琬逐渐感觉到了"距离"在缩小。那些跟在凤凰两个字背后的说明文，越来越短，越来越短，最后，只需要那个纯粹的招牌——凤凰卫视。凤凰，逐渐在政治圈、文化圈、观众圈打出了名号。

当初对淑琬的选择有点不确定和担心的朋友们，也将态度逐渐转为了支持、祝福以及肯定。倒是老妈对看不到凤凰台这件事，还是很遗憾。于是淑琬就总是告诉她："我是做理想，拼一个理念的。"

淑琬的心情其实不复杂，就是要在华人知识领域里，成为一个真正握有信息诠释权的守门人。要怎么样才能让我们的环境更好？怎么样才能让下一代更有视野？当下这一代的新闻人，有很多工作要努力。特别在两岸心情上，同样的新闻信息，两岸间可能解读不同，认知不同，中间需要一个负责任的译码，才能把信息真正理解清楚。淑琬最常举的例子就是，好比两岸面对警察和公安。台湾许多公众场合的纷扰，当警察出现时，大家多半知道，警察是要来帮忙解决纷争、处理问题的；但在大陆，可能认为公安出面就是没得谈了。这两种习惯和认知上的不同，引起的反应自然也不同。但解读新闻信息时，如果只就表面现象批判，便错失了理解的空间，如果播报的新闻不能让理解的力量发挥出来，那新闻的价值，又怎能被敬重和依赖呢？尽管近年来许多商业化的介入，让新闻价值和意义不断被学界和实务界批判和讨论，而这和掌舵者的坚持有关，也和做新闻者本身的使命感有关，如果不能一起向上，那就一起沉沦吗？淑琬始终坚信，新闻这份工作，真的需要热情和使命感，否则，很难熬。这一切都和发展的舞台大有关联，所以她更珍惜在凤凰的每一个见识和机会。于是，走进凤凰后，让她不知哪儿来的勇气，动了想要参选的意念。

文弱女生执意参选

跑了许久的政治新闻，当有一天，参选的机会离你如此之近，只要你点头，就能坐上轿子时，你会选择要，或不要？当淑琬作为一名新闻记者，掌握社会脉动，站在新闻事件的最前线，她认为自己具有监督制衡政府的职责。在政治立场上，记者是站在政府的对面，不是说成为敌人，而是隔段距离地去观察监督和作出建议提醒，同时更要不断敦促自己，不忘成为市民的喉舌，努力彰显正义。想到这儿，淑琬的使命感又冒出来了：有机会可以尝试，为何不呢？无论成功或失败，都会是很棒的学习机会。于是，淑琬点头了，或许这种行为是莽大愚勇，但在当时，有个机会距离自己那么近，淑琬觉得作为年轻人就要站出来，为自己成长的土地发声。

于是在2004年国民党阵营提名的台中市“立法委员”候选人中，淑琬以新党代表的身份获得提名。那一天，淑琬“不知好歹”地勇敢点头说：“好，我要参选！”

台湾媒体在多年的历练岁月中，见证了不少大事：政治上有“国民大会”的终结、李登辉离开国民党和2000年政党轮替等，其他还有许多诉不尽的重要

↑大选宣传画之Q版淑琬。

事件，比如那场极其悲痛的“9·21”大地震，至今令淑琬记忆犹新。进入凤凰后，淑琬持续经营台湾采访路线，但由于视野和角度变得更为宽阔，在回馈孕育自己成长的台湾土地上时，淑琬反而因此有着比以前更强烈的责任感，那就是：总认为自己可以为家乡更实际地做点事，去帮助更多人，为民做有见识性的喉舌，急着想告诉更多人，这世界很大，我们可以更好！淑琬立下了如此志气磅礴的竞选誓言，无论会被嘲笑，还是会被肯定，她都决定真正去实践一番，只有这样，才能够切身体会她采访依旧的政治领域，到底是怎么一回事。

那时的台湾，政治意识形态强烈，一个非财团和地方势力出身的青年人，清白参选，有没有可能的空间？整个参选过程，许多人不断在质疑，像淑琬这样一个青年从政的选择。在情势最不好的时候，她的幕僚团也开会讨论过退选的可能性，但最后淑琬决定不打退堂鼓，要走完全程。她想知道，台湾的社会，有没有空间让她这样的年轻人出来参选，拼到最后。

↑街边拜票。

拜票中的欢喜忧愁

淑琬似乎全凭一股热情和自己都觉得无可救药的理念去参选。这和观察选举与采访选举新闻，差别是很大的。淑琬参选前加入的这家凤凰卫视，是台湾看不到的电视台，选民普遍对她认识不够，所以她就是打空气票，以清新形象试图杀出重围。淑琬第一次上街拜票，那个在电视机前擅长报道新闻的她，也会紧张，也会怯于开口洒脱地拜票。淑琬回忆起作为民众，和大家一起看候选人拜票时，站在旁边冷眼批评的那种场景，也因此领受了换位思考的重要性。

淑琬每天坚持走上街头拜票，几次下来，终于练就厚脸皮和胆量。这其中有让她难过的记忆，也有让她充满着感恩的好心人。

有次街头拜票的震撼，对于淑琬来说，仍如昨日发生般，十分清晰。那是她身上穿着青天白日满地红色调的创意Polo衫，一位根本不认识她的老伯，看到整队人循路拜票，竟然冲着淑琬就用台语骂道："你这人没用啦！没用啦！不爱台湾，穿那身衣服，难看死了！"老伯话说得很快也很毒，淑琬当时真想和他现场来个叫阵比武，但身为参选人，所有人都是选民，淑琬必须尊重他们各自的选择和发言权。淑琬当时心里真难过死了，胸膛因五味杂陈的情绪激动得剧烈起伏着！即使在拜票之前，她已经无数次地和自己说，遇到什么状况都不要难过、不要退缩，不要往心里去，但老伯的话和他当时愤怒而带有嘲讽的语气，还是深深刺痛了淑琬的心。再怎么说，淑琬也是个女孩子 ，第一次被一个素不相识的人当街怒斥，她在那一刻真是感到委屈万分，心里的巨浪久久不能平复。但这个小插曲，反而是支撑她把整条竞选路走完的原因之一。因为她要证明给所有的选民看，她是在认真努力地做好每一件小事，她是真的怀着一腔热情，想为这片自己深深热爱着的土地，作出一份贡献。

一场选举下来，很多都是靠分文未取的义工帮忙，淑琬不晓得怎么回馈他们，但心里始终感谢着。她忘不了街道上许多摇下车窗对自己比出加油手势的人们，忘不了菜市场拜票中温暖的人情味，更感谢家人们的四处拉票。亲自去选过才知道，打选仗真的不容易。所以人们才会把选举事务比拟作打仗吧，这中间确实有很多学问，也应了那句玩笑话：要陷害一个人，就叫他选举去吧！即便只有一个候选人的战役，也是牵动很多人情感的一场战役，对于那么多的送暖，淑琬不知怎么报答，只能在当前工作岗位上更加尽力，履行好新闻工作的监督责任，希望这点点滴滴累积的努力，能化解更多社会误解，为增进两岸交流做出自己的贡献。

选举结果，在十八人抢八席的激烈竞争中，淑琬的得票数排列第十，有两位在地方经营许久，竞选经费相对充裕的基层"议员"，票数还在她后面。淑琬投身选举的准备时间很短，算是打了场快速游击战，真正下去打选仗约莫只有四个月的时间，太匆促也太大胆。而从参选的过程和结果，淑琬都感受到了社会对她这样的年轻人，还是有一定的支持和期待的。她的理念战，也让她自己做到了问心无愧。

↑认真准备采访稿的淑琬。

淑琬信念养成记

若要追溯淑琬为何有如此强大的信念，又是如何为自己的媒体采访生涯和政治观察眼光打下基础的，还要说到她作为“国会”助理的那番历练。

淑琬在毕业后踏入就业市场的第一份正式工作，头衔是“立法院国会”助理。她也没想过自己第一份工作，竟然不是直接去应征记者，而是踏入台湾的“立法院”担任“国会”助理。这事的发生，是个最最俗套的情节：原本是淑琬想陪她一位朋友去面试的，但在现场，面试的办公室主任问她是不是也要一起面试，淑琬想这也无妨，就试试看，结果淑琬被选上了，朋友却没有。虽然有点尴尬，但就这样，淑琬开启了这么一段工作的缘分。

“立法委员”的“国会”助理，因不同面向的需求，也分不少类型，在“立委”选区的地方服务处，助理们主攻选民服务，在“立法院”的“国会”办公室，主攻法案“政绩”，同时配合地方选区服务处，在“中央”争取落实选民服务的资源。在台北的“国会”办公室，“立委”们有法案助理和行政助理协助“立委”建立质询档案、作好文书质询以及“立法”提案等工作。淑琬属法案助理，在当时负责的领域，因为传播科目的专业关系，内政、外交和国防，是她比较常负责搜寻题材和撰写质询稿的领域，其他还要协办记者会、公听会、或选民接待会等，当然也有不同的陈情案。很多时候，淑琬觉得，一位“立委”的选民服务要强，真的需要够有责任心的助理团队，否则许多陈情案，追到一半就会没下文了！于是乎，淑琬曾为了一桩眷村用地权益争取，忙了好久，那案件可算是陈年老案，最后因时机的关系，刚好在她手上翻案。当然，这和办公室主管们的支持，以及“立委”的面子够大有关，但淑琬因此知道，选民的陈情案，要坚持办到好，很多时候真的很不容易，不少“立委”办公室可能会去评估陈情案成功的选票效益，但也有不少“立委”办公室都会负责办到一个结果，行不行，都会给个交代。而到了竞选时期，台北“国会”办公室的助理们，就会全部下到“立委”拼选战的选区，参与文宣等其他选务工作。

在“立法院”担任“国会”助理，可以快速弄清楚院内各单位职司分类，在遇到问题时，知道询问对应单位。而在撰写质询稿的训练中，能因此能熟知各个应对的部门和联系人，日后哪些地方出了问题，要找谁或哪个单位才能快速解决。淑琬这类逻辑思考的建立，“立法院”的帮助很大，应用在生活上，也容易对付各类问题，因为会知道要怎么去寻找解决问题的路径。这种解决问题的思路建立，对淑琬的影响不小，包括后来对社会现象的观察等，及至她担任记者的采访生涯，都有明显的帮助。

被新闻主管直觉地排在政治组

淑琬在“立法院”工作时，不少前辈告诉她，她看到的是世界太过光明的一面。这一点，淑琬可能要感谢办公室主管把他们这间办公室的助理们都保护得不错。淑琬认为，大凡事务都会面临一些选择，可以选择如入芝兰之室，久而不闻其香，也可以选择如入鲍鱼之肆，久而不闻其臭。就在她已在“立法院”待了相当一段时日，差点儿忘了原本自己到底想做什么时，记者，这个在她年幼时就爬上心头的字眼，突然又显现在眼前。她，决心去实现自己的理想。

于是，她先到了台北之音广播电台新闻部，后来又转战进入中天新闻台，之后就进入了凤凰卫视。有意思的是，当她转换记者身份时，原本的第一志愿是想要跑体育新闻，她怎么都没想过要跑政治路线。没想到，她的第一份的“国会”助理工作，紧密联结着她一路以来的新闻工作，直到现在。

“国会”助理这样的工作背景，让她的新闻采访工作，几乎是被主管很直觉地排配在政治组。在当时，其实跑政治线新闻的，大多会有一定资历，特别是平面媒体。淑琬初出茅庐时，很多现在台湾的知名名嘴，都是那时期政治线的媒体大哥大姐，也正好由于有那一段“共事”过的观摩，他们跑线的深度和追线的厉害，也让淑琬敬佩不已。她很快就在政治线中被分配经营党政线，主跑当时独大的国民党。在许多用语和政治气氛的节奏拿捏上，在“立法院”的工作经历给了她在信心上很坚固的一项装备，因为那时见多了大官，看多了场合，所以能够平实地去应对新闻工作的挑战。简单讲就是不会怕。后来，政治新闻重心移转到“立法院”时，她再度回到“立法院”采访。在新闻采访上，或许淑琬是形式上的菜鸟，但却完全已经是心情上的老鸟了，很多“立法院”守门警卫，都还记得当年这名黄毛小美妞。

“相信”，是人生和事业的主题

淑琬曾自问，为何那么喜爱新闻工作？台内不少领导也说：这一行，绝对不是个可以赚大钱的行业。但对淑琬来说，就是一个简单的喜欢，一个执着的相信罢了，新闻对淑琬来说的意义，不只是个工作，它已经成为她生活习惯中的某一部分，从小到大，似是一种她早已适应的自然。

2010年6月下旬，从台北记者站正式转任香港总部，以往，得隔着一条海峡去想象在这样一家媒体总部工作的状态。现在，淑琬却可以如此直接地接触到台内多位优秀的主持人、记者以及主编群，也终于可以更贴近地去感受凤凰的魅力。凤凰的魅力，就是影响力，建构影响力的背后，是从八方相聚的每位凤凰人的影子。光这一点，就是一种值得淑琬珍惜的幸运与成就感。

“我希望大事发生时，我不缺席，许多民生小事，也有同理心，变化万千的信息脉动，金黄色的凤凰展翅话筒，都会陪着我，一直走下去。”淑琬在谈论凤凰、新闻与自己时，这样说道。

“相信”，是淑琬人生和事业的主题。相信人世间的光明与美好，相信自己的直觉与信念。

尉迟琳嘉

这个拥有独特姓氏的大男生，经常会这样向别人介绍自己："我的梦想就是建造一个全世界最大的数码化男澡堂，名字就叫做'邻家''浴池'。"

他在河北石家庄出生，毕业于河北大学工商学院，曾在中央电视台《挑战主持人》节目中成功连任擂主九期，成为该节目里程碑式的人物。现为香港凤凰卫视主持人，主持《娱乐大风暴》《娱乐新闻报道》以及《倾倾百老汇》。曾荣获凤凰卫视2007年度最佳娱乐节目主持人奖。无厘头的主持方式让他迅速蹿红，并成为他的个人特色。

星座： 巨蟹座

血型： O型

最害怕的事： 不让我说话

最大的毛病： 话多，言多必“湿”

最好的习惯： 不能让周围冷场

最不好的习惯： 导演喊了六回“cut”话也没停下

最想做的事： 把导演换了

最享受的事： 听到旁人说：“这死胖子怎么就不胖脸呢？！”

尉迟琳嘉

深度无厘头主持人

为了梦想中的“小屋”

自称凤凰“娱乐一哥”（娱乐节目男主持就他独一份）的尉迟，身在凤凰卫视香港总部这个资讯台占强势地位的地方，却一直跃跃欲试地向“组织”靠拢，“妄图”跨界。虽然每天陷在娱乐圈帅哥美女的“温柔乡”里，尉迟还是保持着一颗宏大的“野心”，那就是：能早日成为一个评论员，偶尔也能说上15分钟“胡喷”一下！让他怀有这个心思的关键是，他发觉评论员在公司的位置跟一般人可不一样，几十个主持人只给五台电脑用，还全被资讯台那帮主持人“霸占”着，而评论员却可以一人一间屋，虽然又小又没窗户，但也是书架、小桌俱全，生活太“糜烂”！

尉迟从来到公司后就一直为了他的“小屋”努力着。刚开始他负责主持凤凰卫视资讯台的《娱乐新闻报道》，在一个新闻资讯为主的频道报娱乐，尉迟心想，这怎么做啊？他开始琢磨了：一档晚上11点播的节目，小朋友都已经洗洗睡了吧，看的也就剩一些下班晚睡得也晚的白领，或者根本不睡觉的娱乐圈人，根据投诉记录，看来还有一些观众是政府官员。既然大家都是明白人，要想留住他们，我得有自己的点评。就这样，他开始自动进入点评界。

抓人眼球的关键在于开场，原来节目的开场只是30秒，而尉迟愣是每次都给它说到了两分钟。每次一定是抓住个最热点的

↑尉迟在窗边摆出花痴状。

时事，去挤对，去捧，去骂。于是奇迹诞生了，他竟然把这个平时在资讯台一直收视低迷的节目做到了收视率正数第三，谁都不敢相信，连他自己也没料到。那期节目收视率统计出来后，资讯台台长看完写了个批复：数字统计有误！不过很快大家就发现，节目影响确实挺大，因为尉迟竟然是在“三鹿奶粉”的风头上“动刀”。那时舆论在“奶粉”问题上极为敏感，尉迟说得也狠了点，激起了各种好的不好的反应。为此，尉迟还得到了面见老板的机会，给老板复述了一遍自己的点评后，老板一针见血地点到了他的本质——“太掺和了！”当时凤凰卫视有三个主持人搅动了舆论的浑水——杨锦麟、邱震海、尉迟琳嘉，连一向敢于挑战极限的窦文涛都躲过去了，尉迟竟然没躲过去。不过他终于朝自己的理想迈进了一步，和凤凰两大重量级评论员齐名了一回。

全靠自己“喷”

后来，尉迟全面做起了《娱乐大风暴》，这个节目最开始的名字叫《相聚凤凰台》，耳熟吧？这是一个历史悠久而且荣誉众多的节目，凤凰卫视现在数一数二的人物像陈鲁豫、窦文涛、许戈辉都是打这儿走出来的。这也是如今凤凰卫视中文台唯一的一个娱乐播报节目。在这个6点钟的节目中，尉迟开始收敛了，时不时还装点可爱，他可不敢在这个时间段挑战群众。“小屋”似乎离尉迟越来越远了……

直到2010年11月底，凤凰总裁办打来了电话，通知尉迟说老板要见你。尉迟心想，老板赶上这年根儿找我，估计八成是涨工资的事，太给力了，于是就屁颠屁颠去了。见了面，老板首先肯定了尉迟在娱乐圈的表现，接着话锋一转道：“这娱乐播报节目你已经做到头了，还是发挥你真正的潜力和特长，做个节目吧。”尉迟诚惶诚恐地走出了老板办公室，平静下来仔细一想：不对啊，老板也没提一分钱涨工资的事啊！说做个节目，做个什么节目？老板也没提啊！尉迟又开始琢磨了：很明显，老板是让我抛开娱乐圈这点事，策划个节目出来，这不就是给我最大的自由，弄一档节目，想做什么做什么嘛！接着他又开始发愁：一档节目，36分钟，没有经费，这意思是……只能靠我自己“喷”啦？！

老板定了2011年1月1日播出的死命令，剩下的就让尉迟他们“自生自灭”了。12月21日，尉迟和主创人员经过半个月的头脑风暴，终于定了节目的名字——《倾倾百老汇》。“倾倾”是广东话“聊聊”的谐音，而“百老汇”则是各取节目三个板块标题中的一个字——“百里挑一”、“不老传说”、“汇声汇色”。节目方案也跟着出来了：“百里挑一”，挑选一个本周重点话题说事，介绍围绕其间的一百种说法，然后告诉观众我的看法是什么；“不老传说”，解密历史或神秘事件，并与时下的新闻热点相联系，讲一个可能悬乎其悬的事情；“汇声汇色”，串联国内外大量热门和有趣的资讯。

前浪我也要，后浪我也不丢

作为80后的尉迟，一直有这样一个想法：凤凰卫视的观众定位一直是“高学历、高职位、高收入”的“三高”人群，但一个台在发展，收视群体也在发展。我们要影响有影响力的人，但下一批有影响力的人可能就不是现在这一拨了，所以我们既要保持既有观众，还要去发展下一批观众。前浪我也要，后浪我也不

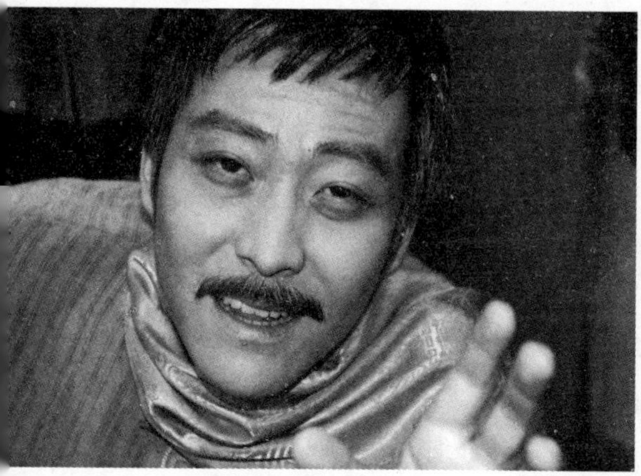

↑尉迟“爷爷”多慈祥啊。

↑尉迟模仿兵马俑。

丢。那我就去做一个桥吧，去让这批人也渐渐地开始来关注凤凰。让他们看到，原来凤凰有一个人说话的方式，是跟我们差不多的。最好还能认为，这个人说出来的这些事都是有重点，有意义，有影响力的。然后甭管有事没事，就想着“听听尉迟怎么说吧”。

背负了这种使命，工作开展起来就更难了。第一，要照顾既有观众对凤凰语言表达方式的认同，但又不能太严肃，不然人家干吗听你的不听阮次山先生的；第二，周播栏目时效性比其他资讯类节目差得多，一周新闻等到尉迟开说的时候，估计连人家嚼干的渣都不剩了。怎么办？于是尉迟拿出了看家本领，“挤眉弄眼”、“说学逗唱”，配的是一身“国际范儿”的行头，以现场脱口秀的形式，“花枝招展”地展开了严肃的新闻评论，他管这个叫“有深度的无厘头”。

2010年12月31日晚，《倾倾百老汇》第一期于2010年与2011年交替的时候跨年录制，尉迟的“小屋”再一次向他招手了……

中国第一个平民偶像

说起来到凤凰，尉迟总是会很自豪地说，凤凰拿走了全国人民的“第一次”。参加央视选秀节目《挑战主持人》，让他迅速成为中国第一个平民偶像，在他之后，才有了阿宝，阿宝之后才出了李宇春。

2004年，《挑战主持人》突然地冒出了一个蝉联九期的擂主，这小子模样俊朗，思维敏捷，能说会唱不说，还有搞笑功夫，可你又不感觉他耍贫。更奇怪的是，这孩子一点都不紧张，在台上哪像是参加比赛啊，简直就是觉得这个节目好玩，来做做游戏，和你们玩玩吧。这一玩可不得了，这孩子玩出名堂了，不仅被主持人称为“里程碑式人物”，被媒体称为“平民明星”，还倾倒“粉丝”无数，邮箱里不断收到“粉丝”们的邮件，网上论坛还出现了女网友们的求爱信，学校的信箱更是塞满了崇拜者的信件……从来没有过这种情况：全民狂热地在追捧一个身边的普通人。

《挑战主持人》舞台上的成功，让尉迟一举成名，知名度一点都不亚于当红明星。这个即将毕业的大学生立刻拥有了无数的选择空间，多家电视媒体向他抛去“橄榄枝”，有些电视台甚至还亮出了价码，据说最高年薪是80万。尉迟最终选择了自己最有感情的中央电视台，毕竟这里是自己走向成功的舞台，这里的优势也是其他地方无法比拟的。留在央视，领导还是很重视他的，肯定了他是个不错的“材料”，但兜兜转转半年，尉迟却一直没有遇上适合自己主持的节目。直到有一天，这段尉迟目前生命中最苦闷的日子，被一个“神乎其神”的电话终结了。

2005年11月，正在江西做节目的尉迟接到了凤凰卫视打来的电话，说希望聘用他为主持人。那时的尉迟对凤凰所有的认识只是一段十分钟的节目影像，据他后来使劲回忆，很可能是梁冬的《娱乐串串Show》。但他却对凤凰的名声如雷贯耳，因为凤凰卫视主持人窦文涛不偏不倚是他的高中师兄，尽管“兄”了15岁，但其声名在尉迟耳中依旧“兄”涌澎湃。所以打他上中学起，

↑在参加《挑战主持人》的过程中，尉迟拥有了一堆女粉丝，帅得无人能挡。

就知道香港有个特牛的说普通话的电视台叫凤凰卫视，虽然不知道具体为什么牛。回到北京去凤凰会馆面试，他感到自己已经无法拒绝凤凰的那种气势，心里已经做了决定，肯定要去，但嘴上还是申请了24小时的考虑时间。

从北京凤凰会馆出来打车回中央台的路上，尉迟的心情可谓悲喜交加：他想到自己长这么大，无论小学、中学、大学，在哪儿都是横竖都混出了点儿名堂才去下一站。可北京呢？这半年除了郁闷，好像没有做出什么可以让自己说服自己的一点成绩来……他拿起电话打给了爸爸说，你别说话啊，然后就开始大哭。尉迟爸爸在那边“丈二和尚摸不着脑袋”，心想，这孩子是丢钱了还是怎么了？尉迟哭完了，就跟爸爸说，没什么事，我要去凤凰了，想哭一鼻子，行了，没事了，挂了……

小小神童

尉迟这一鼻子哭得实在是可以理解，无论是小学、中学、大学，还是后来的《挑战主持人》，尉迟一路走的都是“风云人物”路线，没有他做不到的，只有他不想做的！

尉迟的家在河北石家庄，谁都知道这里可是高分大省，高考分数仅次于山东、河南。可是哪一个家长不“望子成龙”，不希望自己的孩子出人头地啊，况且又是那么聪明的孩子。尉迟父母虽然自己都喜欢文学艺术，却坚信“学好数理化，走遍天下都不怕”，所以就把孩子的培养目标定位在“科学家”上了。

尉迟小学阶段那可真叫苦啊，除了要上数学奥赛班，还要上计算机课。小学一年级到四年级在学校上课，到了五、六年级，参加奥数比赛的同学就给集中起来，到市教委专门包下的一个楼里去上课，每天一上就是九个小时。除了这个课，小小的孩子还要在周六、周日骑着自行车，从石家庄大西头骑到大东头，去上省科协的计算机课，因为他要代表学校去参加比赛。小尉迟就这么忙活着，但回回学校考试都是年级第一第二。尉迟回忆说，那个时候都有点学变态了，周末就拉着我爸说，买书吧，我想做点训练题。

就这样，小学毕业，尉迟被保送到石家庄一中，以成绩并列第一的身份进入了奥赛班，并且是数学加计算机奥赛班。聪明孩子什么都难不倒，尉迟在中学时，物理和化学也都超棒。那时石家庄一中出的模拟题在全国都是最难的，全校每次模拟考试，100分满分的题，平均成绩只能达到30分左右，而尉迟最低的一次考了86分，几乎每次都是例卷。后来尉迟高考的时候，化学考了140分（满分150），却被化学老师批评说，这次的题这么简单，你不考到150，真是错过了一次机会。

↑穿得跟小大人似的，可见从小就会装帅。

生物也是尉迟的长项，也是他的兴趣。初中的时候，尉迟参加了生物小组，经常痴迷地蹲在煤堆上寻找各种化石。他从那些大煤块上看见了好多有意思的图案，什么三叶虫啊、四叶虫啊，各种神奇的小动物、小植物标本啊……后来生物老师发现，这孩子把实验室的取暖煤都已经搬得差不多了。有时尉迟还会骑车跑到郊区，拿着大铲子挖蚯蚓，然后拿着一整罐蚯蚓回来说，老师您拿去做实验吧，老师笑说，孩子你这是炒菜呀，挖了这么多。

如果剧情照这样发展下去，尉迟应该往诺贝尔奖方向发展了，哪会有今天看到的“平民偶像”、凤凰“娱乐一哥”呢。尉迟中学的时候，由于家里条件有限，不能给他买计算机供他积累上机经验，渐渐尉迟就彻底放下了奥赛道路，开始转移兴趣，没事看个电影逛个街什么的。但是“瘦死的骆驼比马大”，尉迟的成绩还是超好，尤其是数学，从小的奥数底子不是白练的。高考的时候，学校还给他规定了任务，数理化三科绝不能低于430分（满分450）。

剑走偏锋

小时候的尉迟是一个安静的孩子。也可能是父母的管教过于严厉，尉迟在家里一般话很少，即使有想法，也不爱说。小时候，尉迟经常盯着一个东西发呆，有时观察家里的一个紫色的保温壶，一看就是大半天，愣觉得壶在自己转动。爸爸妈妈也没给小尉迟买过什么小孩儿的书，家里只有两本《十万个为什么》，尉迟还觉得太浅显了不想看。于是他就在家里抓到什么看什么，甚至连《宪法》《刑法》也照看不误。虽然不理解，但看着觉得挺好玩，后来居然还忙着从法律条文中找到点什么漏洞。

上高一那会儿，有时下午上两节课就下课了。尉迟就一个人找一个茶馆，坐在那儿喝喝茶，听听音乐，想想事，发发呆。尉迟最喜欢的还是看电影。小时候，父母一有事就把小尉迟交给在工人文化宫工作的姨妈，他就跟着姨妈在文化宫里看电影，或者跟着姨妈到迪斯科舞厅，一个人坐在那儿瞎看……

那是尉迟上高中时的一个春节，刚过完大年初一，他就把压岁钱交给了爸爸妈妈。那时候的他就很“懂事”地认为，这是父母的合理收入，因为他们也要给别人压岁钱。然后，自己就坐火车去北京了。尉迟一个人“出走”的原因很简单：家里不让放鞭炮，别人放炮又吵得睡不了觉，那就出去玩呗。到了北京，这孩子就自己住在一个23块钱一晚上的地下室，还弄了点儿小酒喝。白天他就去逛市场，跟人砍价玩，砍完了也不一定买，就走人了。或者坐公共汽车四处转悠，或者在路边溜达，逮谁跟谁聊天。现在这嘴功，没准儿就是那会儿练出来的。

“不在沉默中爆发，就在沉默中变态！”孤独的小尉迟还好选择了爆发。当尉迟从《挑战主持人》一举成名之后，好多同事、朋友都要向尉迟的爸爸“取经”，“你这儿子这么好是怎么教育出来的啊？介绍一下经验吧。”尉迟爸爸很有“自知之明”，他说，可别学我，我的教育方法完全是错误的，儿子是“剑走偏锋”，最后悬崖那一步转了个弯，拐上大道了……

最具领袖气质

尉迟考大学很顺利，河北大学计算机学院。可尉迟说选择计算机专业恰恰是因为自己不喜欢计算机，早就学腻了！他是这么琢磨的：学了计算机，我根本不用上什么课就足以去考试，再就是还可以保持数学好的特点。不服他不行，结果就是如此。计算机专业学高数一，高数里最难的级别，跟数学系学得一样水平。期末考试尉迟竟拿了98分，是全校的最高分，但就这样他还是去敲老师门了，他搞不懂自己哪儿做错了扣的两分啊？老师安慰他说，高数这么难，咱们学校就没有给过100分，你就认了吧。尉迟大一的时候没怎么上课，等到了期末考试前的最后一个星期，人家头上绑着红头绳，坐在宿舍的阳台上开始学习，也不去吃饭，每天就让室友给买两个馒头回来，蘸着酱豆腐吃了一个星期，最后硬是拿了个一等奖学金。

大一的学期末，尉迟为自己找到了上大学的“主业”，他竞选上了学生会副主席兼社团联合会主席。说起当领导的能力，尉迟认为那都是小学那会儿练成的。小学二年级开始有了少先队，尉迟因为学习好，从“草民”直接升任了中队长。后来四年级以后，因为都是在外面上课，尉迟又成了一个漂泊在外的大队长。大队长要经常在什么六一儿童节，什么少先队日开全校大会的时候代表学生讲话，那可是面对两千多号人呢，尉迟觉得自己的演讲能力就是这么打的底。后来在大学里他被公认为最具“希特勒气质”的人，因为只要他一演讲，绝对会让所有人热血沸腾，全都跟着跑了。

折腾出太多不一般的事了

做社团联合会主席，尉迟干得风生水起。他刚一上任就把全校四十多个社团的正副团长叫来一起开会，上百号人正吃着、喝着，这时候尉迟就发话了。他说全校的社团都是兄弟，必须互助办活动。比如武术协会办一个活动需要写大字，书法协会就要去支持，而且武术表演中也可以融进音乐，那么音乐社团又可以去帮助，这样的艺术活动也就有了人气。从那以后，校园里每天晚上都有社团搞的小型活动，每周还有两场大型活动，学生们几乎每个周末的两天都有得玩。他还经常应时应景地搞些特别活动，比如六一儿童节的“重游儿时梦”，全校就到处都是跳皮筋的、打玻璃球的、跳房子的，简直玩High了！尉迟“当政”时，河北大学的社团组织被评为“全国十大优秀高校社团组织”。

虽然自己没认真上过一年课，但尉迟对于母校河北大学给予自己的宽容心存感激。他甚至觉得，如果当初自己上了一个更好的大学，很可能现在正带着厚厚的眼镜对着一块电路板研究；如果去了更差的学校，又说不定自己会走上歪道。所以，当那天毕业答辩结束准备离开这所学校时，他的心情突然感觉到了沉重。迈出教学楼的那一步，他还放慢了速度，因为他觉得自己可能不会再回来了。

回到宿舍，还有一个同学没走，正在电脑前疯狂地打游戏。尉迟收拾好行李却没急着走，在宿舍的小屋里转过来转过去，足足二十分钟。最后他拍拍那同学的肩膀，说“我走了啊”，同学全神贯注着他的游戏，连头都没回，说“好好好”。尉迟背着书包走出去，打了一出租车，说“火车站”，车子起步，尉迟一边戴上墨镜一边眼泪就往下流。毕竟他在这个学校折腾出太多不一般的事了！

↑这个手势代表尉迟同学很二。

“鸟语花香”的房子

80后的尉迟在凤凰算是年龄最小的主播之一了，进了凤凰之后，他很爱给人讲一个段子：

我跟任韧两个80后的男生太不容易了，大家真的要呵护我们。我们俩就差两个月零六天，长得是一个比一个显老。由此揭示了一个问题：从80后小的时候开始，中国食品就已经出现问题了，不然你看70后的怎么都一个比一个显年轻啊。

我们俩能活到今天就很不容易。我是哪儿的孩子呀？我是石家庄孩子。三鹿奶粉没给我干倒，毒饺子我没赶上，红心鸭蛋没给我吃死，石家庄靳如超特大爆炸案我也扛过来了，当时剩的炸药就藏在我们家属院后边那个院。

任韧也不容易，任韧哪儿人？安徽阜阳。大头娃娃奶粉是那儿的，我们俩孩子婴幼儿时期真是同病相怜。阜阳也是中国烟花爆竹生产基地，每年必有烟花厂爆炸的消息，孩子小时候四处玩耍时居然没有被炸飞，太不容易了。除了发型不一致，我们两个太一致了，所以就注定让我们走上了电视之路，而且注定不太平坦。

尉迟和任韧同时进凤凰。只是尉迟刚飞来凤凰就被叫去开了两天会，然后塞给他四期节目的稿子，说明天就去佛山录像，你赶紧准备吧。尉迟当时就傻了，说这就让我上班了？就这样，连香港什么样还没看到，尉迟就开始奔波录节目，正式走马上任《纵横中国》了。

于是，在资讯台做新闻主播的任韧就接下了为两人找房子合租的重任。任韧很负责，打电话跟尉迟沟通说，我看好了两套房，一套贵点，一套便宜点，贵的是八千多，便宜的是四千五，你看租哪套？尉迟说，那当然四千多的啦。任韧随后附和道，我也觉得四千多的好，尤其这里环境优美，楼下鸟语花香的。

一个多月后，尉迟出差回港，兴冲冲地奔向了传说中鸟语花香的小宅。走到楼下的时候发现，真的是遍地鲜花啊，但怎么不是白的就是黄的？咦，这怎么像是殡仪馆啊？尉迟这才发现，原来自己家就在香港九龙区四大殡仪馆之一的世界殡仪馆隔壁！再一进屋才发现，自己的睡房也就不到四平米，放了一个窄条床，旁边是衣柜，满了！看着这个小屋，尉迟当时真是绝望啊，不由得想起了自己在北京的“豪宅”，连那个床都不止四平米啊！在这个小屋住的一年半里，尉迟从来没有大字形睡过觉，都是一字形，特别笔直，而且因为有衣柜，你想掉都掉下不去。

↑尉迟在中东，正襟危坐。

↑尉迟在阿布扎比的扎义德大清真寺前，化身“中东白马王子”。

度过转型期

除了惊异于香港窄小的居住环境，香港的一切都带给了尉迟一种难以适应的陌生感。之前喜欢呼朋引伴吃喝的他，面临一个重大问题——吃不习惯。尉迟也是个倒霉的孩子，来到了香港的他，既不爱吃西餐也不爱吃海鲜。第一个月，尉迟每天就吃麦当劳，不要别的，就一个香辣鸡腿堡套餐，加一个冰淇淋，加一碗玉米粒。有一天他突然在麦当劳旁边的角落里发现了一家吉野家，于是又吃了一个月的吉野家。后来他无意中发现有一家叫“太兴”的餐厅烧味饭还入得了口，就开始频频光顾“太兴”。有一次，尉迟和香港作家李纯恩聊天，说起自己经常去一家叫“太兴”的餐厅吃饭，对饮食很有研究的李纯恩大呼，你很会吃啊，“太兴”在香港很有名。尉迟心想，我在那儿连吃了整整六个多月，这能叫会吃吗?

生活上的转型无比痛苦，工作上的转型也相当折磨。尉迟一直是个综艺类的主持人，他习惯有现场，有观众。而突然一个人坐在演播棚里说话，心里还是觉得怪怪的。但是秉持着石家庄人任劳任怨的性格，尉迟心想，给我活我就干呗，而且还得好好干。于是就有了他在《娱乐新闻报道》中的“掺和”。

公司历年的大型活动——颁奖礼、选美大赛、音乐会的主持人中也经常出现尉迟的身影。在每年一度的影响世界华人盛典上，他总是负责给文艺类的获奖者颁奖，他可以把颁奖词说得既显得有文化，又好像有那么点深度，还让人觉得搞笑和舒服。

↑男才女貌的尉迟和沈星共同主持“中华小姐大赛”。

脱口秀并不是脱口而出的

现在《倾倾百老汇》占据了尉迟的主要精力，节目刚做了几期，尉迟就觉得自己仿佛老了好几十年。擅说不擅写的尉迟，现在每天除了规律的主播工作，回家还要挑灯夜战地写节目文稿。虽然这是个脱口秀节目，但是尉迟发现脱口秀并不是直接开口而出的，反而是经过大脑不断地整理，笔头上不断地精简到位，最后才可以脱口而出。

胡主席在美国吃的最神秘的一顿饭，是奥巴马搞了一个六个人的私人晚宴……懂行的人都会说，在这个私人晚宴，这个小饭桌上谈的才是大事情。让我们猜猜这顿饭上了什么菜。

理论上讲，这种西式小聚餐一般就四道菜：汤、头盘、主菜、甜品。

我想的菜单是，汤——牛鞭烩马鞭汤，头盘——锅贴，主菜——螃蟹，甜品——双皮奶。

牛鞭烩马鞭汤，这当然指的是双边关系，这汤补气培元。你想啊，中美关系经历了去年的低潮也该补一补了。

……

头盘锅贴，这说明美国在朝鲜、伊朗、苏丹以及一系列不太安定地区的立场，哪里炸了，锅就往哪里贴，简称锅贴。

主菜大螃蟹，面对全球问题，美国给全球的态度一目了然，可以用螃蟹来形容，不懈追求整个地球的横趟，而且更敢于尝试在国外解决国内的问题，做第一个吃螃蟹的人。当然了，如果是奥巴马在私宴上请胡锦涛主席先吃螃蟹也可能是一种暗示，意思说在全球的关键时刻，中国敢不敢先吃螃蟹，负担起大国责任。这时候胡主席可欣然拿起一支蟹钳放入盘中，表示当仁不让，小餐一碟！

最后上甜品，双皮奶，这是广东顺德的一种甜品，是有两层奶皮的浓香炖奶。在气氛略微紧张的主菜环节之后，它能给这个小小的晚宴增加愉快的气氛。这次胡主席率领好几百人的商贸团访美，阵仗真是不小，经贸合作的协定也是签了一摞子，金额达到了450亿美金。奥巴马的心理甜滋滋的比吃了双皮奶还甜呢……

凤凰卫视还有谁能把时事也评论得这么“花枝招展”？只有尉迟琳嘉是也！

↑尉迟这照片拍的……好像《武林外传》里的白展堂啊。

↑一般都是帅哥追公车，可这是公车追尉迟。

蒋晓峰

北大高材生，同时也是一位颇有新闻专业素养的战地记者。如果说凤凰卫视的员工是一群“疯子”，那蒋晓峰可以入选其中疯得最厉害的一个。在他身经百战的职业生涯中，最让他自豪的是，能够从几百家媒体中脱颖而出，争取到萨达姆庭审现场25个媒体席位中的一席。于是，蒋晓峰成为战后见到活着萨达姆的第一位中国记者。

蒋晓峰擅长寻找适合镜头表现的东西，也就是用画面讲故事。他管自己的报道方式叫“亲历式”的采访，让自己融入新闻发生当地的环境中，通过现场目击，得到自己独家的、独到的报道内容，采访手法别具一格。

家乡：浙江宁波

星座：金牛座

血型：O型

毕业院校：北京大学东方学系

爱好：足球、游泳、摄影、集邮

最爱的食物：喜欢尝新鲜的，所以各国各式菜肴都爱。还特别喜欢和朋友们一起吃自助餐，热闹，且占便宜没够

蒋晓峰

追逐心无旁骛的自由

静若处子　动若脱兔

蒋晓峰每每出现在公司时，就一个字——忙。

坐在凤凰卫视资讯台那宽敞、现代、时尚、先进的环球新闻中心的……一个幽暗的角落里，无论白天黑夜地点着一盏散发白色幽光的小台灯，时而聚精会神地盯着电脑屏幕，时而埋头奋力地码字。

别看这个角落不起眼，坐在这里的四个人可不简单。他们都是多年行走于世界上最混乱、最热点、最敏感地区的资深记者，在天下暂时太平而不用出差的日子，他们就整天拿个放大镜满世界地“找碴”：

中国国务院副总理王岐山去美国访问的时候送给对方的礼物为什么是篮球？是让对方准备好接中国的招？奥巴马到中国来访问，送给中国国家主席胡锦涛的礼物，居然是夏威夷产的围棋，为什么不是国际象棋？这代表了对中国文化的尊重，还是提醒中国，准备和美国进行一场耗时的博弈？

他们管这个叫做《凤凰观察》，每天一期，目的是在每天发生的纷繁复杂的新闻事件中，在每个新闻事件所包含的千丝万缕的脉络中，尽可能于短时间内，掌握来龙去脉，从中剥丝抽笋，透过现象还原新闻本质。于是这些整天东奔西走、灰头土脸的记者，突然干起了主持人的副业，时不时衣冠楚楚地粉墨登场，还有了个新名字——“凤凰观察员”。

凤凰观察员都是行走江湖多年，见多识广的人士。平时经常游走在世界上各个大事发生的现场，与新闻事件“热接触”；回来则继续“隔岸观火”，“监视”国际动态，算是“冷观察”。凤凰卫视资讯台的领导懂得“物尽其用，人尽其才”，于是天天找他们来商量：根据观察，你看这世界上哪个地方有点要出事啊？你看这事会发展成什么结果啊？这叫做新闻预判。凤凰观察员们有个重要的任务，就是常常要给台里写报告，提供中长期新闻线索，预判新闻大事件，有点相当于凤凰卫视资讯台的小型“智库”。

↑蒋晓峰学生时代，军训时的英姿。

如此这般的工作强度，让蒋晓峰不忙也得忙。要么就是好几天不见人影，被发配到混战、爆炸现场采访；要么就是陷在办公桌上奋笔疾书，或穿梭于机房、摄影棚做节目。对凤凰卫视来说，最爱的就是这种给一份钱干多份事的混搭式人才。不仅能“隔岸观火”，还能“赴汤蹈火”；出门就能采访，回家还能做片，难道这就是传说中的“静若处子，动若脱兔”？！

逢差必急 逢急必乱

蒋晓峰每每不出现在公司时，还是一个字——累。

再正确的新闻预判也无法估计到突发事件具体哪一天来临，更无法预知事件现场会发展到多么危险的程度。蒋晓峰基本是“逢差必急”，大事发生，管你在干吗，即刻收拾行李走人。而突发事件的现场往往也都不是什么太平的地方，这几年，蒋晓峰亲历了泰国曼谷红衫军街头血斗、印度孟买连环恐怖袭击、炸弹乱飞中进行的阿富汗大选、巴基斯坦政府军清剿塔利班……虽然蒋晓峰是战地记者出身，但每一起突发事件都有独特的复杂性，可以完全参照以往的经验去搞定、摆平的情况基本没有过。每一次出差对蒋晓峰来说都是未知的，只能说大概了解一个情况，但真正设身处地到那个环境下会发生什么样的事情，对他的安全会造成什么样的危害，谁也无法预先想象，靠的只能是他的随机应变了。

2009年6月，伊朗举行四年一度的总统选举，蒋晓峰被派往德黑兰报道大选情况。有点奇怪的是，凤凰在德黑兰是常设记者站的，有女记者李睿坐镇。一向主张精兵作战的凤凰竟为此次选举大动干戈，从香港总部增派记者和摄像师远赴当地，这有点不寻常。不过蒋晓峰心里可明白，自己走之前，资讯台对此次选举的背景进行了充分的分析，认定这场选举可能不简单，弄不好会出大事，这才派了他前往增援。后来的事实证明，这个猜想是靠谱的，那次伊朗大选复杂的程度，远远超出正常选举本身，更像是第二次伊斯兰革命。

德黑兰，又见德黑兰

对于德黑兰，蒋晓峰再熟悉不过了。九年前，当自己还在新华社国际部的时候，第一次被外派驻站的地方就是德黑兰。那时的自己还是一个没有多少实地采访经验的年轻记者，只在国际部做过一段时间的编译工作，偶尔也做些分量不重的采访。可能由于自己是北大波斯语专业的科班出身，第一次外派就被空投到伊朗这个遥远的中东国家。当自己学习多年的波斯语和伊朗这个国家关联起来的时候，有意思的事情发生了。

虽然已经掌握了沟通必备的语言，但德黑兰干燥的高原气候让这个从小生活在江浙一带的人花了好大力气适应。更让人不爽的是伊朗特殊的社会氛围，那几年，新闻采访倒是其次，占用蒋晓峰时间最多的一件事情是在伊朗跟各种各样的人打交道，弄清他们做事情的规律。将近三年的时间下来，伊朗迥异的气候环境、陌生的社会氛围，以及必须面对的各种人情世故都给这个初出茅庐的驻站记者上了一课。后来回忆起这段经历，蒋晓峰认为对自己帮助很大，虽然很苦很累，却很有实效，从此就“翅膀长硬”了。

↑在尼罗河上。

再次回到德黑兰，这里已是剑拔弩张。6月13日，伊朗大选终于尘埃落定，现任总统艾哈迈迪-内贾德以高票连任总统，然而这一选举结果却遭到了广泛的质疑，其竞争对手伊朗前总理米尔-侯赛因·穆萨维一方称，选举存在“明显违规”。让蒋晓峰他们预感到的事情来了，虽然选举结果已经产生，但是，针对结果的争议却愈演愈烈。抗议活动持续爆发，规模越来越大，最后竟严重到政府出动警力镇压，造成平民死伤。蒋晓峰他们猜到了结局，却也没猜到结局是这样的恶劣。这是自三十年前伊朗革命以来上街参加集会人数最多、规模最大的一次抗议活动，并逐渐演变成德黑兰十年来最严重的骚乱。不过有一点不出预料，此刻，全世界的目光都聚焦在了德黑兰，而蒋晓峰早就在这里候着了。

“亲历式”报道

蒋晓峰来凤凰卫视之前是名通讯社记者，一张纸一支笔就可以搞定天下。到凤凰之后，他成了一名出镜记者，时常需要对着几块玻璃在那儿讲话。刚开始的时候，领导说他眼神游离，“你要死死地盯着那个镜头！”蒋晓峰心想：那儿又没人，我看什么啊！逐渐，蒋晓峰发现，电视新闻是全方位的。摄像机太残酷了，记者有一点思维不连贯，有任何迟疑或反应慢的情况，都会被一五一十、原原本本、百分百地记录下来。但同时，摄像机也能最直观地反映新闻现场，拉近观众与新闻事件发生地的距离。蒋晓峰开始学会电视的画面语言，每次采访都琢磨着怎样找到适合镜头表现的东西，用画面讲故事。他管自己的报道方式叫“亲历式”的采访，也就是要让自己融入新闻发生当地的环境中，通过现场目击，得到自己独家的、独到的报道内容。

此刻的德黑兰一片乱象，蒋晓峰每天是哪里有骚乱就会出现在哪里。然而随着骚乱不断升级，伊朗当局迅速加大镇压，采取了强硬的镇暴手段。同时，也对外国媒体采取了严格的限制，防止外国媒体拍摄到暴力打压场面。穿制服的警察，不穿制服的警察，在德黑兰布下了针对外国媒体的天罗地网。随处都有各类治安人员在晃动，军情人员也是无孔不入。他们对面相“非我族类”的人非常敏感，对手中拿着摄像机的人更加敏感。蒋晓峰和摄像师每天出去采访总会遇到有人来盘问，要求他们出示证件。光是记者证还不够，还必须持有专管外国媒体的部门所发的批文，这种批文有严格的采访地域规定，类似于只准采访香港沙田地界，就绝不可以越界到粉岭采访。

多年混迹战地养成的习惯不会让蒋晓峰在这种限制下屈服，他充分发挥了中国传统战术——游击战，做到“打一枪换一个地方”，而且手脚干净利落，坚决不在同一个地方久留，每次都在军情部门赶到之前，就收起摄像机离开。当然，这两个带着摄像机的明显的外国面孔，怎么也逃不开被警察盯上带回去问话。但蒋晓峰聪明的是，绝不让自己被“请”到同一地界内的警察局两次，而在被迫到警局接受调查的过程中，他便故意用英语盛赞一番伊朗选举的透明公正，装傻充愣以换得尽早脱身。

↑蒋晓峰在澳门。

夜半惊魂

夜间的骚乱景象和白天的相比往往更加暴力，打、砸、烧一应俱全。而夜间的拍摄报道也可以利用夜色环境的掩护，更便于记者做隐蔽拍摄和远距离拍摄。蒋晓峰想得挺好，但真正操作起来才发现，夜间政府的镇暴手段也更加激烈，对记者也更不会客气。还好，有政府防记者，自然也有反对派人群欢迎记者。有好几次采访，抗议的人群中就有人主动为蒋晓峰他们“望风”，当远远看到有民兵或者便衣军警过来的时候，便会用人墙遮挡视线，好让蒋晓峰他们提前撤离，免生是非。

但有时，是祸也躲不过。有一次在蒋晓峰他们拍摄的过程中，有骑摩托、戴头盔、手持棍棒的民兵突然沿街袭来，见人就打。蒋晓峰和摄像师随着人群一起赶忙撤退，并坚持边拍边退，但人群随即就分散向四面八方，蒋晓峰他们一时竟也找不到合适的地方躲藏。幸好这个时候，一个好心的德黑兰居民让他们躲进了自己家里暂避，并及时将室内灯光全部熄灭，几个人大气都不敢出地静静等待。当时，门外起码有100辆民兵摩托车在这栋居民楼前不断地兜圈搜查，一直到两个多小时后才离开。这次的危险经历让蒋晓峰反思了一下这样的采访究竟有没有必要，但想来想去还是认为通过一些细节和局部的展现，能在一定层面上，反映出宏观局势的紧张，以及部分民众和政府执法部门的对立情绪。于是后来，蒋晓峰琢磨出了，到居民区楼顶拍摄比较安全，还创新地使用手机拍摄新闻素材。

凤凰的“疯子”

尽管每次出差都有这么“扣人心弦”的经历，更别提什么时差和连续几日严重缺觉，但每一次出差都会被蒋晓峰视为珍贵的机会。公司为什么委派我去而不派别人去？公司让我去一定有公司的考量，那么我就做对得起公司的事情吧！于是每次出差，他都是一副毫无保留的劲头，出现在镜头里的时候，从来都是精神奕奕，看不出丝毫疲惫。就像前线作战的将军一样，每当有很大很艰苦的战役

↑在香港东坪洲攀岩。

时，他们都可以不折不扣地坚持到最后一刻，但往往让他们彻底崩溃的，是指挥部发来命令说，你们的进攻可以结束了。当突然喊停的时候，那种可以不吃不睡一个星期的精神头就泄了。每次出差回来，大家看到蒋晓峰都会说他明显黑了也瘦了，而蒋晓峰自己也只有在每次做完事情回到公司后，才会突然发现身体的透支，感觉到一种精神上和身体上的双重疲劳，却同时萌生出更大的一股成就感。别人夸赞他“敬业”，他却说，在凤凰，出去采访的时候根本不可能做到有所保留，如果有所保留的话，回来之后会感到遗憾的，如果别人和我不同的话，只能说明别人不敬业！

有人曾因目睹凤凰卫视的员工太过敬业而将他们比喻成一群“疯子”，从这种意义上说，蒋晓峰一定就是其中疯得最厉害的一个。而更确切一点说，他从大学毕业，选择了记者这份职业的第一天起就已经“疯”了。

没有“绝对安全”的巴格达

想当年，从小就上外语学校的蒋晓峰，因为觉得英语实在没什么好学的了，就选择了北大波斯语专业学习。大学毕业后，他毫不犹豫地走进了新华社国际部，人生目标从来就没有这么明确过——我要当记者，出国走走看看，我可不要在单位待着，一张报纸一杯茶！

被单位派去美国学习一年，浅浅地镀了一层金后，他迎来了自己的第一次驻站机会——德黑兰。这三年的驻站经历是带有人生转折性的，因为自打从德黑兰回国后，蒋晓峰就开始坐不住了。记者站的生活深深吸引了他，即使回国了，他的心也早就野了。他开始觉得办公室太小了，自己的一身力气无法施展，每天都有种虚耗的感觉，当太阳下山的时候，他就会感到今天一事无成。这种感觉折磨了他一年，这一年里他天天都盼着做点有成就感的、有挑战性的事情。终于，新华社在当时全球最危险混乱的地区——巴格达需要人手，这正中了蒋晓峰的下怀。

那时，伊拉克正是最乱的时候。虽然美国一相情愿地宣布在伊拉克的主要战争已经结束，但事实是，在伊拉克国内，一个潘多拉的盒子就此被打开了。伊拉克国内各派别间的矛盾，伊拉克人跟美国人之间的矛盾，伊拉克跟派兵参与战争的其他国家之间的矛盾，一下子全爆发出来。在公开的决斗台上，至少可以看到眼前的目标，可以看到刀光剑影从哪儿而来，从而懂得如何去防御，但身处伊拉克这种环境，到处都是乱枪乱炮、飞弹流枪，大部分武装分子只想趁机作乱，并没有明确的目标，今天出来搞个炸弹袭击，明天出来绑架人质，让人躲都不知道往哪儿躲，所以，这时候的伊拉克是最危险的。

蒋晓峰至今还记得，当时去萨德尔城采访美军清剿武器的时候，几千几万件的枪、炮、反坦克地雷就那么摆在面前，如果当时有反美分子扔一颗炸弹过去的话，在场人全部都得报销，想想都让人后怕。

前去驻站之前，蒋晓峰当然知道巴格达是危险的，他也会感到害怕。但他认为会怕是个好事情，因为会怕的时候就知道分析什么地方是不安全的，什么地方是相对安全的。也仅仅是相对安全，在巴格达，没有绝对安全的地方。

战后见到活着萨达姆的第一位中国记者

2004年9月，美军正准备攻打反政府武装分子聚集的费卢杰，美军和伊拉克政府军对萨德尔城的攻击也是最猛烈的时候，蒋晓峰空降到了巴格达。和其他人一样，蒋晓峰也对战地有过很多想象，但有些东西除非你身处当地，否则凭空想象也是徒然。蒋晓峰清楚地记得，自己刚刚抵达巴格达走下飞机的那一瞬间，还没看清楚战地景象，就已经感受到巴格达的酷暑对自己造成的威胁。那是一种蒋晓峰从没感受过的

→在驻伊拉克使馆春节联欢会上。

热浪，巴格达夏天一般都有摄氏55度~58度左右，这完全超出了蒋晓峰的想象。而另一个残酷的事实也摆在眼前，战争中投下了很多贫铀弹，放射性物质会渗透到当地的土壤和水里。虽然没有科学的证据说明，渗透到水里和土壤里的这些化学元素会对蔬菜、水果，会对当地的饮用水产生多大的危害，但这对日常饮食产生的影响无法逃避，也无法选择。蒋晓峰倒是对此很镇定，对于战地的条件他已经作好了充分的准备，他想，又不能不吃不喝，来到这里来肯定要付出代价的，没办法！

真正让蒋晓峰兴奋的是，伊拉克是一个新闻的天堂，虽然他离地狱也只有一线之隔。在巴格达，蒋晓峰是“蒋Boss”，此去他已经是首席记者了，手底下有一名文字记者和一名摄影记者，还有十几名伊拉克当地雇员。在这个满地都可以找到新闻的地方，他可以充分按照自己的理念，通过运用团队的每一个人去执行贯彻。这样自由的、无羁绊的状态让蒋晓峰很享受。在巴格达的时候，蒋晓峰“放肆”地留了一头长发，从外形到内心都得到了释放，从有形到无形都没有受到任何束缚。

而最让他自豪的是能够从几百家媒体中脱颖而出，

争取到萨达姆庭审现场25个媒体席位中的一席。我们可以在当年萨达姆接受庭审的新闻图片中，找到萨达姆身后一条穿着蓝色牛仔裤的腿——那是蒋晓峰的腿。为了这个机会，他同安排记者席位的美国官员无数次地反复交涉，终于得到机会，挤进现场，获得一手资料，成为战后见到活着萨达姆的第一位中国记者。

乔装打扮的采访

在战地，新闻线索纷繁复杂，想快速摸清就要培养人脉。已经在伊朗受过人情世故洗礼的蒋晓峰此番正好大有作为，他甚至连警察局都打通了，所以对于重大新闻，常常发稿比英美等西方通讯社都快，由此，还惹来美军方面的交涉，表示不希望看到他们发布美军伤亡的消息。

在战地，更重要的事情是学会保护自己。战地状况每日不同，即使有前人经验也无法时时适用，大部分情况还要靠蒋晓峰自己摸索对策。在战地，保证一天的安全简单，保证一年两年的安全，不时刻长心眼是不行的。就像每次与警察局的线人交易，蒋晓峰都是尽量隐蔽的，因为警察本来就是袭击的日标群体，减少暴露与警察的关系，不仅能少惹事，也能防止自己被连累。“蒋Boss”手下有十几个伊拉克雇员，他们有什叶派的，有逊尼派的，也有基督教的，这都是蒋晓峰有意招募的。在这个派别复杂、各种冲突不断的国家，不同的时机、不同的地点，派不同的雇员前往，才能既保证新闻到手又保证自身安全。

伊拉克前总统萨达姆被判刑之后，他的族人扬言要为他报仇，同时复兴党的残余也要跟政府作对。这个时候，作为萨达姆老家的萨拉赫丁省毫无疑问应该是最乱的一个省份，也是最值得去一探究竟的省份。蒋晓峰思考再三，决定亲身深入这个省份当地进行采访，不然实在无法写出什么有血有肉的报道来。

萨拉赫丁省距离巴格达开车要两三个小时，沿途是著名的死亡之路。因为这条路上随时随地都有可能遇到交战，路两边全是刚刚炸过的弹坑，连伊拉克人都不怎么敢走。蒋晓峰一向不是鲁莽向前冲的人，每一次采访之前他都会做风险评估，在很多他觉得应该去，但是会冒很大风险的地方，他都会努力把自己的这种冲动压下去。当有其他雇员或者手下的中国记者要求做危险的事情时，他都要认真作出判断，认为不行的就要说服他们。这一次的采访，蒋晓峰下决心时确实有点困难，他充分估计到了危险性，但他也认为自己手上有一张王牌——他在巴格达最得力的助手夏南。夏南正好是萨拉赫丁省人，有了他的帮助，深入采访的可能性很大。

夏南建议蒋晓峰乔装，不让别人发现一个不像伊拉克人的面孔，以此减少被盘问的机会。于是蒋晓峰顶了一个方格头巾，戴了一副墨镜，还躺在了汽车后排，尽量避免被人发现。在夏南和一个蒋晓峰最得力的保镖兼司机的帮助下，三人很顺利地进入了萨拉赫丁省。深入到省里面才发现，其实当地人很热情，刚开始看到有中国记者到这个地方时，还觉得有点不可思议。采访相当成功，让人清楚地了解了当地人对局势的看法、对审判的态度。

对于自己当时的伊拉克雇员，蒋晓峰一直心怀感激，甚至是感恩。可以说是他们保护了蒋晓峰在巴格达的所有日子。当蒋晓峰结束驻站回国时，成功地把夏南也带回了中国，保证他过上了没有战乱的日子。

家门口的枪声

蒋晓峰常说，到了巴格达那个环境，人抵御恐惧的能力就会上一个层级。但是当战火真真切切地燃烧到你的身边，说不怕那是假的。

驻站中的一年除夕，蒋晓峰受邀去中国使馆参加聚餐。在伊拉克，蒋晓峰只要出门都坚持自己亲自开车，因为考虑到路上随时会遇到的危险境况，他更愿意相信自己的判断，毕竟自己的命运还是掌握在自己手里比较踏实。那一次去中国使馆的路上，蒋晓峰遇上了最不想遇到的交火情况，路段被整体封锁，车子被迫停下来无法前进。眼见战火越来越激烈，蒋晓峰坐在车里，听见外面“乒乒乓乓”的声音，感觉很抓狂。平时他最怕的就是被堵在车里，他们记者的车是民用车，不像大使馆的车是防弹车，被堵在路上的时候，简直是无处可逃。原本十分钟的车程已经被堵了差不多四个小时了，蒋晓峰再也无法忍受了，看交火的持续状况，可能还会有部队来增援，那样的话就更不知道要激战到什么时候了。判断了形势后，蒋晓峰跟着旁边的车一起倒车，然后掉头行驶绕出了城，兜了一大圈后，最终到达了使馆。

↑戴墨镜时很酷。

还有一次是最危险的，枪战就发生在新华社办公室门口。蒋晓峰听到子弹频频打在墙上的声音，赶忙指挥众人远离玻璃、木板和阳台，躲在混凝土构造的遮蔽物后面。此时人跑不出去了，办公室也没设防空洞或者地道，所有人都快疯了。蒋晓峰此时从监视器看到，他们的司机正好要下班回家，试图跑到停在门口的车里开出去，但他刚跑到后备箱那儿，由于子弹乱飞，就马上趴在地上不敢动了，而后又一点一点爬回了办公室。

枪战持续了一个小时，没有丝毫减弱的迹象，蒋晓峰的担心更甚了。如果武装分子冲进来怎么办？这里只有两三个保镖，每人只有一杆枪，防御能力非常弱，武装分子可能有车，可能会配备重型武器，如果冲进来的话，占领小楼，劫持大家做人质，后果不堪设想。此时，连“身经百战”的伊拉克雇员们也不知所措了，一个劲儿地问蒋晓峰该怎么办。

蒋晓峰心里虽然七上八下的，但是作为一个记者站的首席记者，作为“蒋Boss”，他极力地让自己冷静。他知道，这时候要是连自己也失控了的话，这整个团队就完了。也碰巧，当天正好有一位新同事刚刚抵达记者站，刚来就遇上这样的事情自然紧张得不行。蒋晓峰一面安慰新同事，同时也要控制住自己，就这样心惊胆战地度过了这段恐怖的经历。

“不准备去越南西贡！”

在伊拉克，日子待得久了，也要懂得苦中作乐。蒋晓峰从小就离开家乡上学，以至培养出了一身厨艺，平时如果家里接待同事们来访，他炒一小桌菜都不在话下。蒋晓峰自称从来没有拿手菜，因为他每个菜都拿手。在国外驻站的日子，食材、调料都很短缺，那时候，如果收到一瓶国内的酱油，相当于收到一瓶茅台。不过对蒋晓峰来说，做菜是一种创造，有无限多的搭配组合可能，在国外，在战地，他也能因地制宜，独创性地制作一些食物。

在中东，馕是最普遍的主食，但作为中国人，实在没法想象顿顿吃馕的日子。于是有一天，蒋晓峰突发奇想，把吃剩的硬邦邦的馕用水泡了泡，然后切成丝，用鸡蛋、羊肉还有国内带来的珍贵的酱油一炒，那个味道啊，连伊拉克雇员都闻香寻来，连声称赞。

蒋晓峰喜欢吃鱼，好在巴格达有条底格里斯河，于是他每周最大的快乐就是去集市上吃底格里斯河烤鱼。第一次看见这种沙漠地区盛产鱼，竟然如此肥美，小的也有两斤多，大的五六斤也不足为奇，蒋晓峰连称是奇迹。看集市上的商贩把鱼对半剖开，用标准的木炭烘烤，并且一口气烤出几十条，那架势，豪迈！那风味，原生态！

蒋晓峰来到香港后，真正是“如鱼得水”。香港对于他来说，就是生猛海鲜加上柴米油盐，约等于天堂。蒋晓峰在香港最喜欢去西贡——香港著名的海鲜产地，在那里，一边看着海景一边吃着刚捞上来的海鲜，讲究点儿的再点瓶红酒，那叫一个惬意。有朋友来香港的时候，蒋晓峰经常推荐他们去西贡看海或吃海鲜，但他常常遭到朋友的拒绝：“暂时不准备去越南西贡！”

“我要二十年的安稳吗？”

2006年从伊拉克回国后，凭着对电视新闻报道的浓厚兴趣，蒋晓峰加入了凤凰。毛主席曾经对新华社说，要把整个地球管起来。蒋晓峰发现，如今新华社是管起来了，但是新华社那么多人，每人能管的只是很小的一块，而凤凰小小的，但是能管的真是很宽广。

这些年，蒋晓峰不仅常跑骚乱、战争现场，也去深入走访了封闭的朝鲜，去遍了自己计划采访的国家；还走访了世界杯开战前的南非以及暗流涌动的哥本哈根世界气候大会……每多走一个地方，多了解了一个地方，人生中一个陌生的区域又可以被填上了，这是蒋晓峰热爱自己工作的主要原因，人生就在于填空！

做了“凤凰观察员”之后，他发现自己需要填的空更多了。纵使多年东奔西走，也并不是每种情况都可以了解，《凤凰观察》可以说是话题不限，无论国际、国内，政治、文化，硬性、软性，都是可以观察的对象。面对大量未知区域的知识空缺，已经从业十三年的蒋晓峰现在也依然做着菜鸟记者必备的功夫——下班后回家做功课。

蒋晓峰的一位同事曾经对他说，你在新华社混得好好的，来凤凰干吗，再过二十年你看看，你在新华社的境遇一定会比在凤凰好很多！蒋晓峰当时愣了一下，心说，可能是哦，但又转念一想，我要二十年的安稳吗？二十年里我可能有很多经历，会有很多经验，却没办法去量化这些东西，只能属于个人财富了。

“现在做的事情是为老了以后准备的”

蒋晓峰当年从巴格达回国的时候，可以说已经具备了在仕途上平步青云的条件，也拿到了国内能拿到的记者最高奖项——全国优秀新闻工作者。但是巴格达对他的诱惑力，竟然大到让他动了重回巴格达的念头。他解释说：“当你在一个很投入的状态的时候，当你在享受这个过程的时候，突然把这个过程终止了。就好像你在享受一顿美餐，突然有人把你的饭碗给夺走了，那种感觉很不爽。你总想把这个过程继续下去，虽然不可能到达一个最终的位置，但是总希望能够把它延长。因为当你抛开一些私心杂念的时候，心无旁骛地去做一件事情，是一件很幸福的事情！”

蒋晓峰很推崇一句话——“现在做的事情是为老了以后准备的。”

“人是由不同的经历组成的，有的人简单一些，有的人丰富一些，有的人短一点，有的人长一点，那么为何不把自己的人生经历变得丰富一点呢？人老了以后不能做什么了，只能去回忆。现在求安稳的人到老了以后会很心慌的，因为再想去弥补，已经没有这个机会，也没有这个时间了。所以别给自己留下遗憾！”

张凌云

凤凰卫视驻香港记者。经常跟随国家领导人外出采访，满天扬沙的沙特阿拉伯去过，零下二十几度的哈萨克斯坦也待过。凤凰高密度的工作方式练就了十八般武艺在身，凤凰的“空中飞人”之一。

2007年跟随温家宝总理访日行程的最后一天，马上要离开日本，大家提议拍张照留念一下，张凌云在酒店下面的樱花树前，照了一张照片。拿到照片，张凌云傻了眼，两个腮帮子完全凹下去了，像鬼一样，十分恐怖！

家乡： 河南郑州

星座： 双子座

血型： O型

毕业院校： 北京广播学院

爱好： 看电影、游泳、给儿子讲故事

张凌云
在路上

“每个人的命里都有九个字，你的九个字中有七个都是跟走有关，看来注定要四处奔波了。”十年前的夏天，大学毕业在即，还是个小丫头的张凌云听到这么一句话，差点没惊得从床上跳下来，“我才不信呢！”

一晃十年过去了，张凌云从北京到香港，又从香港到世界各地，四处奔波之余，不免感慨朋友的话误打误撞，真应了这么个说法。做了多年“空中飞人”之后，如今张凌云有了一个可爱的儿子，当了妈妈后，每次一坐上飞机就委实难过，心里实在割舍不下宝贝儿子。所以，要是一听到谁跟她说，“看你多风光，跟着领导人世界各地跑，还能免费旅游”，张凌云都会特别生气，你们没有看到一颗当妈妈的心啊！你们没看到背后的我啊！

众所周知，凤凰卫视一贯的宗旨就是“花小钱办大事”，所有员工一视同仁，德智体美劳全面发展，记者、主持、摄像一个不落，十八般武艺样样精通，关键时刻一个顶俩、说上就上。混迹于这样的队伍里，张凌云自然也落得一身好“武艺”。可一个瘦弱的小女子，像大男人一样转战世界各地，既要有机智，也得有谋略，哪能像外人说得这么轻松。另外，熟悉凤凰卫视的，都知道凤凰有句老话“女的当男的使，男的当牲口使”……

任重而道远

2006年，台里负责国家领导人外访采访任务的闾丘露薇要到美国进修，之后，天将降大任于谁呢？忐忑不安之际，张凌云从高层得知，果然交由她走马上任了。虽说此前张凌云已经在北京跑了三年的时政新闻，人民大会堂和中南海也没少去，到香港的时候，也是先在闾丘手下练过兵的（闾丘的“魔鬼训练”可是全公司有名），跟领导人外访这个活儿呢，既简单，又不简单。所以，一想到这“大任”，张凌云就有点头疼，不过，是好女子冲锋上阵没二话。张凌云挑过了这个“担子”，果不其然，任重而道远。

首先是人少。凤凰不像有些规模庞大的电视台，出去采访分工齐全，什么播音员、编辑、摄像、灯光、收音、技术、传送都有专人负责，同时背后还有众多同事随时支援。凤凰的采访队伍一般就派可怜巴巴两个人，一个记者，一个摄像，然后分别兼任其他所有工种。

其次是工作量大。外访都是跟随重要的国家领导人，时间短、内容多、行程紧。除了每天平均要发三四条新闻以外，张凌云还得不停地做连线。另外，在凤凰跟领导人外访，首先得学会拍摄、配音以及传送，因为一般领导人不同的活动通常会安排提前两个小时安检，所以在只有一个摄像师的情况下，一旦赶不及下一场，就得义无反顾，自己操刀上马，而且拍摄的片段必须达到播出要求，在第一时间传回香港，所以很多外访的时候，张凌云自己单枪匹马单打独斗，从采访到摄像、传片，一条龙全包了。

为了赶行程，飞一晚上，第二天早上直奔采访地点，对张凌云来说是家常便饭。这都好说，最难过的是，追不上飞机赶不上行程的时候，才真正急坏了她，真是闲也闲不下来。衣食住行，除了行，住也是一大项，选择离采访地点最近的一家酒店同样重要。每次出发前，规划行程和选择酒店也成了张凌云精雕细琢的活儿，一溜儿网页挨个看下来，多方对比，少了哪一项也不行。还有一难，经常出国际差，每个国家都要签证，费时费力不说，更令人崩溃的是，有些国家一定要在出发前一天下午下班前才给签证，心脏不好的一定会被活活气晕。

更要命的是采访中一旦遇到极端气候，严寒酷暑，人受罪不说，还得惦记着机器。上次去沙特阿拉伯采访，沙漠气候炎热干燥，张凌云到的当天，鼻血狂流不止，全脸爆皮，第二天沙漠又扬起沙尘暴，黄沙漫天，呛得人睁不开眼、张不开嘴。

那年冬天，国家主席胡锦涛访问哈萨克斯坦。内陆的冬天冷得惊人，气温达到零下三十多度，眼光所及，都是厚厚的冰雪。去之前，张凌云已经虚心接受别人的教训，在户外用品店里，准备好了全套的雪地防滑鞋、滑雪裤，把自己全副武装。但自己解决了，机器呢？一样需要特别保护啊？低温状态下，摄像机很容易罢工。最后不得已，张凌云向一些去过“两极之旅”的同事请教，把机器用厚厚的围巾包起来，在里面放上两个暖包。胡锦涛主席的专机抵达的时候，当地使馆工作人员看到张凌云他们武装成那样，都乐不可支，还笑话说今天不算冷，上一次习近平副主席来的时候，零下四十度呢。

早起的鸟儿有虫吃

2007年4月，国务院总理温家宝对日本展开万众期待的“融冰之旅”。温家宝总理的这次访问是中国领导人七年来第一次访问日本，备受外界关注。相隔七年了，所以访问的内容多得吓人，包括会见日本天皇、首相，到日本国会演讲，到京都探访农户，和日本大学生打棒球等。后来由于当时日本首相的某些不当言论，原本五到六天的行程缩短到三天。但访问的内容还是那么多，张凌云面临的是强压之下的挑战。最后事实证明，访问的53个小时之内，进行了49项活动，打破了中国领导人有史以来外访强度的纪录。

这样的一次访问，媒体当然高度重视，香港媒体也是倾巢而出。每个电视台都派出两到三个“摄像队”来报道。凤凰卫视当然亦不甘落后，派出“史上强大阵容”——三个“人”的小组，一个摄像师，一个技术，还有一个就是张凌云。

采访期间，工作十分繁忙。张凌云抱着一股“不管了，拼了！”的劲头，白天黑夜连轴转，从头到尾，全情投入，一鼓作气，最紧张的时候，一天之内拍发了五条新闻，做了不下十次电话或卫星连线。这还不算，关键是熬时间难受。那段日子，为了捕捉新闻点，张凌云每天工作时间从早上4点一直到凌晨1点。大家都知道，温家宝总理有一贯坚持晨练的习惯，即便到外国访问也从不间断。用总理自己的话说，坚持晨练反映出一种中国人的坚持不懈的精神。对张凌云这些记者来说，总理坚持晨练的好习惯，相当于给了他们一个提问的绝好出口。

这不，东京的活动结束前的这个清晨，天还灰蒙蒙的，微透霞光，张凌云就起来了，一看时间才早上4点多，刚下楼，就看到总理出来了。只是，无数保安虎视眈眈，直接组成了一个铜墙铁壁的人肉城墙，要跨过这道防线，谈何容易。所有记者都被赶到大堂的一角，正当张凌云一筹莫展之际，总理发现了他们，大老远朝他们打了一个招呼。这样一来，警卫也不敢拦了，大家一拥而上冲过去采访，张凌云生怕错过这个好机会，也不顾往日的娴静形象，眼疾手快第一个冲上前去，截到了期待已久的温家宝总理的回答：“这次访问的目的已经达到了。”听完这话，张凌云喜出望外，果然是早起的鸟儿有虫吃，这次可捡到大宝了！这是总理首次对媒体评论这次访问的效果啊！

脸都还来不及洗，张凌云以最快速度连线凤凰，做了出镜报道。这条新闻赶在7点钟《凤凰早班车》头条播出了。在国内外舆论焦急观望，世界人民都在等待这场“融冰”结果的时候，凤凰卫视第一时间播出了总理的定性回答，意义不可谓不重大。新闻一播出，凤凰卫视香港总部的电话铃声不断，各大电视台打来电话要求购买采访片段，甚至连“东道主”日本的NHK电视台也打电话来要求购买。上午10点多，当张凌云他们坐新干线到京都的时候，在一个日本朋友的手机上，张凌云看到了日本的电视台播出的他们刚做的采访，刚才还“怦怦”急跳的心开始沉下来，一会儿，睡神慢慢来了。前一天晚上才睡了三个多小时啊！

此时正值4月，日本的樱花开得最灿烂的季节，但张凌云一直忙得脚不着地，别说拍照了，连吃饭、睡觉的时间都没有。常常早上4点起床泡了一包方便面，晚上11点回到房间还没来得及吃。最后一天，马上要离开日本时，大家提议拍张照留念一下吧，张凌云才下楼在酒店下面的樱花树前，照了一张照片。拿到照片张凌云傻了眼，两个腮帮子完全凹下去了，像鬼一样，十分恐怖！

为了工作拼命的劲头，从张凌云娴雅、知性的笑脸上可一点都看不出来。看不出来不代表张凌云的小宇宙就不爆发啊！爆发起来时，那可是大老爷们都望尘莫及的！

↑在葡萄牙总统府内，张凌云蹲在地上做电话连线。

“与有荣焉”

那是2009年2月，之前，那场横扫半球的金融危机刚刚爆发，世界各国人民都在惶恐不安中观望各国的最新动态。中国领导人在此时频繁开展了“正月外交”，国家主席胡锦涛、国务院总理温家宝等先后出访。其中胡锦涛主席对沙特、坦桑尼亚等亚非五国的访问尤受世人瞩目。

外界除了关心中国和沙特的能源合作之外，还在观察中国对非洲的态度。在金融危机大环境的冲击下，西方国家自身难保，暂停了对非洲的援助，许多合作项目也被搁置起来。而随着中国对非洲的投资越来越多，影响力越来越大，中国则越来越受世人关注。所以，此次出访，中国是否会像其他国家一样抛弃非洲老朋友，2006年中非合作论坛北京峰会中国提出的八项举措是否会如期落实，世界各国拭目以待，要在胡锦涛主席这次访问中寻找答案。

去沙特之前，张凌云事先作足了准备。凤凰的许多外访记者都是女性，除了先天的温柔攻势比较容易打动保安之外，心细如发也是女记者的优势之一，细心程度上，张凌云在女记者里面堪称首屈一指。但张凌云性格的最大特点还不在此，要强才是她的性格利器。而这种潜质，早在儿时就现出萌芽了。小时候当上班干部的她，早早成了老师的“左膀右臂”，但是小学五年级的时候，张凌云做出了一件惊人之举——走到办公室，在众目在睽睽之下跟班主任说：“我辞职不干了，只想做回一个普通的学生。”所有人都大跌眼镜，这个姑娘也太有性格了吧，原来小小年纪的张凌云觉得老师有点不理解自己，要强的她就毅然决然地行动了。

这次对沙特的访问中，张凌云的韧劲儿又上来了。大家最关心的就是能源问题。出发前，张凌云已经和当时的中国能源的掌门人——国家能源局局长张国宝相约，抵达沙特之后做一个专访。除此之外，另一个大胆的想法也在张凌云心中暗暗萌生了——要是能专访到胡锦涛主席就好了。当然多年跟随采访的经验告诉她，要做到这一点难度太大了。

千算万算，没想到还没出门，老天就给了张凌云当头一击。出发之前，才开始办理沙特签证，飞机起飞前二个小时，张凌云才把签证拿到手，跌跌撞撞地冲到机场时，张凌云全身的衣服都被汗湿透了。

尽管如此，张凌云还是不敢有一丝懈怠。从第一站开始，张凌云就不断朝各个渠道发出“电波”，表达专访的意愿，但关键时刻，大家统统免疫，都没有给她直接回复。出国外访，领导人的行程都是严丝合缝按照预定行程进行的，临时穿插采访的可能性几近为零！

明知山有虎，偏向虎山行。要强的张凌云这次铆足了劲，不到最后一秒决不放弃，接连不断发出求救信号。皇天不负有心人，就在张凌云到达第四站坦桑尼亚的时候，突然收到消息说，胡锦涛主席可能在这里接受他们的采访。当外交部新闻司跟他们确定了采访的安排时，张凌云兴奋坏了，丝毫不亚于中了六合彩，当天晚上差点兴奋得睡不着觉。

当然，确定下来接受访问是一回事，访问到有意义的资料又是另一回事，等待的时间里，张凌云经过了紧张的准备，确定了访问时间和要提问的问题。

第二天胡锦涛主席要进行的活动总共有八项，而安排给张凌云的时间，是出

↑2007年2月跟随采访胡锦涛主席访问非洲岛国塞舌尔，和住进中方援建房屋的当地居民合影。

席晚宴前的一小段。时间少，任务重，在一间小小的会客厅里，在随访的中方记者、坦桑尼亚电视台以及其他代表团成员的面前，面对众多摄像机，张凌云直奔主题，巧妙地向胡主席提问了此次中非访问的感受，而胡主席的回答是令人始料未及的，简直堪称此次非洲访问中最重量级回答：作为非洲的真诚朋友，中国政府将继续按时、保质落实好援非的各项举措。

短短的一段话，掷地有声地回答了外界的质疑，也让非洲老朋友们心里的一块石头落了地。新闻一播出，中央电视台、新华社、新华网以及很多外国通讯社和媒体，立刻纷纷转发了这条凤凰卫视的独家消息，并对这段采访内容进行了大篇幅的报道。而远在凤凰卫视香港总部的凤凰同事们，也纷纷向张凌云打来电话，直呼为凤凰采到如此有价值的新闻，每个人都“与有荣焉”。

“你们家丫头也太厉害了吧”

小时候的张凌云从没有想过，长大之后会走那么远。

那时候，张凌云跟别的孩子一样，无忧无虑，喜欢跟着爸爸东跑西颠。张爸爸是摄影记者，经常四处出差，顺带着，小凌云也跟着长了见识。别的孩子都在家里玩过家家，她却神气地坐着火车走南闯北。还不到上小学的年纪，她跟着爸爸已走过很多地方，北上北京，站在天安门广场上高唱《我爱北京天安门》；南至上海，仰望上海的鳞次栉比的高楼大厦；东到东北，站在莽莽雪原上感受东北的零下一二十度

↑两岁半的凌云在天安门广场。

↑张凌云小学五年级开始学习钢琴，后来时断时续。最爱的曲子贝多芬的《暴风雨》，经常在情绪低落的时候用来自勉。

的严寒；西下内蒙古，在一望无际的大草原上奔跑、歌唱。所以小时候，张凌云最喜欢爸爸了，当然还得益于爸爸的一样好东西——照相机。

二三十年前的内地，还很少家庭有自己的照相机，更别说专业级别的了，而张凌云从很小就端着相机，跟爸爸比葫芦画瓢地学照相了，时不时的，还钻到暗室里看爸爸洗照片。第一次看到影像一点点显现出来的时候，她觉得特别神奇，缠着黏着要跟爸爸学。四五岁的时候，张凌云一家去上海。路人看到一个小不点儿，个子还没大人蹲着高，举着相机，煞有介事给大人拍照，都在旁边笑她：“这么点儿的小孩，会照相吗？相机都举不动。”小小张凌云一听，气得满脸通红：“当然会了！我爸是专业摄影师！”

这么要强的一个小孩儿，一看就不是好惹的，好戏还在后头呢。一上小学，小丫头的这股认真劲儿就被老师瞄上了，一年级就让她当上了威武的班长，二年级又戴上“三道杠”，成为令人羡慕的大队委员。结果，全班都让她给管得服服帖帖的，老师颇为放心，直夸她是“左膀右臂”。不过同学就惨了，不停有家长向张凌云父母告状，“你们家丫头也太厉害了吧。”

“千淘万漉”在广院

真正接触电视节目制作是张凌云高中时，当时河南电视台青少年节目《跃出地平线》到高中挑选嘉宾主持人，由于从小是文艺积极分子，长得又乖巧可爱，张凌云有幸被选上了。第一次登台，张凌云的搭档是河南台著名主持人海霞。这次表演，让初涉荧屏的张凌云慢慢找到了乐趣，从此也对电视节目制作的流程产生了兴趣。从拍摄、编辑、节目内容策划，甚至到买什么奖品，张凌云都看得津津有味。也是在电视台的同事们那里，张凌云第一次听说北京有个广播学院，最出名的就是播音系，培养了很多知名的主持人和播音员。

好像一下子找到了奋斗的目标，虽然知道难度很大，张凌云觉得还是应该试一试。

张凌云虽是独生女，一路长到大，从来不娇气。小学考初中上哪个学校，在父母的放权下，由张凌云自己决定，小小年纪主意很大，懂得自己要什么。高一的时候，张凌云自学了高中三年的英语，并做完了所有高考的试题。到了高三，别人都在埋头苦读的时候，她轻轻松松，即使为了考广院需要准备大量的专业课，张凌云也一点都不觉得紧张，每天都坚持弹两个小时的钢琴，也从没熬过夜，晚上10点钟一定上床睡觉了。

↑高一时，张凌云被挑选主持《跃出地平线》节目，手捧爱心雪球。

虽然张凌云自我感觉良好，但广院的面试成绩并不理想，好在张凌云是个考试型选手，高考的时候发挥超常，最后播音系河南考生中文化课第一，顺利进入广院。

广院卧虎藏龙，有人冠之以“大染缸”之名。很多同学进来后常会觉得失落，因为周围的同学都是经过千挑万选来的。播音系的个个都是帅哥美女、伶牙俐齿；文编系的不是小提琴十级，就是钢琴十级。张凌云在这里，却有鱼游大海的感觉，非常喜欢这里的氛围。她始终抱有这样一种自知：是鱼就不羡慕飞翔的鸟儿，是草就不羡慕花的芬芳，只要做自己就好了。这种性格也是日后眼见同班同学显贵腾达，张凌云还能不为之所动的原因之一。

当年在广院最流行的一句话是，“只要你能够站在广院的舞台上，就可以站上任何一个舞台”。这句话真有点道理，因为想站在广院的舞台上确实是一件不易之事。以一年一度的“广院之春”为例，虽然只是一个大学的文艺晚会，却要经过“魔鬼式”的选拔过程，台下的评委都是圈内的专家名人，最恐怖的不是他们，反而是广大的“人民群众”。他们眼光挑剔、行为火爆、点火就着、绝不留情，稍不满意，馒头、纸飞机就从天而降，台下高唱“团结就是力量”，嘘声、起哄声此起彼伏，不少选手都是哭着跑下台的。所以能够最后站到决赛的，不仅才艺过人，还必须心理素质过硬，实在是不容易啊。张凌云在广院的“千淘万漉”之下，四年之后，百炼成钢。

大学毕业，一鼓作气，张凌云又接着读完了电视剧编导专业的研究生。研究生第一年结束后，张凌云经同学介绍进入凤凰北京记者站实习，冥冥之中的缘分，转了一个圈，又回到了她爸的老本行，踏上了新闻之路。

这便是传说中的“麻雀虽小”

北京市海淀区海淀路165号南门凤凰会馆。

著名的人大附中身后那个不起眼的六层小红楼。凤凰的北京节目中心就藏身在这样一条很难找到的小胡同里。第一次走进这栋小楼的时候，张凌云突然感到有一种失落，甚至疑问，这就是传说中的凤凰卫视吗？和中央台或北京台比起来也太过简陋了吧。同事笑着告诉她说：“香港的总部条件也好不到哪儿去！”张凌云就更纳闷了，“那这么多好节目是怎么做出来的呢？”带着这样的疑问，张凌云一头扎进北京记者站，开始小心翼翼地寻找答案。

毕业之前，不少师哥师姐告诫学弟学妹，刚开始工作的时候要有心理准备，可能会遭遇冷言冷语甚至是冷板凳，所以一定要夹着尾巴做人，耐心等待。张凌云却惊奇地发现，凤凰的工作氛围完全不同，既没有论资排辈，也不会歧视新人。只要你虚心、努力、不怕吃苦就有机会。尽管如此，刚加入凤凰的时候张凌云的心情还是忐忑不安，看看周围的记者都那么优秀，自己既不是学新闻专业的，又没有采访经验，总觉得心里没底。当时正值中国加入世界贸易组织最后一轮的谈判，在记者站负责人潘力老师的鼓励下，经过认真的前期准备以及初生牛犊不怕虎的冲劲，张凌云成功地在几个重要场合独家采访到首席谈判代表龙永图。这对于一个懵懵懂懂的小记者来说，真是一种莫大的荣幸啊。

↑2005年3月，张凌云离开北京记者站前最后一次报道两会。

现在回想起来，张凌云还是很庆幸她的记者生涯是从北京开始，这个作为中国首都的城市，它的一举一动都牵动着世界的神经。她作为当时凤凰在北京为数不多的几个记者之一，有机会见证了朝核六方会谈开启、两岸直航、2003年“非典”等一系列重要的新闻事件。

来香港的前一年，资深记者闾丘露薇被派到北京当首席记者，张凌云也有幸跟着这位仰慕已久的高手学艺。在她的“魔鬼训练”之下，他们在北京的几个记者在业务上突飞猛进。经过几年的锻炼，张凌云刚在北京找到感觉，就要被调到香港总部了，最后的期限是2005年的3月底。自己突然要离开这个学习和工作了八年的城市，张凌云心里总是不舍得。最后一次两会她做得特别用心。总理记者招待会那天，张凌云和同事早上6点就来到人民大会堂外排队，寒风中她突然意识到，曾经无数次来大会堂采访竟然没有拍过一张照片，于是赶快拿出相机和亲密战友们合影留念。

2005年4月1号，愚人节那天，张凌云正式到香港总部报到，被分到了香港新闻组。她终于明白，为什么北京的同事当年说香港总部的条件也好不到哪儿去。因为实在太小了，资讯台只占了一栋写字楼一层的一半。主播台正对着剪片和主编，距离剪辑师的办公桌只有一两米远。做直播的时候，这个区域的工作人员大气儿都不敢出一声，生怕影响直播。不过麻雀虽小五脏俱全，这个小小的办公室里制作的新闻节目，短短的几年间已经让凤凰扬名海内外。

“鸟语”难关

刚来的第一个月，公司首先安排张凌云做滚动字幕的打字员和新闻主编助理，随后就开始了香港本地新闻的采访。

对于张凌云来说，一开始最头痛的，首当其冲是语言问题。广东话一句也听不懂的她，第一次被派出去采访就碰了钉子。当时是一个出租车司机团体要求车费加价的记者会，几个“的士佬”一字排开，叽里呱啦地说着夹杂着俚语的“鸟语”，张凌云顿时晕菜。怎样才能迅速地学会广东话，张凌云于是向同样是内地来的同事求救，他们一致认为最好的方法就是看本地电视台的新闻和电视剧，因为是有字幕的，很快就会听懂。张凌云打开电视一搜索，香港的电视台正在播放韩剧《大长今》，广东话配音加中文字幕的，简直是太完美了。加上他们的摄像师全部是地道香港人，每天出去采访也要硬着头皮听广东话。经过一段时间的训练，张凌云最初的担忧很快不存在了，而且广东话进步神速。一个多月她已经可以听得七七八八，三个月后就敢开口讲了，虽然发音还是很不标准，但一般的沟通没有什么问题了。

语言关过了之后，就开始考虑新闻本身的问题。因为和首都北京比起来，香港真可以算是一个没什么新闻的地方，张凌云以前在北京拍的新闻大部分都会上直通车，到香港之后，她却发现每天都在忙，而且工作时间特别长，从早上一直到晚上七八点，拍了三四条新闻，却没有一条够分量可以上直通车的。以至于有朋友打电话来问，到香港后是不是改行不出去采访了，怎么老也没看见你报新闻呢？反差就是这么大，北京的新闻全是国家大事，香港的新闻大部分都是鸡毛蒜皮的小事，所以张凌云一开始的时候非常失落，甚至做梦都梦到回北京采访。但后来她自己也想通了，其实大新闻并不难做，因为事件本身的重要性就已经具有了新闻价值，难做的反而是小新闻，如何找到新闻点，并把它做得好看，才真正考验一个记者的水平。

没有了思想包袱，张凌云突然发现香港有很多可爱之处，而且待得时间越长她越爱这个地方。美食和购物之都是对游客而言，对一个在内地长大的记者来说，这里的文明程度、法治精神、社会管理以及资讯流通都像氧气一样滋养着她的心灵。而香港的很多经验，对于正在转型中的内地社会而言，的确也有很多值得借鉴的地方。

小家伙看到电视上的妈妈就落泪

在凤凰待得时间长了，对凤凰的文化熟稔于心之后，张凌云渐渐习惯了凤凰高节奏的工作方式。一个月三十天，最多的时候，二十多天都要在空中飞来飞去，也属于凤凰典型的“空中飞人”之一了。甚至几次出门，连行李箱中的衣服都来不及收拾，直接从这个国家拖到那个国家。

2008年，张凌云添了一个可爱的儿子，有了儿子之后，张凌云完全体会到了什么是妈妈的心。看着怀里的小宝宝，张凌云又喜又急。平时工作出差那么多，儿子怎么办？常年出差在外，本来匀给家里的时间就少之又少，一想到很快要离开儿子，张凌云心痛不已。只要在家，每天晚上睡觉前，张凌云都会给小家伙讲故事、唱催眠曲。

工作所迫，生完孩子三个月之后张凌云开始上班，半年就开始出差了。旅途的辛劳可以克服，但心中的惦念却成为一种折磨。忙的时候当然工作第一，其他的事都抛在了脑后，一闲下来张凌云就开始挂念这个小人儿。尤其是出差的时候，一想到小小的儿子在家里想妈妈的样子，张凌云就忍不住落泪，那次远在千里之外，得知儿子生病不舒服，张凌云心急如焚，真是一言难尽。本是非常顾家的人，由于工作的特殊原因不得不飞来飞去，可无论都到哪里，一颗心，都被儿子小小的身影牵挂了去！

↑儿子两岁半时，张凌云一家三口的甜蜜照。

儿子小的时候还无所谓，稍微一长大，小家伙有了主意，特别喜欢黏妈妈。上次张凌云去美国，回来之后，家里人七嘴八舌告诉她小家伙在家的表现。开始，一看到妈妈在电视上出现，他就指着妈妈，特高兴地喊“妈妈”，次数多了之后，小家伙再看电视就不笑了，往往看着看着，一撇嘴，两行豆大的泪珠就滚下来。家里人为这事人心惶惶，一看到这情况发生，就赶紧把他抱走，转移注意力。一边听家人说，泪珠一边顺着张凌云的脸颊流下来。

可怜天下父母心!

2011年1月1日，张凌云从工作了五年的香港新闻组调到了特稿组，除了继续负责领导人外访之外，平时的工作重点也从香港日常新闻采访转移到从记者的角度观察分析时事。走过十年，又来到一个新的起点，带着一颗谦卑的心，上路……

安东

从小爱做“电视梦”的他，很有语言天赋。大学承父命选了西班牙语专业，本以为与电视圈无缘了，谁知上天成全，几经曲折又进了中央电视台，当上了西语主持人！

直到加入凤凰，他才真正看清自己事业的坐标，以成为一名出色的主持人为奋斗的原动力。凤凰卫视庞大的资讯量让他爱上了这里的电视制作理念，并真正了解了这个让他从小到大魂牵梦绕的行业。

英文名： Antonio

星座： 天秤座

血型： B型

毕业院校： 北京外国语大学西班牙语（本科）；西班牙阿拉贡欧洲商学院工商管理（研究生）

语言能力： 熟练掌握西班牙语、英语，简单掌握基础法语、意大利语、葡萄牙语

兴趣： 疯狂的体育爱好者和资讯阅读者

专长： 多种语言互译，国家二级田径运动员，篮球

最难忘的事： 第一次站在全国大赛跑道上，第一次坐上主播台

最喜欢的主持人： 不害臊地说，陈晓楠

安东
旧梦重拾

每天傍晚，结束了一天的主播工作，离开凤凰卫视大楼回到属于自己的房子里时，安东总是立刻倒在沙发上，放松一下身体。窗外是绚丽的香港夜景，绿茵茵的赛马场上灯光慢慢黯淡下来，几名工人驾驶着机器清理跑道；远处，说不上是河流还是海湾的水面上，几艘赛艇还在奋力地向前冲，水中灿烂的灯光倒影被划成了斑斓的花瓣……这一切太惬意了，让人忍不住思绪飘荡。

朦胧中，安东似乎能听见爸爸唤他吃饭的声音："醒醒，儿子，喝点热茶，你妈一会儿就炒好菜，咱们该吃饭了。"赶紧睁开双眼，"噔"地坐了起来，可屋里静静的，没有任何身影。他定定神，抄起电话拨了起来。几分钟，那头传来最最熟悉的声音："东子，是你吗？"

这声音，听了三十年了。

被"引梦人"搅了梦

1997年的初夏，北京已经感到热的味道了，而香港即将回归的浓重气氛更增加了北京的热度。那时安东正在上高三，面临着严峻的升学报考问题。得知学校要统计提前招生院校的学生人数时，他诚恳地征求父母的意见。

按照安东自己的想法，他要报考北京广播学院（现更名为中国传媒大学），这个梦已经在他心里蕴积多年了，从小，他对爸爸是个媒体人就感到自豪，也是从很小的时候，这颗种子就种在心里了。所以，一听到学校统计提前录取人数，安东脑海里第一个跳出的就是“北京广播学院”。不过，当他把这个想法说出来的时候，爸爸的反应却出乎他的意料。

“我坚决反对！”爸爸嚷出了这么一句。看爸爸那一脸严肃样儿，安东和妈妈都很诧异。为什么他自己干了二十年的电视工作，轮到儿子选择了，他倒反对起来？不都说“子承父业”吗？

“为什么？”

“很简单！电视这行太辛苦了，真不像外人看得那样轻松，你以为一天东跑西跑、游山玩水啊。那时候，我为了编一个节目，常常两天两夜不睡觉，你刚出生几十天的时候，我就得扔下你出差去拍节目，根本顾不上家。所以，作为职业，电视这一行不是最佳选择。”

安东似乎从来没有这么仔细地端详过爸爸，刚刚五十岁的人，脸上已出现皱纹，头发也开始粗具谢顶的规模了。安东想起妈妈说过，爸爸有一次录节目，出国长达四十天，妈妈只好一个人带着安东从姥姥家回自己家。由于妈妈年轻插队时，腰受过伤，所以她一路背着小安东，中途要歇好几次。

虽然领悟了爸爸的意思，可是小安东不想就这么放弃，因为他着实觉得电视行业是非常适合年轻人的，有挑战，有变化。正所谓兴趣是万事之源，那些朝九晚五成天坐在办公室的工作，他实在觉得乏味。让他跳脱出来，不考虑电视，他便一时间失去了方向，不知道该学什么好。

“你觉得自己的优势在哪儿？”爸爸问。

“我外语还行，我也挺感兴趣。”在语言方面安东颇有天赋，学起来有自己的一套小窍门，相传任何单词他都能过目不忘。

“就学外语，报北外。”老妈一锤定音，斩钉截铁。

一直以来的电视梦难道真的就这么告吹了？安东的心里还是感到恋恋不舍。

其实，导致安东如此心心念念电视梦的，还是爸爸。小时候，小安东曾和姥姥姥爷一起住在三间平房里，家里有一台十二英寸的黑白电视。不知是出于兴趣爱好还是业务学习的需要，爸爸妈妈对许多精彩的专题片要一集不落地按时收看。令安东印象极深的是当时正热播的纪录片《让历史告诉未来》。每天吃完饭，妈妈爸爸和姥姥就各自落座，聚精会神地看着电视。小安东闲而无事，也搬个小凳坐在最前边蹭着看。谁知，越看还越觉得挺有意思。虽然那内容说的是什么他一点都不懂，可就觉得那片子拍得跟故事片似的，挺好玩。打那以后，每天他都头一个坐好等着看。

爸爸笑着问："你看得懂吗？"

安东摇头。

"那你怎么还能从头看到尾，一动不动？"

小安东坐到姥姥怀里，说："反正挺好看的，让历史告诉未来。"

什么叫耳濡目染？什么叫近朱者赤？反正从那时起，安东就对电视另眼相看，照妈妈的话说，"活脱一个你爸爸的儿子！"

这电视梦，安东一做就是十多年，可没想到，让引他入梦的引路人几句话给搅了。

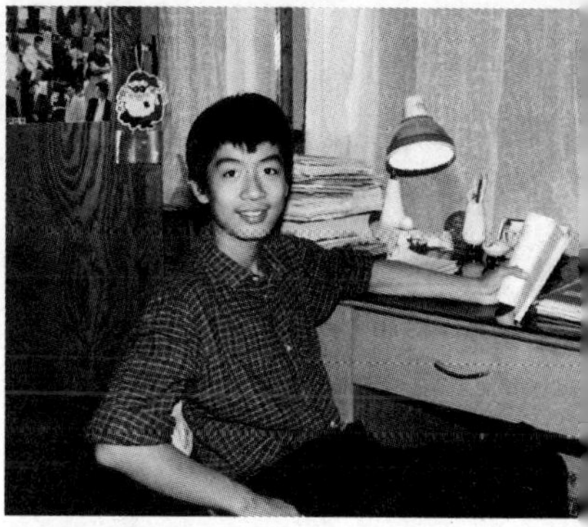

↑初中一年级拍摄于家中。

语言小宇宙，爆发！

1998年春天，某个周日，北京外国语大学校园里热闹非凡。小语种提前招生报名活动吸引了无数学生和家长。安东一家自然也身在其中了。老妈拍板的升学B计划开始实施。一家三口兵分三路摸情况，在一个多小时不停顿的摸底调查后，三个人口干舌燥地在约定的小亭子下面汇合，开始各自汇报侦察到的"敌情"。总结下来就是：西班牙语是最热门的，北京只招三男三女，却已有五百人报名。其余的语种随着热门程度的递减，报名人数也是递减的。爸爸询问了他一个从事教育工作的朋友，那位老师的意见是报比较偏的语种（如越南、泰国

↑1998年，安东高考结束后，和家人去大连旅游。

语），要么就报阿拉伯语，而西语实在太热，竞争太激烈。把握不大，容易有闪失。

了解完状况后，三个人陷入了一阵漫长的思考，时间在熙攘的人群中凝固。

“要我说，”妈妈突然开口，声音在寂静中划开了一道口子，“要报就报西班牙语！要不就不报！”

爸爸和安东被这句慷慨激昂的话点醒，如同看到了远方一个明确的方向。“谁敢说我儿子没这个能力呢？！”爸爸满怀信心地冲儿子笑笑。年少的安东再次领略了妈妈那果敢的气概。据爸爸讲，在工作中，老妈也属于有条不紊、有板有眼的那种人，不干则已，干就干得漂亮，而且原则性极强。由此，安东便与西班牙语正式开始结缘了。

面试那天，安东自己骑车到北外，一脸轻松，毫不紧张。旁边教室里有几个女生正用外语对话，那语调，那节奏，优美而动听，他便好奇地问负责叫号的老师：“她们讲的是西班牙语吗？”老师会意地点点头。安东把头靠在墙上，闭起眼睛，细细地倾听着，似乎像听懂了似的……

“下一位，安东同学！”……

晚饭时，在餐桌上，安东兴奋地给爸妈描述面试的情况：“我进门，看见一个外国爷爷，笑着用英语招呼我坐下，然后就开始聊。先说这气氛就让人特放松。我一想，既然是聊天式的，我就得把话题慢慢引到我的强项上去。”酷爱体育的安东，和面试的老爷爷开始侃起了NBA，从乔丹、皮蓬，到巴克利、奥尼尔的一通海聊，聊到自己感兴趣的话题，他的英语陡然变流利了。说来也巧，这老爷爷也爱NBA，直夸安东讲得不错。

没过多久，学校老师告诉安东，他是西语系面试的第一名，面试后留下男女各十五名，高考后按成绩各取三名，五分之一的概率，竞争仍是非常激烈。安东暗自发狠：看来不玩命不行了！于是他这边玩命复习，爸妈那边玩命给他加营养，最后连王八汤都上了，俩礼拜一只。鸡蛋更是不在话下，一天两个，不吃不行，到最后安东瞅见鸡蛋都烦了。找辅导班听辅导，本校的、外校的，全去。下着瓢泼大雨，爸爸就开车送他去。安东心里很不落忍，看来自己只能用拼上十条命的心情来报答他们啦！

正是这种“玩命精神”，让安东的成绩在西语系报考生中名列第二，顺利录取。也许也正是这种“玩命精神”，让他今后逐渐在凤凰卫视中闪耀出自己的实力。在媒体这行，面对各路传媒精英，安东自我定位为凤凰的“草根”。他的起步再寻常不过，一名学子，在爸妈的支持和宠爱下，在自己的认真努力下，闯过了人生的第一道大关，就这样踏入了理想的大学校园。在为他庆祝成功“考取功名”的家宴上，安爸爸和安妈妈端起酒杯，高兴得眼泪都要掉下来了……

遇见西班牙

接下来的四年大学生活让安东体味了人生中最幸福的时光，收获知识，收获朋友，收获社会经验，收获强健的身体。作为北外篮球校队的主力，他又结识了清华和其他高校的同学，经常一起打球、聊天，生活异常快乐，安东总觉得四年怎么这么短，倏地就该毕业了。

身为西班牙语的学生，梦想自然是有朝一日能去西班牙深造一下，只是安东没想到这个机会来得那么“唾手可得”。其实，这是他学习中一贯的“拔尖儿”心理的成果。

安东身为西语系的“顶级”好学生还不满足，又去参加了英语八级的考试。本来不属于英语系的人，是不让参加专八考试的，安东死磨硬泡了好一阵子，说只是想试试自己能考成什么样，老师才放行。

西语系刘主任对他的这股冲劲儿很是满意，便把他叫到自己的办公室，问他毕业后的打算。

安东一愣神："听说不是各大部委和国企都来要人吗？"

主任点点头说："是来要人了，而且我们的生源还不够呢，他们都是先到北外然后才去其他学校找，外交部、经贸部打头。"

"有广电系统吗？"

"没有，都是部委，还有大型国企。你喜欢这些地方吗？"安东若有所思地摇摇头。其实他心里一直期待的，是一份类似于冒险一样的工作，充满未知和挑战，而不是一成不变。

主任突然有点神秘地问："有个出国留学的机会你想不想去？"

原来西班牙有一所商学院，将要和北外建立互派学生的关系，老师们想推荐安东去读MBA，费用比一般自费留学要节省得多。

他心里一阵狂喜："我回家跟爸妈商量一下，明天一准给您回话！"

毫无悬念的，几个月后安东乘上一架德国汉莎公司的波音飞机，从首都机场飞上了蓝天，它的目的地是西班牙首都马德里。

坐在机舱里，安东的心情既兴奋又有点忐忑不安。西班牙，一个对于他来说，神秘而又让人向往的地方。他的西班牙语将在那里变得登峰造极，炉火纯青。可这又是他长这么大，头一次自己到异国他乡。临别之前，在机场，安东不敢多看妈妈的眼睛，怕彼此都会忍不住流下泪来。他用父母辛苦挣来的钱出国留学，到那个条件优越却又陌生的环境里，会是什么样子呢？到底应该如何做呢？

↑大学一年级，春节期间，去泰国旅游。

看着飞机窗外的蓝天白云，安东陷入沉思。

到西班牙的第四天，安东发了第一封电子邮件：

爸妈，你们好……我这里一切都好，放心吧！我就是有些想家，想你们，不过我们可以通过信件、电话联系就好多了。萨拉戈萨是个很不错的小城市，并不繁华但很美丽，非常的干净。窄窄的街道，几层的小楼，很有风味。这里有大广场、大教堂和许许多多的鸽子，和中国的麻雀一样多。我在这里生活蛮充实的，学校的老师们我也都见到了，都很好，很和蔼，我会和他们成为朋友的。刚到这里和他们说话还可以，听力上有些困难，他们说得真够快的，不过我有信心会很快适应的……

安东猜想，这封信的影印件，爸爸至今都保存在他的抽屉里。

事实上，接下来在欧洲商学院的学生生活也的确给了他很大的考验。首先就是语言，别看他是北外西语专业本科四年的正牌毕业生，真到国外的时候就发现不大灵了。西班牙人讲话很快，正宗的西班牙式发音，他只能听懂一部分，更何况老师上课都是用西语，讲述五十几门他从未接触过的MBA课程，像“国际财会”“统计学”“国际贸易”等，虽说不用上补习班了，可跟上老师的进度非常费劲。课堂上，安东只好硬着头皮强记笔记，下课后，赶紧找同桌的拉美同学再抄一遍他的笔记。不明白的地方就问，晚上在灯下复习、阅读，经常熬到一两点。

两周之后，安东又向北京发出了第二封邮件。

爸妈，好几天没给你们打电话了，我很想念你们，你们还好吗？

我们的MBA已经开始两周了，它并没有传说中的可怕。至少我是这么认为的。说它不可怕，并不是说很轻松，相反，是非常非常的累。从高考之后，我已经很久没有尝过这种学习的滋味了。每天上午课上到十二点，此后去吃饭。西班牙人最喜欢睡午觉，下午三点半开始上课，晚上九点才下课。总的来说一天过得很充实，我很累，但是和以前的感觉不一样了，以前学习是迫于压力，而现在我感觉到是发自内心的一种求知欲在支持我。我真的感觉在这里我成长得很快，我已经在不经意间开始学会考虑问题了。这是你们希望的，也是我希望的。你们不用担心，我一定会做出一番事业的……

第一位外国哥们儿

信刚写完，宿舍外面有人敲门。开门一看，是学校的一位英籍教员，叫约翰，一米九几的大个子，比安东还高大，黄头发蓝眼睛，一脸络腮胡子，那模样，打扮打扮像耶稣。

"嘿，你叫安东尼奥？" "安东尼奥"是安东的西班牙文名字。

"是我。"

"听说你喜欢打篮球、跑步？我想我们可以一起锻炼。现在不知道你有没有时间？咱们可以一起去喝一杯，互相认识一下。"

"好啊！"安东正思量着要多交几个好朋友呢。

约翰娶了个西班牙女人做妻子，这位妻子还是位女强人，在某学校当校长，平时两人生活还算好，可有时约翰太太不高兴就会和他大吵。约翰每到这时就会跑出家门，直接给安东拨个电话，老地方，打会儿球，喝一杯。日子长了，两人成了知己，无话不谈。约翰给安东讲英格兰、西班牙，安东则给他讲中国。西班牙语、英语混杂在一起，谈天说地，热热闹闹。不觉地，安东的语言变得纯熟多了，而且是西英并进。

第二年的夏天，萨拉戈萨气温高达四十五度，安东下了课回到宿舍，用小扇子使劲扇着风，仍然汗流浃背。打开电脑，在键盘上开始敲电子邮件。这是第多少封，他自己也说不清了，但他知道，看了这封信，爸妈会多么高兴：

先报告你们几个好消息：目前我的成绩在所有人中名列前茅（连西班牙人也包括），英语成绩也是全班第一。今天校长找我谈话，说让我交一份个人简历，他准备把我的简历发到几个公司，将来让我去实习，我为自己付出的一切感到高兴。但是我更加冷静，因为这远不是我想要的，我的标准不是和那些中国人比，而是那些西班牙人，每天睡觉前，我都在发誓，我一定要学好，不管别的中国人是不是受歧视，我安东要让每一个人都佩服。

开始踅摸“赚钱”这件事

离毕业的时间越近，安东和约翰的谈话内容就越多地集中在今后职业的选择上了。约翰告诉他，西班牙公司一般聘用外员不会一下子就定下给你多少工资，而是根据你做出的成绩。安东听了这话脑子里盘算着：多长时间才能真的自主，靠自己的所得生活，不再让爸妈花钱了呢。

于是安东把自己的好哥们儿约到酒吧，开始询问他：“在西班牙，好比就在萨拉戈萨，自己要开一个酒吧需要多少钱？”

约翰思考了一下：“怎么着最少也要三万欧元，你有这想法？”

“是啊！我想如果能贷款，我先做起来，用几年时间还清贷款，往后再赚就是自己的了。十年之内，总能立住了吧？”安东一直寻思着把爸妈接来，在西班牙一起住，也好让一直以来为他辛苦的父母不再为钱忙碌，好好享享清福，体验一把异国情怀。

约翰笑了笑：“远景挺美好，可实施起来会有难度，许多事你现在还想不到！”

“别给我泼冷水，我想干就一定要做到！”

约翰忙说：“我信，我信，祝你成功！我建议你先试试能不能考下西班牙驾照来，找点感觉。”

“一言为定！”安东喝干了杯中的酒。

一个多月后，安东又和约翰在老地方见面了。他不无神奇地把一本崭新的西班牙驾照放在约翰眼前，惊得约翰半天说不出话来。“考官都说了，机械常识和路考一次就过的中国人我是第一个！”

过了两天，安东所在实习公司的老板让他陪着一道去中国谈一桩生意。离家快一年半了，马上能看见爸妈了，安东非常兴奋。约翰也替安东高兴，说向安东的爸妈问好。安东拍着胸脯答应约翰，要带回一大堆中国特产让他品尝。约翰乐得直向安东作揖，他说他从没到过中国。

回家后，老妈的厨艺把安东这个刚刚初步适应了西班牙饭的肠胃又来了个大颠覆，安东直说：“还是家好！”

“那毕业后就回来吧！省得我们想你。”妈妈疼爱地看着他说。

其实，安东何尝不想回自己的故乡。可是，西班牙是他初试锋芒的地方，劲儿刚刚攒足，剑刚刚磨快，南墙还没看见呢，就转身回来，那岂不为世人耻笑。怎么着也要试一试！想到这儿，安东的眼前忽地浮现出一座建筑，一座白色的塔，造型神奇而独特，那是他和同学们一起去美丽的巴塞罗那时见到的。1992年，巴塞罗那奥运会在那里举办，为了向全球进行电视转播，西班牙人特地建造了这样一座电视塔。它精美别致，竖立在绿树环绕的半山上，与恢弘的主体育场形成了鲜明对比。安东打心里钦佩西班牙人的艺术造诣，那绝妙的构思绝不苟同于其他。他在那里还初识了安东尼奥·高迪以及他的大作——圣家族大教堂、奎尔公园、米拉公寓。这位碰巧和安东同名的大艺术家的作品，那让全世界为之倾倒和惊叹的水平，令安东神往。他急切地希望能得到更多的熏陶，让自己充实起来。

毕业后，安东揣着MBA文凭，在西班牙继续打拼着，在公司做销售业务代表，给人家当翻译。有时是英语团，有时是汉语团，反正西语是派上了用场，而且挣到了能养活自己的钱。尽管离实现他的理想——开个酒吧还有点距离，可安东总觉得它越来越近了。

被勾起痒痒的旧梦

一天晚上，安东接到妈妈神神秘秘打来的电话，说是央视成立了西班牙语频道，正在招人，正缺安东这样本科毕业又留过学的人才。他听了心里好一阵兴奋，但又对西班牙充满了留恋，毕竟在异国他乡刚刚有了些起色，有点舍不得了。

挂了那通承载着父母希望的电话，安东直接给约翰打电话约他见面，听了安东的心事，约翰说："安东尼奥，从我内心讲，我舍不得你这个好朋友离开，可要替你着想，回去对你更好。我不是告诉过你，在西班牙创业，并不是件容易事，尤其是东方人，这里文化融合是个大问题，不那么简单。"

"那你的意思是我不行咯？"

"我没那么讲，我是为你好。'听朋友劝才能把路走得直。'这是西班牙人的一句谚语，记住吧，小伙子！"

"那我的驾照白考了，还没怎么使上呢，本来还准备攒钱买辆二手车呢！"

“回北京留个纪念吧，北京有的是车开！”

上了大学后逐渐在脑海中淡去的梦，一下子又被拾了起来，原来，安东从来没有忘记过它。可现在的安东已经深深地爱上了西班牙语，也爱上了西班牙这个国家，他特别享受自己操着西班牙语和人们交谈、阅读报纸、看电视、看电影，在酒吧里看着一个人的“弗拉门戈”，在公司里和同事们讨论业务，躺在塔拉戈纳海滩上晒着太阳，听小朋友们操着稚嫩的声音大声说笑、玩耍。

“天哪，已经过去的就过去吧！为什么还要让它重回我的心中呢？”安东此时深深被自己心中的犹豫折磨着。

一边是崭新的梦境，而另一边则是年迈的父母充溢着期盼的目光。当然，那份“旧梦”也开始重重敲击着他的心脏。安东躺在床上，辗转反侧，一会儿跳下床打开电视，看几眼又看不下去，关了。一会儿又打开了。眼睛盯着屏幕，脑子里飞快地闪过以前的一幕又一幕…… 渐渐地，他进入了梦乡，电视就这么开了一宿。

两天后，安东从西班牙给家里发了一封电子邮件，内容只有四个字：“马上返京。”

央视的大门对安东来说再熟悉不过了，从小就跟着爸妈在这里出出入入。三九天在小花园里玩过打雪仗；三伏天一个人在大太阳底下光着膀子打过篮球；在国际广播中心吃过自助餐；在圆楼大审看间看过电影；在一号演播室里看过春节晚会的彩排。那时，在周围人的眼中，安东是职工的家属，一个小孩子。而今天，他再次走进央视大门，则是向门卫亮出了自己正式的证件，上面写着：西班牙语频道，安东。

↑安东刚刚从西班牙回北京，在家，长发。和身后他最喜爱的球星乔丹合影后半小时，就下楼去把头发剪成了寸头，因为CCTV说留辫子的男人，不能出镜当主持人。

一切似乎比想象的更容易些。入台考试那天，安东比其他考生提前大约半小时就交了卷，因为这些题目对于安东来说简直简单到家了。口语面试时，几位老师对他纯正的西班牙口音产生了兴趣，因为直接从学校出来的学生是很难做到这一点的。

于是安东就在央视干起了文字翻译工作，几个月下来，他的语言能力得到了充分的肯定。那些新闻稿件大部分都是英文的，要直接翻译成西语，再打出字幕，配上画面，而能完成这工作的除了他以外就是几位外籍的员工。安东很快就和同事们成了好朋友，尤其是来自智利的娶了位德国老婆的维克多和来自阿根廷的迭戈。他们是西语频道的客座主播。还有来自西班牙的帅哥大卫，当然还少不了漂亮的西班牙姑娘兰海星。几个小伙子在西语、英语的海洋里，像是几条得意的鱼儿，在工作中快乐着，在快乐中工作着。

表演“小白”成主播

一日，频道总监把安东叫到办公室，问他：“学过表演吗？”

安东一愣，这话正插在他的软肋上，“没学过。”

“唱歌跳舞会吗？”

“唱歌凑合唱，跳舞真不会，您找别人吧！”

总监笑得直弯腰，说：“找谁去？就找你，我们看你的形象挺不错，语言也好，想让你当主播，你觉得如何？”

安东脑里一片空白，双手捂在胸口上，无辜地问：“是让我吗？”那声音都带着激动地颤抖。其实他当时心里的想法是：“苍天！机遇来了，我要起飞了！”

梦这东西，虚虚实实，真真假假，让人摸不着边际。有梦而成真时的那份惊讶和喜悦是无梦成真的人绝对无法想象和比拟的。安东熬出头了。

第一次走上主播台那天的情景，安东永远也不会忘记。早上临出门前，爸爸妈妈帮他一通忙活，做早点，准备衣服，皮鞋都擦得锃亮。还提醒他别忘了带稿子，别忘了播出前喝点热水润润嗓子。他问爸妈：“你们来台里看吗？”

“一定去！”

一个没有学过播音的主播，开播头一天就现场直播，这也算央视的一个大胆举动吧。演播室外边几位中心和台领导都在观看，安东的父母也在办公室里收看，他坐在主播台上，脑子里轻轻地记忆着要播的内容，等待着导播对他发出口令。

要说出镜，严格算起来，安东也不能算第一次了。上幼儿园时，他才六岁，爸爸因为工作关系和电影《黑炮事件》的制片主任崔叔叔认识，崔叔叔说片中有场戏需要两个小演员，其中一个要六岁男孩，妈妈就把睡得正香的安东抱出来让崔叔叔看，当时就定了下来。暑假期间爸妈带着安东到大连去拍外景。十天下来，他记忆中留下的就是：多米诺骨牌式的砖头，那位戴眼镜的不爱说话的刘子枫叔叔和饭桌上的大对虾。电影上映时，全家人特地去看了一场，当看到自己在银幕上出现时，小安东有点害羞又有那么点自豪，趴在妈妈的耳边说："再看一遍行吗？"真是符合凤凰人的气质——从小就这么自恋啊。

在这以后，在体育中心的《篮球公园》栏目里，在世界大学生运动会的报道中，安东也曾露过面，发过言，但那都是作为观众。而现在，安东已经坐在演播室的主播台上了。

半个小时的西语《财经新闻》感觉并不长，当安东摘下耳麦，走下主播台时，才发现自己西装里面的衬衫已湿了一大块。

回到办公室，总监对安东说了些鼓励和叮嘱的话，维克多和迭戈这帮朋友就操着西语叫喊着过来和他又拍又抱地表示祝贺，老维说："安东尼奥，太好了，我们请你喝一杯！"

打那以后，在西语频道，安东成了个大忙人。既要担任主播，又要兼任翻译编辑稿件。在这儿，本事越大任务就越重，许多难翻译的稿子都来找他，像什么"紫砂壶"、"水立方的建筑构造及特点"、"八卦"等等，从中文翻成西语，老维他们就使不上劲了，可安东对这些词汇也不是很精通，只能先上网查资料，有时一篇几百字的小稿子他要查上足足三个小时才能准确翻出来。因为他一直对自己有个原则，就是绝不模棱两可，经他手里送出的稿子都要力求准确。到后来编审老师拿稿子一看：安东翻的，不用审了，直接上吧！

转眼间，一年多时间就过去了。

在一次外国人的生日聚会上，安东、老维和迭戈又碰一块儿了，三个人坐在一起吃喝着，聊得挺开心。突然，迭戈对安东说："你知道吗？维克多要走

←在CCTV工作期间，安东受邀请参加由西班牙和拉美多国使馆联合举办的一年一度的拉丁节晚宴。照片中另一位是他最好的朋友之一，阿根廷人Diego（迭戈），他现在也在香港工作，是CNN西班牙语频道驻亚洲首席代表。

了！”安东听了一惊，这老头儿，五十多岁了，长得相当出众，就像电影明星。在德国电视台，他曾是一位著名的主播，不知道怎么就跑中国来当主持人了，但怎么没干两天又要跳槽了。

好同事的离开，让安东的心绪有些起伏，很长时间纠结在心中的一个问题，一直没有得到过答案。“当初我想学电视，爸爸坚决反对的根本原因到底是什么呢？现在为什么爸妈又支持我从事电视工作了呢？莫非，是要我自己通过实践去寻找答案吗？”虽然百思不得其解，但安东的工作还得照常，而且还越来越有起色了。

2007年初，中心要在西班牙巴塞罗那与当地华人组织共同举办一场晚会，领导决定由安东担任主持人。在央视，在中国，似乎大牌主持人都是主持文艺晚会起家的，倪萍、朱军、董卿等等，而安东非常崇拜的主持人白岩松也曾在许多晚会上露面。这次去巴塞罗那给安东提供了一次切身实践的机会。面对台下数千观众，除了台词背得滚瓜烂熟外，能否有点得体的发挥，能否与搭档默契地配合，这些，对于安东来说都是新的体验。

乘凤凰飞向更广阔的天

说到和凤凰卫视的接触，最初是来自于安东的亲友。他发现在他身边，凡是年龄大些的知识分子们每每凑在一起，他们的谈资许多都出自凤凰卫视资讯台，不由得引诱安东也开始喜欢收看凤凰的节目了，对一个新闻事件全方位的、及时而不懈的、狂轰滥炸式的报道让他看了非常过瘾。安东的心里开始蠢蠢欲动了，因为他觉得这样客观、准确、充满激情地播报新闻，才是在做电视，于是对“凤凰”充满了好奇心。

初夏的一天，迭戈约安东晚上一起吃饭，安东欣然从命。席间，迭戈说了个安东最不想听到的消息，他也要离开央视了。

“去哪儿？”

“CNN。”这家伙亮了个让人羡慕的名字，世界级大媒体。

好哥们儿的决定，让安东在心底压抑了很久的激情，蓄势待发。他渴望发挥出自己的能力，发挥潜能，成为充满创造力的电视人。

那段日子里，安东特别想念姥姥，总在回味小时候和姥姥在一起那种舒服的、安全的、肆无忌惮的感觉。在安东的童年记忆中，姥姥最疼他，每每想起姥姥，安东就一阵阵心酸，想掉泪。难怪妈妈说，安东最喜欢的是姥姥家。那次安东出国到巴西拍片，电话里妈妈问他巴西怎么样，安东说：“咳，就跟姥姥家门口那条街差不多！”

姥姥总说安东长大后有贵人帮助，而安东倒是觉得这些贵人都像是姥姥安排的，要不怎么总是在他需要的时候出现呢？

经人引见，安东向“凤凰卫视”正式寄出了自己的申请信和材料。即使妈妈舍不得他离开家，说“只要儿子在身边，我就觉得特别高兴”，但爸妈还是全力支持安东迈向更广阔的天地。

于是，安东出发了。目标：香港，凤凰卫视资讯台。

↑安东在绿背景前录制节目。

“睡大街上我都干！”

2007年12月，安东正式辞去了央视西语主播的工作，只身飞到香港，按照安排，先到编译组工作。

于是乎，安东一头扎进了编译组。没过多久，又干起了夜班编辑，一干就是三个月。表面上看，安东挺踏实，可心里其实无比着急。他想：“我是主持人啊，我的目标就是主持人，我肯定能当好主持人！只要让我当主持人，什么吃得合不合口，租的房子安不安静的，睡大街上我都干！”

其实，凤凰台领导的安排是煞费苦心的，让初来乍到的安东先多看看资讯台的节目以及节目的整体运作方式，而且要体味一下工作中的甘苦。即使是最初让安东一试身手的《股市风向标》的主播工作其实也并不轻松，除了查资料编串联稿之外，编译组的活还是他的，两份活加在一起，没有九个小时完不成。但他还是特别得意，因为做的事情，终于有了梦寐以求的感觉。让安东十分惊喜的是，迭戈也到香港了，作为CNN在香港的派驻记者，这下两个好兄弟的西语又有的聊了。

在凤凰，如果一个人有十分的本领，公司就会给他机会，让他发挥出十二分的潜质。在这里，安东见识到了以往从未见到过的工作方式，敬业精神及和谐的团队氛围。如果有什么思想或工作问题，他可以随时推开台长办公室的门，坐下就聊。还可以随时打电话约台长一起吃个饭，而台长也会乐呵呵地说：“好啊，你说去哪儿？”

在凤凰，安东周围的同事都是他的老师，也是朋友，他们对安东的每一分成绩都给予诚心诚意的祝贺；而面对安东的每个问题，也都毫不保留地指出并告诉他该怎么做才对。凤凰拥有众多为人们所熟悉的大牌主持人，而他们待安东这个新兵也像老友一样热情洋溢。

终于有了“名副其实”之感

2008年7月，举世瞩目的北京奥运会正为全球媒体所关注。提到奥运，安东可兴奋了，因为他着实是个疯狂热爱体育的人。高三毕业前，安东练了十年的田径。曾经参加过全国大学生运动会100米田径比赛，最辉煌的纪录维持在11秒左右，每每讲起这段经历，他总是神采飞扬。体育运动培养了安东坚忍不拔、吃苦耐劳的精神，好身体也使他在以后的择业道路上，能面对任何的困难，不断进取。而这样的精神，将伴他一生。

出于对体育的热爱，安东萌生了一个想法：在凤凰开辟一档奥运特别节目。当他把自己草拟的想法交给台长时，没想到台长也正在琢磨这件事。几周之后，奥运特别节目《今日金牌》整体实施方案全部敲定，由安东和任韧在香港演播室主持，姜声扬在北京前方直播室连线，连续二十多天现场直播。几乎每天播完后，安东的第一观众——爸爸妈妈都要在电话里对他的表现进行点评。从父母的话语中，安东看到了自己在慢慢地进步着，快要找到在凤凰卫视当一个名副其实的主持人的感觉了。

↑拿着世界杯吉祥物，做大狮子状。

在凤凰，安东真正感受到了建立在“充分信任”

←安东长得就那么正直可信，举手投足间很有绅士风度和王子气质。

基础上的用人原则。放手让年轻人到实战中去锻炼，让他们尽快成熟起来。

2009年的一天上午，安东正在家里洗衣服，突然接到台里一位负责人的电话，让他尽快赶到台里，说有紧急任务。放下电话，他忙不迭地扔下手里的事，到台里后才知道，当天下午三点半新增加一档五十分钟的直播节目，纪念“金融海啸一周年”。决定由安东担当主持，和来自驻美国、英国、日本和上海的四大资深记者共同探讨这一全球关注的热点问题。离开播已经不到四个小时了，在紧张准备的空隙，安东抽空给两位忠实的“第一观众”发短信通报了这一消息。节目顺利播出后，公司的领导们一颗悬着的心落了地，对安东的表现给予了首肯。爸爸妈妈联合发来贺电：“近乎完美。”安东赶紧把短信删除了，心想：差得还远着呢！

终于，按捺不住想儿子的心情，安爸爸安妈妈到香港来看他了。一次又一次，每次都带着许许多多安东爱吃的东西、衣服，还有心爱的运动鞋。到罗湖口岸接他们时，看着摆在他们身边的一大堆行李，安东的心里一阵酸楚。爸爸显得苍老了，可精神依然那么好，妈妈的颈椎病大概又犯了，提着东西有些吃力，可她那脸庞依然那么美丽、红润。他们给了安东生命，也给了他点燃生命火炬、照亮事业星芒的能量。

绕了十八道弯路，安东还是走进了媒体这行，并且勇敢地踏入了这个他一直喜爱并且崇拜着的凤凰。那个曾经对他来说，神秘而高不可攀的地方，给了他自信，给了他无限发挥的空间。而他经历了这么多，也终于懂得了爸爸的苦心。他只有先跳脱出电视圈，出去历练一番，获得了属于自己的、能站得住脚的一技之长，才能在电视圈里找到一个名叫“安东”的位置，发挥出真正的优势。

这个“草根”主持人，有着自己独到的见解和持之以恒的努力方式。和那些凤凰中的大腕儿相比，也许他只是一棵“草”，但和过去的自己相比，他已长成一棵脉络清晰、生机勃勃的“树”，沉稳而不失灵活，脚踏实地地去珍惜每一个机会。而他身边那些最熟悉的人，从来都没有离开过。

《成真》 >>>

作者：安东

我，
梦一样地跨进这节车厢。
尽管，它不是头一班。
车上，人头攒动，
似乎能看见一张张熟悉的脸。
多神奇啊！现在，

我也坐在他们中间。
瞧，低头看报的那位，
阿富汗战场上曾经的战地玫瑰；
身旁快要睡着的是……啊，“别斯兰”。
是谁在高谈阔论，激烈争辩？
是他、是她，还有他，
坐在车上也不忘“辩论会”、不忘“看世界”、不忘“一席谈”。
列车已开出整整十年，
车头上的“双凤”依然银光闪闪。
旅程的劳累都写在人们脸上，
可那一颗颗年轻的心却很难像静水一潭。
凤凰人的信条在激励着他们——打动人的一定是真实的力量；
深入才有洞察，热爱方能感动；
永不放弃，坚持到最后一分钟……
我坐得和他们很近很近，
可总是觉得他们在前边跑得很远很远。
车轮飞转，我的心也在飞旋，
我盼望有一天，有那么一天！
自豪吧，我真的已经登上了凤凰快车，
尽管，
它不是头一班。

王若麟

地道的东北小伙子，沈阳人士，关于他的形容词太多了：活泼，阳光，帅气，幽默……到凤凰卫视三年多了，别看他台上绷着一张脸，严肃认真很有范儿，可一下了中规中矩的新闻主播台，就打回“80后”的原形了，变作一副帅得掉渣的拽样儿。也难怪他要帅，众所周知的“凤凰吴尊”，王若麟是也。

1999年考入中国政法大学法学专业，2004年获得香港城市大学国际经济法学硕士学位，继而又去中央戏剧学院进修。这种复杂的游学背景圆融了他理性与感性的双面性格，强烈的反差注定了他思考办事在两极之间像交换机般自由地游走。

家乡：沈阳“铁西区”

生日：6月26日（国际禁毒日）

身高：不驼背185厘米

星座：皇帝蟹

性格：1.和猴儿一样；2.报恩、仁爱

学历：以前是硕士，现在是“说仕”

爱好：极限运动、收藏古物、游历

最喜欢的主持人：文韬的窦文涛、很难定义的汪涵、像张飞的张菲

最想做的事情：拍一部传世的电影，我能！

王若麟

人生大舞台

“若麟，我没有看到你自己！”

想当年，在王若麟就读政法大学的时候，港星谢霆锋刚出道不久。那张酷酷的脸，那副桀骜的表情，引得无数小女生如痴如狂，惊叫连连。那时候评价谁谁长得帅，要是说他长得像谢霆锋，简直是对他的最大“褒奖”。而备受上天青睐的王若麟，就无数次被人惊呼长得像谢霆锋。于是，“英勇善战”的王若麟就找到了自己的模仿对象。刚好，模仿明星也是当时流行的迅捷成名的方式，小女生们也吃这一套。

王若麟很快留起飘逸的长发，日夜模仿谢霆锋唱歌的嗓音、极拽的气势，并时刻关注他的动向，就连宿舍天花板上，都贴上谢霆锋的明星画，这样每天早上一睁眼，就能看到偶像了。现在回想起来，王若麟直接笑倒——自己的逻辑太简单了，简单得可笑！但那时就执著地以为，谢霆锋是大明星，自己无限像他，自己也会是明星，很傻很天真！并且完全认可自己的逻辑，很信很认真！

一年一度的校园青春风采大赛到了。当时北京高校有一份校园报，上面刊登了所有参赛者的个人资料和照片，王若麟的照片甫一刊登，立刻在同学们中间引起了很大的反响，几乎在第一时间，所有人都知道了政法大学有个“小谢霆锋”，甚至高中时代的同学得知后都打来电话，为他加油，比赛之前，王若麟已经成了呼声最高的选手。

就这样，没什么悬念，一路凯歌，王若麟踏进决赛，组委会伸来橄榄枝，其他选手也提前祝贺，王若麟也觉得冠军非自己莫属了。到了决赛那天，王若麟要唱的依然是红遍大街小巷音像店的歌——谢霆锋的《谢谢你的爱1999》。前奏响起，王若麟潇洒亮相，一出场底下的观众就沸腾了，掌声、哨声不断。入迷地唱着，尽情地演绎着，王若麟有点陶醉，好像已经在接受冠军的喝彩了。比赛一切都很顺利，等待结果的时候，其他选手都提前祝贺他，王若麟自己也飘飘欲仙，“道貌岸然”地敷衍着同学们，尽等最后结果。

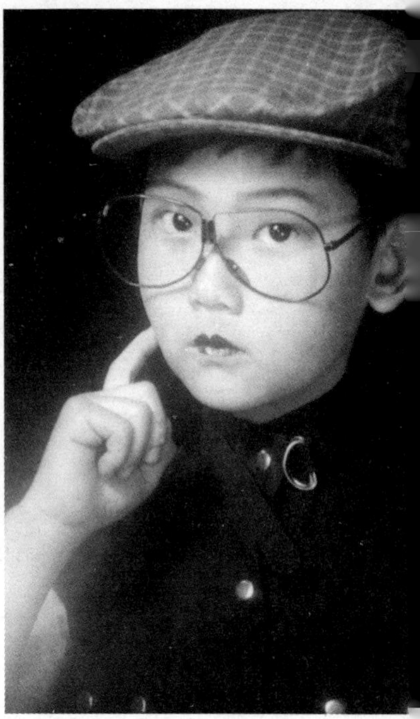

↑童年时期，若麟的红唇，黑框细边大眼镜，造型多么复古！就是手势愣了点。

不过，接下来是悲惨的！当主持人念到“本次大赛三等奖是——王若麟……”时，王若麟差点惊掉脑袋，陡然失落至冰点，自己不是表现很好吗，怎么回事？底下一直看好王若麟的观众也嘘声一片“黑哨！”“潜规则！”“王若麟！”……不过为保持风度，王若麟还是面带自信的笑容，风度翩翩地走上了领奖台。这时候，大赛组委会的负责人，也是支持这次活动的最大赞助商的老总走上台——事先原本没这个环节，只见他拿起麦克风，面对一干愤怒的观众：“大家可能觉得不公平，但是，”接着转向王若麟，“若麟，我没有看到你自己！”一语惊醒梦中人！这位老板的一句话，惊雷一般点醒了王若麟。自从开始参加比赛，一直在模仿谢霆锋的扮相、唱腔的他，始终没有想过寻找属于自己的独一无二的风格。

几年之后，当王若麟坐在凤凰卫视的主播台上，循着前辈们的足迹，寻找独属自己的播音风格时，他常常想起这个老板的一番话。这也许是参加这些比赛，他得到的最宝贵的礼物。

传说中的“凤凰吴尊”

别看现在王若麟规规矩矩坐在主播席上，一丝不苟、字正腔圆播新闻，小时候的他，别提有多淘了。

三岁看大，七岁看老。十几岁的时候，王若麟在他的哥们儿中就是小有名气的“王艺人”了，艺人艺人，异于常人。从小上窜下跳、调皮捣蛋、无所不能的他，经常会做出一些让大家意想不到的事情，直到现在，很多高中哥儿们一见了王若麟，还直呼他“王艺人”。

“王艺人”上学之后，一身淘气的本事没白费，很快做了班上的体育委员。只不过，这一干就是十五年，基本上迄今为止，“艺人”生命的一半都奉献给体育委员这项伟大的事业了。可是体育委员芝麻绿豆大小的“官儿”，王若麟怎么就做得这么津津有味呢？原来体育委员这项差事，对王若麟还有跨时代的意义——后来之所以能进凤凰做主播，还得益于这个体育委员小官，据他自己说，体育委员这个活儿，“练就了他播新闻的中气”！当然，还有一个更重要的原因，体育委员特拉风！尤其在女孩子面前任意表演、耍帅的时候，帅哥的自我感觉，那是相当良好的。

说王若麟长得帅，大概没有几个人提出异议。许多人说他像陆毅，更多人觉得他像《情书》的男主角柏原崇，大学时代他却以酷似谢霆锋而名声大噪，以后进了凤凰，却被称为“凤凰吴尊”，王若麟脸上，看得到上帝造物的痕迹，多位帅哥融为一体了，尤其一双黑白分明的眼睛，不知道迷倒了多少女孩子。

早在上大学的时候，每次参加文体活动，王若麟一亮相，周围女生立即尖叫不已，绝对不亚于现在的明星开演唱会。不过越帅的人，往往越对完美有着几近挑剔的苛求。王若麟就是这样的帅哥，没事就对着镜子瞎琢磨：怎么觉得自己不如大家口中说的那么帅呢？人帅不帅究竟跟什么有关系呢？如何让自己看起来更帅呢？琢磨来琢磨去，真琢磨出了点道道儿，王若麟还煞有介事地对自己的帅下了结论：“我觉得我不是帅，我是亲和，我对我自己的亲和是最有自信的”，“我的帅可能占了40%~50%，但是我的亲和可以一下让自己变成100%的帅。我想帅的时候就帅，我不想帅的时候就可以不帅。”论点论据一应俱全，甚至还有数据分析，简直可写篇“帅哥心理学”的论文了。

百度“王若麟吧”里面，自称“御麟军”的粉丝们兢兢业业地记录着王若麟参加活动的每一张照片、微博上的每一条发言。而被谈起最多的，还是他的帅，甚至有网友直接给其冠以“中国最帅男主播”的桂冠。

“王艺人”的早恋

美女帅哥从来少不了绯闻。“王艺人”从小自恋，并由此衍生出多愁善感、情绪化的“优点”，当然，帅男生，加上一点忧郁就更加迷人了，所以这位超级自恋的王大帅哥，居然发生了早恋这样的事情。

说来话长。那是初中的时候了。身为体育委员的王若麟，鬼使神差，跟同班一个小姑娘对上眼了。两人暗地里你来我往、暗送秋波，打得火热，就差山盟海誓、私定终身了。谁知，这点小秘密迅速被老师得知。这可是件了不得的事情——早恋！形势极其严峻，双方师长紧锣密鼓，迅速召集人马，进行了如何把早恋的小火苗掐灭的大讨论。

多情自古空余恨，此恨绵绵无绝期。王若麟这个小虾米怎么斗得过家长这些大鱼，最后，这段恋情以一个悲惨的结局收场——当着女朋友家长的面，王若麟泪洒保证书，写下保证以后再也不同她交往。从此，年少轻狂的王若麟，备受打击，灰头土脸了许多日。

帅哥的魅力是无与伦比的。上了高中，王若麟“死性不改”，很快又有了第二个她，同上次一样，小女生的温柔让王若麟十分着迷。小情侣情意绵绵，上课削个苹果，相互对视几眼，都是甜甜蜜蜜的。有一天晚上，小情侣在教室相约复习功课，谈到未来，看着眼前的女孩，王若麟郑重发誓——要上法律专业。

谁都没料到，这小小的早恋中的一段插曲，改变了王若麟的一生。1999年，靠谱青年王若麟考入中国政法大学的法学专业，2004年，又保送到香港城市大学国际经济法学专业攻读硕士学位。

往事不堪回首，如果人生可以重来，王若麟愿意再享受一次学生时代。工作这么久，常常播完一天的节目跟同事说再见时，王若麟脱口而出的还是“放学了，我先走”，他才意识到自己是多么留恋那不着四六的少年时代。

“小强事件”

大学待了仨月后，王若麟抓耳挠腮，坐立不安，身上犹如长了虫一样。所为何事呢？

原来，习惯了高中的军事化教学办法的王若麟，上大学后，再没有老师天天耳提面命，小心脏一下受不住了，陷入了自由的空虚之中，就像一群圈养的羊给放到野外，不知该干吗了，总觉得一身力气无处使。终于有一天，王若麟爆发了，给家打电话，吐出一个惊人的决定：不想念书了，想退学。

父母听到这个消息，可急疯了，这个一贯的“乖宝宝”是怎么了？十年寒窗苦读，怎可毁于一旦？好在王若麟一直是个孝顺父母的好孩子，“黑色心情”过去之后，很快就打起了精神头，重新上马，恢复了以前调皮、爱玩的性格。

王若麟是东北人，行为、气质都有东北汉子的豪爽利落劲儿，跟宿舍一帮哥们儿相处甚欢。大学四年，青春激昂之外，囧事不断，比如曾天天坐车去天安门广场看降旗仪式（升旗仪式起不了那么早），美其名曰“身处祖国的心脏，很有存在感”……

话说某日中午，王若麟同学的隔壁宿舍正在进行蟑螂剿灭行动，采用的手段是放一种类似烟雾弹的药，燃烧之后别说是“小强”，连人都得往外跑，放完之后这宿舍的哥们儿就都窜了，放任“小强”们自生自灭。一会儿雾起，众“小强”亡命天涯。此时，若麟同学恰好经过，见雾弥漫，二话没说，噌！往外冲之。各位看官，您要是认为他这是步“小强”后尘，逃将出去，可就太小瞧这位仁兄了，他要是如此庸俗也就不会有今天的主持王若麟了！您猜怎么着，嘿！这位仁兄冲出去没多会儿，又冲回来，手中还怀抱一物——灭火器！又是一个二话没说，“嗤”就开始“灭火”，他使用灭火器的动作是那样的纯熟到位，潇洒酷毙，众“小强”刹那间如见救世主一般。烟雾弥漫之中，若麟同学左挡右闪，使出“神龙见首不见尾”之招，缘何？人家牵挂着同学们的被子呢！最后，毒烟滚滚中，若麟支撑不住，险将口吐白沫，不省人事。顽强意志鼓舞之下，若麟踉跄着挪到传达室大爷那里，才

↑2006年的泰国行。

知此乃虚惊一场！事后，某辅导员老师在班会上评价此事说：“……通过此事，我们暂且不说若麟同学这个行为，就说人家这种防火防灾的意识就值得在座的每一位同学学习！”众哗然……

拉链门

大学里，眼光开阔、见识增多，王若麟依然喜欢思考，喜欢动脑子，琢磨东西。他发现如今大家对帅男、美女特别感冒，长得帅可以是一种资源，也可以成为一种资本了。悟到这个，看看自己出色的形象、机智的头脑，王若麟决定“物”尽其用，挑战一下。从小练就了一派搞笑功底、文艺气质的他，在造型方面非常有优势：深情款款型扮得，桀骜不驯型扮得，阳光开朗型扮得，忧郁文艺型也扮得，甚至幽默搞怪型，也不在话下，托一张好脸的福，扮什么像什么，什么范儿都有型。很快，机会来了。

大一暑假的时候，校园的布告栏上贴满琳琅满目的海报，其中有一张吸引了王若麟的注意，学校马上要举办一届模特大赛，此前先开办一个模特培训班。王若麟兴冲冲报了名。

走秀其实很简单，但要走出自己的风格那就不简单了，主要还得看人的气质、气场，绝对要有范儿。说到范儿，真对了王若麟的一根筋。他没别的优点，就是有股冲劲，有股与生俱来的自信。王若麟身高一米八五，刚刚达到模特身高基准线，但这完全挡不住他的自信啊！从小自信，长大自信，一路自信过来的，他绝对相信自己是最优秀的。即使不是个子最高、体形最壮的那个，也一定是能让人过目不忘的那个，而且还是给人印象最好的那个。

所以，在俊男美女高手如林的培训班里，凭着自己一股冲劲儿和自信，王若麟很快成了模特中的模特，大家心中的标杆。走出节奏，走出个性，走出青春和活力，走出每套衣服独一无二的生命，这也是一种表演，一种艺术。很快王若麟就沉浸在这种表达的过程中了，一步一步，配合衣服，大气潇洒，非常有男人味。

→若麟和洋美妞携手做节目，艳福不浅。

本来胜券在握，谁知好事多磨。比赛那天，王若麟春风得意、抖擞精神、成竹在胸，以当仁不让之姿上台，带着自信的笑容，整个台步过程走得行云流水、气贯长虹，就在他踌躇满志地摆出最后定格的最酷造型时（绝对不输谢霆锋），闪光灯“咔”“咔”闪成一片，底下掌声雷动。咦？不对啊，怎么还有笑声？顺着大家的眼光，王若麟疑惑地低头看看自己——前门大敞，忘拉裤链了。最后，这场没拉裤门的走秀，王若麟拿了个三等奖。

“千万别给我一个平台”

小试牛刀几次，王若麟对比赛上了瘾，频频参加选秀、比赛，被同学戏称为“比赛专业户”，只要是有比赛，王若麟绝对场场不落，逃课也要去参加。千万别以为这位帅哥没脑子，他的脑袋瓜转得可快呢，从小聪明的王若麟，对自己走的路也很明白。

那时候，大学生找工作难的风声已经在社会上传散开来。王若麟所在的中国政法大学，学生们学习卖命是出了名的，法学专业又是社会热门专业，所以拼专业实力，强中更有强中手，王若麟自忖优势可能并不多。但是，在具有相当专业素养的前提下，综合实力强的人肯定更有优势！哥拼的是综合实力！抱着这个想法，大大小小的比赛王若麟场场不落，别说，这条路还真适合王若麟，套用某美女的一句话，“比我帅的没我聪明，比我聪明的没我帅”，帅哥加高智商的组合，出道以来，王若麟走得还挺顺利。不几年，凭着酷似谢霆锋的外貌和1.85米的模特身材，王若麟在“选秀界”也风生水起，小有名气，得奖无数。

一般比赛都会设立为数不少的奖金，对王若麟的劲头也是一种激励，因为自从高中毕业，王若麟就没再花家里一分钱了，大学学费、生活费都是自己利用业余时间打工赚的，这是作为东北爷们儿的尊严和骄傲。

还有一个重要原因，构成了王若麟参加选秀比赛的一举三得之效。原来，多次比赛后，王若麟发现自己非常享受置身舞台、万众瞩目的感觉。在百千观众的注目下，集中全身血液应对爆炸式的竞争，调动每一根兴奋的神经，身体、语言都像燃烧起来一样，顿时生出强烈的存在感。这种感觉酷极了，让王若麟更加乐此不疲地参与比赛，发挥出超然自我。“千万别给我一个平台，给我一个平台就不是我了。”

生来的选秀能手

在任何一个搜索引擎里，打上“王若麟”三个字，搜索出的网页大都与他一段极速燃烧的青春经历有关，正是在那个舞台上，王若麟超常发挥智能、口才、亲和力、观众缘，折服了一批又一批挑剔的观众和嘉宾；也是在那个舞台上，王若麟体验到了“优胜劣汰”的游戏规则，形成了不拘一格、宜静宜动、亲和动人的表演风格，斩获了一定的荣誉和知名度，也为他日后加盟凤凰卫视打下了良好的基础。

2005年，选秀节目如火如荼，夏天那场全国为之疯狂的平民选秀大赛到来之前，中央电视台三套的《挑战主持人》节目正有条不紊地进行。

这时候的王若麟已经拿到了香港城市大学的法学硕士学位。2003年从中国政法大学保送香港城市大学，在香港待了两年之后，回到北京，王若麟成熟、老练了许多。作为一名法学科班出身的硕士研究生，去法院本来是他最好也最规矩的选择，但有时候是生活选择你，不是你选择生活。

上学时候的选秀，王若麟一直视为小打小闹，并没有明确要走一条文艺的道路。从香港回来暂时没有工作，一时间有点茫然，不知未来作何打算。也许是作为多年刻苦后的释放，王若麟作了一个常人意想不到的选择——去中央戏剧学院进修了一年表演课程。去中戏学习的时候，王若麟并没有带任何功利色彩，只是单纯当做一种乐趣，为了挖掘一种感性的思维方式，以及多变化的观察视角。只是没想到，接下来，这么快就发挥了作用。

早在参加湖南台举办的金鹰新秀大赛时，湖南卫视就看中了若麟有当主持人的潜质。“我也不知道我的什么打动了他们，他们就给了我一个特约主持人的荣誉，还让我去他们那儿面试，做新闻类的节目。”而真正跟主持人结上缘，还是这次《挑战主持人》比赛。

全然是他的舞台

2005年3月，王若麟第一次参加中央电视台的《挑战主持人》比赛，这是一档以主持人选拔为内容的节目，王若麟之前的那位九场擂主保持者，恰恰是日后王若麟的同事尉迟琳嘉。几次比赛中，王若麟从容而且机智，让大家无法不支持他，很快便凭借优秀的表现赢得了观众。最终王若麟九次走上擂台，严守八期擂主，成为仅次于尉迟琳嘉的擂主保持者。有人拿尉迟和王若麟的主持风格作比较——“尉迟像是跳动的火，快速点燃并带动大家；若麟更像是流动的水，默默渗透和感染着每个人。”

↑若麟参加《挑战主持人》时，妈妈的突然上场，让“男儿有泪不轻弹”的他感动得流下泪来。

如今在百度“王若麟”贴吧里，还挂着2005年参加《挑战主持人》时王若麟现场发挥、临变不惊的“若麟语录”。在“跟我学正反话”的环节，王若麟一上来就拿擂主开涮：“请把‘我骑驴’反着说。”而在2005年6月23日的节目中，王若麟居然问挑战者：“北京市海淀区复兴路11号在哪儿？”在挑战者的瞠目结舌中他坦然地说出：“是中国中央电视台。”比赛过程中，凭借这点说狡猾也好的聪明，王若麟在这个舞台上扎下根来。连那个损起人来刀刀见血的评委叮当也对王若麟赞不绝口，评价从一开始的“我很喜欢3号，因为他太帅了！”升级成“王若麟让我看到一个内在与外在兼备的男生，我很感慨……”

九场擂台赛，王若麟发挥了一贯有底气的自信，始终带着招牌的“王氏微笑”，每一场都堪称经典，甚至于最后守擂失败的那场比赛，也败得真挚、感人。在粉丝面前，王若麟发誓，要倾其所有，不让他的粉丝失望，哪怕战死在擂台，也在所不惜。如果他就此屈辱地走下擂台，那是对他作为偶像的尊严的亵渎，而对追随者的打击，将是毁灭性的。他自认是一个有担当的人，胸中流淌着的，是男儿的血。

舞台上风云变幻，双方不见血的厮杀中，考验的是临场发挥和机智程度，不时给对手设个陷阱，也是必杀策略之一。在这方面，王若麟做得堪称完美，“心狠手辣”，却留足退路，点到为止，轻松化解场中难堪、怨恨、惆怅于无形。似乎一站在舞台上，王若麟就有了一种特殊的气场，轻松掌控场中形势，翻手为云、覆手为雨，令人叹为观止。

有人说他“以己之长，攻人之短”，胜之不武，但孙子说：“知己知彼，百战不殆。”

有人说他“阴险”，但众目睽睽之下的见招拆招，“阴”在何处?

他的临场发挥虽不能说字字珠玑，但有一种韵律之美；他的声音虽不是底气十足，但也朗朗上口；他虽日渐消瘦和憔悴，但从不轻洒男儿泪；他以缜密的思维、雄辩的口才、独特的姿态，展示着别样的风采；他无须辩护，“胸中有乾坤，岂怕八卦阵”，他用实力征服了越来越多的人；他给大家留下了太多的话题、回味和经典。

在“挑战”的擂台上，王若麟挥洒自如，渐入佳境，好像已经全然是他的舞台……

突然来到了另一个世界

这个大眼睛、娃娃脸、金色领带、粉红衬衫，法学硕士、走秀明星、娱乐节目主持人王若麟，改行坐镇主播凤凰卫视国际新闻之后，顿时让国际新闻也可爱了很多。

说来也是缘分。2003年，王若麟在香港城市大学攻读研究生。早对凤凰卫视仰慕已久的他，多次试图寻找凤凰的办公大楼，亲自进去瞻仰一番。可把红磡跑了一个遍，连凤凰大楼的影子都没有找到。完成学业离开香港前的最后一个晚上，怀着对东方明珠的依依不舍之情，王若麟在一个大楼下面的长椅上坐了一夜，很长时间之后才得知，那栋大楼就是凤凰卫视所在的大楼，而那个长椅，也是无数凤凰人曾经坐过的。因为当时的凤凰还没有一栋独立的办公大楼，而鬼使神差，几年之后，与凤凰擦肩而过，转了一个圈，王若麟又回来了。

如今，王若麟在凤凰已经四年多了，凤凰卫视的主持群里也有了入门比他晚的“师弟”“师妹”，他终于扬眉吐气，自己在年轻主持人中也算是中层干部了。

参加过《挑战主持人》之后，王若麟先后主持了几个地方台的娱乐节目，他的主持风格早被许多电视台看好，很快惊喜地接到了凤凰卫视伸过来的橄榄枝。从大学时就喜欢看凤凰卫视的节目，也一度视凤凰名嘴窦文涛、胡一虎为心中偶像，梦想自己坐在摄像机前面侃侃而谈、指点江山、挥斥方遒，听到这个消息，王若麟兴奋不已。

2006年9月，王若麟开始出镜，第一次上主播台，分外激动，虽然事先作了很多准备，但真正面对摄像机的时候，还是有些许紧张。面对摄像机跟面对人是完全不同的感觉，以往习惯了在万人面前搞笑、搞怪，如今面对冷冰冰的机器，真有点不知所措。

播新闻看似简单，实则不易，这是最考验人的专业素养的岗位。播新闻有个要点——严肃活泼、游刃有余。除了基本的形象好，吐字清晰、节奏合适之外，还要把新闻的感觉表达出来，不能让观众觉得是一潭死水之外，有效调动观众积极性也是必须的，也就是说，必须是主播完全掌控新闻，而不是新闻掌控主播。另外，新闻中涉及一些数字、人名、专业术语等，也绝对不能出现一丁点儿问题。没有丝毫新闻专业背景的王若麟自信心受到了空前的挑战。虽然也曾经做过主持人，但新闻主播的专业性，让一直走文艺娱乐风的他一时手足无措。“我找不到新闻主播的感觉，我对这些东西都好陌生啊，我觉得我读出的东西好像跟我是两个世界的。”

一向在镜头前活泼幽默的王若麟现在居然要板起面孔，这样的转变让他经历了一段很痛苦的适应过程。为工作的事情他感到压力巨大，愁眉苦脸，甚至觉得要全部牺牲自己了。所幸的是，天生喜欢挑战的性格救了他，早在大学时期，敞着裤门都能耍帅的王若麟，怎么会被眼前的小小困难压倒呢？即使面临压力，他也从来没有否定自己。

最终，王若麟拿出了看家本事——刻苦学习+任劳任怨。“我不能说我已经很专业了，但这就像看连续剧一样，可能我是从第10集开始看的，一下子让我变成一个老观众，肯定不可能，那我就继续看吧，11集、12集、13集……通过这三集我知道了前9集大约发生了什么事情，既要往前推进，同时前9集的内容又要去了解和分析，整个就会连贯起来。”每次开工上主播台前半小时，学乖了的王若麟，先主动去打印演播稿，接下来，化妆的时候看，走路的时候看，一边看口中一边还喃喃自语，不浪费任何一分钟时间，充分熟悉、掌握新闻内容。

除了上班时间努力，下班之后王若麟同样让自己的生活充斥着新闻，让天天看新闻成为一种习惯。国家大事、国际动态、行业新况，这些都成了王若麟平时喜欢浏览的东西。现在的他，已经不是为了工作才看新闻，而是变成了一种情感。如今，王若麟已经可以像模像样地拿着世界地图“指点江山”“挥斥方遒”了。他朝窦文涛、胡一虎般的睿智和霸气又近了一步。

都从泰坦尼克里活着出来

王若麟从小出生在沈阳，父母经商，给他取名“若麟”，是希望家里这根独苗能做一个凤毛麟角般独特的人。他最爱的妈妈曾是乒乓球运动员，王若麟继承

↑在美国时代环球影城。瘦成这样，还想模仿金刚?

↑在美国时代环球影城，和绿巨人合影。

了她的运动细胞，七岁时就荣获过沈阳市少儿乒乓球冠军，后来进了省队，可是测骨龄时，专家预计他日后身高会超过1.85米，不适合当职业乒乓球队员，他只得含泪放弃。

初中时王若麟的顽皮是众所周知的，随着年龄的增长，如今已变得成熟稳重。尤其是脸上始终带着的淡淡微笑，更是亲和力俱佳，也是他口中所谓为自己的帅气加分的法宝。

生活中的王若麟，跟电视上的一样，是个阳光、率真的大男孩。由于参加《挑战主持人》比赛，王若麟有了很大一群铁杆小粉丝，他们聚集在百度“王若麟”贴吧，不时热心询问王若麟的现状。王若麟也乐得跟他们交流，不时上网发个帖回答一下小粉丝的问题，基本有问必答，搞得一干小女孩亲切地直喊“哥哥”。

看电影是王若麟的一大爱好。高高大大的大男生，看电影偏好爱情片或伦理片，而且看电影的时候常常会流泪，真是不可思议。

许多人都觉得王若麟的个性特别安静纯善，但是他还有另一层不为人知的身份——一个出色的摩托车手。他曾经详细地描述摩托车手的那种快感：那种追风的触觉，那种任由强劲的风重重地吹打在你面颊上的疼痛；那种飞一般的体验，那种能够带走你灵魂的感受。他喜欢 位车手说过的话，“无论是什么人，只要你一骑上摩托车，年老的人你会感到仍然年轻；女士你会感到不亚于男人；男人会感到你能去征服一切……摩托车能给人带来的最大感受就是——自信。”

喜欢有历史感的东西，喜欢收藏，王若麟就是一个不按常理出牌的家伙。不时跑到北京马甸去淘淘古钱币、袁大头什么的，也是他喜欢做的。通过很小的一个文物去了解历史的大背景，他能从中找到乐趣，他是很怀旧的人。

王若麟曾经跟一个朋友打趣，你知道我最大特点是什么吗？如果让咱俩登上了泰坦尼克号，我一定让咱们俩都活着出来。“我的底线就是我对未知的挑战没问题，我相信自己，也许这是一种自恋吧。”

就是这个自信到有些自恋的青年，从大学时代的走秀，到《挑战主持人》，再到凤凰的主播台，一直挥洒着他的智能、口才、独具亲和力的微笑。他不断尝试改变自我、超越自我，而唯一不变的是他从内而外散发出的自信魅力，因为他坚信，人生是个大舞台，最精彩的，是过程中的无限收获。

姜声扬

这位超具亲和力的青年，自小辗转于台湾地区、新加坡、美国等地读书成长，在东西方文化的夹击下，修炼成为一个地地道道的“国际人”。声扬自小表现欲强，再加上一副阳光逼人的外表，让凤凰前辈们大叹“有一点点刺眼”，让观众大叹“如沐春风”。

在美国学习大众传播专业的声扬，主张播报新闻随性但不娱乐。中、英、法文俱佳的他几乎能胜任各种新闻直播、大型活动。现在凤凰卫视资讯台主持《时事开讲》《凤凰午间特快》《凤凰正点播报》等新闻节目。

星座：射手座

血型：O型

毕业院校：美国密歇根大学大众传播系

语言能力：中英俱佳，外加法语、广东话

最爱的食物：港式烧腊、日式烧烤、腐竹薏米糖水

仰慕的人：Andy Rooney

志愿：开一档政治脱口秀节目

姜声扬
虔诚地坚守自己

姜声扬信仰基督教，相信“上帝”存在，主宰众生。有时候，或许真的冥冥之中自有安排……

姜声扬出生的时候，爷爷、外公都第一时间赶到他身边。这是家里孙辈儿中的第一个孩子，两边的老人们都格外重视和兴奋。外公和爷爷都为给这个新到来的小生命取什么名字而费尽心思。按照家谱，这新一代的孩子是“声”字辈，声……声扬！两个人竟不约而同想到了这个名字。外公和爷爷都没想到，这个灵机一动的名字竟早已预示了姜声扬今后的前途。声扬，声音传扬；声扬，声名远扬……

小声扬一周岁的时候迎来了人生中的一项重要仪式——抓周。在所有长辈聚精会神地注视下，小手伸向杂乱一堆的物品中，竟抓出了一支口红。长辈们一愣，心想这小子一定是调皮，于是赶忙从小手中抽掉口红丢一边，再次聚精会神地等待他下一个会抓到什么。奇怪的是，姜家人现在却都想不起来小声扬后来抓了什么，反而对这个小男孩抓了支口红印象深刻。其实他抓得没错，如今作为新闻主播的姜声扬不正是每日都要化妆出镜嘛。

上一辈的教育

姜声扬的妈妈是虔诚的基督徒。小时候，每个星期天，妈妈都坚持带着姜声扬去参加教会活动。每一次，妈妈会与其他大人一起虔诚聆听布道；姜声扬则去和其他小朋友一起参加“主日学”。在“主日学”里，小朋友们可以听牧师讲《圣经》故事，学着背诵经文，或者一起做游戏。那时候的小声扬还不太能够明白“信仰”的含义，只知道“主日学”里有许多同龄的小朋友可以一起玩，而参加完活动后，妈妈就会带他去吃麦当劳，这是多么幸福的一天啊！就这样，姜声扬的童年是伴着“主日学”度过的，当他开始懂事才发现，“信仰”早已无声无息地进驻于他的心里。而或许，在更早的怀胎十月，姜妈妈的虔诚便早已顺着相连的骨血流淌在他身上。

有意思的是，姜爸爸却是个无神论者，他从贫穷的家庭出身，一路依靠自己的努力打拼上来。他更愿意相信，命运完全掌握在自己的手中。外公曾经给姜声扬讲过一个爸爸的故事，对他震动很大：那一年冬天，台北异常的冷，冷到阳明山居然下起了雪。那时候，姜爸爸正在大学修读俄文。因为甚少看过阳明山下雪，同学们感到新鲜而兴奋，纷纷呼朋引伴一起去阳明山看雪。同学们来鼓动姜爸爸，他却很不屑地说：“我才不去呢！有一天我要站在莫斯科的红场，在那里看着纷扬大雪。”同学们听了都笑他。那个时代，苏联还没有解体，美苏之间、两岸之间的关系都无法让台湾人觉得学俄文是件有前途的事情，大家都在学英文，以便留美、留英、留欧。姜爸爸却始终没有动摇过自己学习俄文的信念。后来，苏联出人意料地解体了，姜爸爸成为当局急需的人才被派往莫斯科。那一年，姜爸爸真的站在莫斯科红场看到了纷扬大雪。

爸爸教给姜声扬追逐理想的执著和勇气，妈妈则常常为他讲解为人处事的道理，用信仰中的善良与宽容为他排解疑问、伤痛和委屈。对于这个家中的长子，爸爸妈妈在教育上花了很大的心力，对他也颇为严格。姜声扬倒算是个听话的乖孩子，最淘气的事情无非就是假期里趁爸爸妈妈都去上班时，偷偷溜出家去外面打电动游戏，结果还没玩上多久就被聪明的妈妈及时发现，现场抓获。

“我是国际人”

姜声扬的成长经历是颇为“动荡”的。因为姜爸爸从事外事工作，姜声扬从出生起，就随着家里东奔西走。有一段时间，姜声扬一直为了一个很简单的问题而苦恼——“你是哪里人？”虽然从法律上来讲，这个问题很简单，拿出护照来一看就知道了。但从情感上来说，姜声扬不知道如何选择，无论在台湾地区，在美国，还是在新加坡，都留下了他相当长的生活记忆，分别度过了人生中最重要的几个阶段。亲近感，都有；归属感，又似乎都没有。后来姜声扬想到了答案，每当再碰到类似的问题，他就回答说：“我是国际人。”

“国际人”，这个称呼有些许骄傲，也有些许无奈。东西方文化都在姜声扬身上打下了深刻的烙印，就像武侠小说中初涉江湖的毛头小子，还在对武功一知半解的时候，就因为因缘际会被不同派别的武林前辈输入强大的内力，往往一个极寒，一个极热，在体内斗争、融合，最后助他成为武林高手。姜声扬的整个学龄前时期是在美国度过的，又在台湾地区完成了小学的基础教育，而后在东西文化交融的新加坡度过青春的中学时代。生活环境、思想文化的转换和碰撞从他出生起就没停止过，让他对两种文化都经历了充分的认识和适应，也使他免不了对两种文化都保持着一种游离的客观态度。于是，因为或多或少的差异，姜声扬常常在两种文化中都被视为外来者，在西方人眼中他是华人，在华人眼中他是“小老外”。国际化的背景给姜声扬带来常人无法企及的优势，但偶尔，也会让他感到一丝尴尬和悲哀。

小声扬　露锋芒

出生没几个月的时候小声扬就随父母来到了美国得克萨斯州，他在这里开始认知世界，开始咿呀学语，开始懂事，等到全家搬回台湾的时候他已经到了上学的年龄。刚从美国回到台湾上小学一年级的姜声扬，虽然在语言交流上没什么障碍，但老师和同学们很快就发现他有点与众不同。他爱讲话，爱表现，不怯场，说白点就是脸皮厚。一次课堂上，老师一边在学生座位中踱步一边讲课，那天老师的嗓音有点特别，似乎是感冒了，但是同学们都没有在意，全部恭恭敬敬地端着小课本，认真地看着、听着。当老师走过姜声扬的座位时，却听见这个小家伙大声对他说：“老师你的声音很奇怪，你是不是不舒服啊？”小声扬当然没有意

↑声扬两岁零四个月。到得克萨斯州后一年多，他跟着父母特地飞到科罗拉多州的丹佛，见证表弟出生，当时外面还下着雪，这是声扬第一次看到雪。

识到，这种在西方文化环境中自然而然的举动，在这里却是不合时宜了，而且有点违反课堂秩序，还有点给老师赤裸裸地拍马屁之嫌。后来老师把这个故事讲给姜声扬的父母听，由于了解他的成长背景，老师自然不会有什么责备的意思，只说“你家孩子很特别”，当一件趣事罢了。

对于小孩子来说，适应环境只是那么一眨眼的事，很快，有点特别的姜声扬就和同学们打成一片了。小学时期，老师最常在姜声扬学期末成绩单的评语栏中这样写道：

“……有领导能力，有团队精神，非常活跃……上课容易分心，话过多……”

他依旧爱说、敢说，但同学们感受到了他的热情、真诚，于是，迅速地，姜声扬成为学校里很显眼的活泼外向型人物。一旦有什么集体活动，比如每一年的同学会，同学们就会喊着“姜声扬！姜声扬！”这样拱他出来主持，他也不推托，更不会怯场，临时发挥也可以有声有色，日子久了自然而然成了同学们心中的“康乐股长”（相当于我们说的文艺委员）。所以说“三岁看老”真是一点也不假。想想姜声扬初在凤凰卫视露脸时那耀眼的样子，应该能想象到他小时候是怎么在同学面前树立“康乐股长”的威信的。

多年后，姜声扬无论走到哪里，从事什么工作，都会成为大型活动主持的不二人选，无论是面对几十人还是几万人，上台前那种肾上腺素快速分泌的感觉让他很享受，他常说做主持人很棒，不用喝咖啡，随时都有很high的感觉。

“话过多”的小声扬逐渐显示了在说话方面的全面才能。三四年级的时候，学校举办演讲比赛，无论在语言表达、临场表现以及时间掌控上，小声扬都表现出了过人之处，一举拿下第一名。仔细想想，这不正是一个新闻主播所需要具备的基本专业素质吗。

小时候，在演讲比赛拿第一是件让小声扬挺骄傲的事情，因为自己在班里一直没什么“官运”，班长、副班长、学习组长、卫生组长之类的总是没他的份儿，小男孩心里其实也挺较劲儿的。五年级的时候，小声扬通过默默地努力，终于在全班成绩名列前茅，满心期盼着下学期就可以当班长了，却突然得知因为爸爸工作的变动，家里又要搬到新加坡去住了。即将达到的愿望扑了个空，小声扬当时真有点生气。直到现在，姜声扬想起自己没当过班长这事，还是有点耿耿于怀。

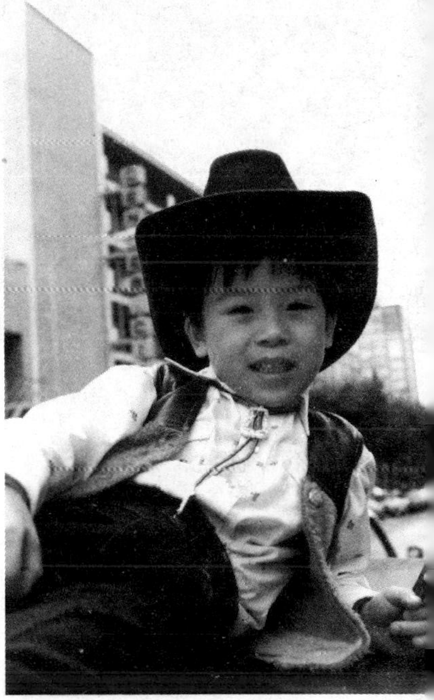

↑声扬五岁时，身穿一套正宗美国得州牛仔装，纯牛皮制作，包括脖子上的项链，左手还握着一把小手枪，坐在美国家中的车顶上。爸爸最爱把声扬打扮成牛仔，于是专门买来这套装束。

“不要一直称呼我‘老师’”

小时候每一次搬家，小声扬都会哭闹，为什么又要搬家，又要和朋友分开，又要重新认识人和事物，连语言都要更换，从英文变成中文，又从中文变成英文。

到新加坡后，父母在姜声扬的教育问题上作了一个重大决定，他们放弃了让小声扬入读一所当地明星学校的机会，把他送去了一所美国学校，接受全面的美式教育。但这同时也意味着他们要为此支付高额的学费，一年的钱相当于美国大学一个学期的学费。在姜声扬的记忆中，作为传统的公务员家庭，家里对于钱的压力一直是存在的。来到新加坡后，由于身份的关系，家里只靠爸爸一个人的薪水生活，几年后，弟弟也出生了，但父母仍然在他的教育问题上不惜金钱

↑小学四年级时，声扬召集同学一起，在台湾一个披萨店过生日。

↑声扬第一次从美国回来，过年时，在外公外婆家。左起：舅妈、外婆、外公、妈妈、表弟、爸爸。爸爸不放弃地拿草帽冒充牛仔帽戴在他头上。

和资源，这一直让姜声扬很感激，也让他在生命中烙下了一个很重要的概念，那就是钱得来不易，需要珍惜。

进入美国学校也就进入了一个清一色的英文环境。刚开始，小声扬在如此变化巨大的环境中有点没反应过来，老师在说什么？同学在说什么？每天的交流基本是比手画脚，嘴里只能简单重复着“Yes”、“OK”、“No”。但语言真是个奇怪的东西，仅仅一两个月，似乎是封存在脑中的学龄前的记忆苏醒了，小声扬很快就和老师、同学交流畅快了起来，也逐渐忘记了搬家的苦恼。只是老师发现小声扬每次提问时总爱恭敬地叫他“Teacher，can I…（老师，我可以……）”有天下课后，老师忍不住私下叫来小声扬说：“你可不可以不要一直称呼我‘老师，老师’，如果我每天都叫你‘学生，学生’你是什么感觉？”这件事在姜声扬的记忆中非常深刻，那是东西方文化碰撞给他带来的人生第一课。虽然那时年纪小，但他从此明白了这世界上不同的人有不同的相处方式。

姜家的传统

虽然把儿子送去了美国学校，但姜爸爸姜妈妈在家庭中对儿子的言传身教却最具中华文化传统。姜爸爸是受救国救民思想教育的一代，醉心历史，出言必有关国家、民族。父亲从小教导姜声扬要秉持礼仪之邦的传统，说话要把“你好”“请”“谢谢”“对不起”挂在嘴边。讲电话，无论是熟悉还是不熟悉的人，一定要说“喂，你好，我是姜声扬……”从小到大，在公车上，姜声扬总是最先跳出来给老弱病残孕让座的人。特别是在国外生活的时候，他格外注意这些细节，因为他不想让自己给华人丢脸。因为太有礼貌了，曾经有朋友跟姜声扬说，你怎么老是给人一种距离感。姜声扬想了想说，没办法，改不了，这就是我们家的传统！

姜家传统最重要的一点是，要以身作则，决不独善其身。姜声扬在凤凰卫视做新闻主播后，经常发现主播台上乱糟糟的，有些同事播完节目就甩手走了，台面上经常积累着不知道多少天的主播手稿，以及一堆乱七八糟的废纸。姜声扬每一次上主播台就很不舒服，开始的时候，他看到了就顺手收拾，但是收完了之后还是有人继续堆。他索性找到主持人事务部经理，建议在主播台上贴一张纸条，上写：所有主持人、评论员用过的资料请随手拿走。他想不通，有垃圾桶就拿去丢嘛，找不到垃圾桶先放在口袋再去找垃圾桶丢，很困难吗？

↑高中教室里，一堂数学课前。此时临近毕业，大家都申请到学校了，没心思好好上课，成天傻高兴。

通往音乐之门

当初姜声扬刚来凤凰卫视的时候，可谓能文能武。前一刻做着娱乐的《相聚凤凰台》，过一会儿又跑去播正经八百的新闻。对公司安排的任何节目，他都秉持着最大的热情去做，想做出自己的特点。新闻是没有办法“作怪”啦，娱乐节目就不一样了。从小就爱表现的姜声扬使出了自己的撒手锏——弹吉他，

↑声扬身穿新加坡美国学校乐队制服，在新加坡的家中阳台上，正准备出门去参加表演，吹法国号。

于是，电视机前的姑娘们、阿姨们就“沦陷”在了一个笑起来如沐春风，又常常抱着一把吉他自弹自唱的帅哥身上，也不管那“Let it be…”是否已经走了音。

姜爸爸和姜妈妈如果看到这样的画面一定相当欢喜。一直以来，姜爸爸都希望自己的儿子可以学吉他，他觉得那是很帅气的事情。姜声扬上初中的时候，机会来了。美国学校每学期都会给学生安排丰富的课程选择，以此来帮助学生找到自己的兴趣，挖掘自己的潜能。姜妈妈帮儿子参谋选课的时候，发现有一门吉他课，就鼓动儿子去上，谁知姜声扬很坚决地说不要。那时候的姜声扬固执地认为自己是一个对音乐、对乐器完全没有概念的人，虽然连试都没试过，失败都没失败过，他就是觉得不可能。姜爸爸知道后马上加入妈妈的阵营，两人一起力主报名吉他课，坚决要带着姜声扬去买吉他。小声扬坚决不肯报名，跟爸爸妈妈吵了起来，吵到最后发现反对无效就开始哭，爸爸妈妈带他去买吉他，他也仍然在旁边哭。爸爸妈妈安慰他说，你去学一个学期，如果不喜欢就不要再学了。于是他才背上吉他，成了学校里第一个上这门课的华人。

吉他老师是一个非常有气质的美国女人，她态度和蔼，讲话轻声细语，从最基本的知识开始一步一步讲起，非常有耐心。姜声扬突然发现：原来我也可以看得懂音符！可以将音符转变为美妙的声音！原来我在电台里听到的音乐是这样弹出来的！我竟然会弹这个乐器！我爱上吉他了！于是经常三更半夜，姜爸爸姜妈妈已然熟睡，却被一阵阵吉他声吵醒，大叫着让儿子不要再弹了，赶快睡觉。吉他课开启了姜声扬的音乐心智，他从此对很多乐器开始有兴趣，积极参与学校的乐团表演，吹过法国号和爵士乐的小喇叭。不过这些都是一时的兴趣罢了，只有吉他，这么多年一直陪伴着他。

只身赴美

高中剩两年时，姜爸爸再次调动工作，全家要搬到他学生时代便梦想的莫斯科。考虑到儿子的教育问题，姜爸爸姜妈妈决定把姜声扬送去美国加州的姨妈家生活。姜声扬又要搬家了，只不过这一次，是他一个人上路。

从繁华大都市新加坡突然搬到安静的美国加州郊区，生活节奏一下子变得很慢，大家讨论的话题也和以前完全不着边，姨妈和姨父虽然和自己血缘亲近，但出生以来实在没和他们碰过几面，他们家里的生活方式也和自己的不同。一切都是陌生的。只不过，早已习惯了生活环境的改变，已经渐渐长大的姜声扬不会再像小时候般哭闹，离开了父母的荫翳，他开始收起任性，努力融入姨妈的家庭，努力融入周围的一切。

在加州上了两年中学后，姜声扬考上了历史悠久的密歇根大学安娜堡分校，攻读大众传播，开始了真正的独立生活。四年欢乐的大学时光转瞬即逝，很快到了各奔前程的时候。看着那些读商科、计算机科的朋友们一个个地找到工作，不是在硅谷就是在华尔街，薪水也都不错，姜声扬觉得压力好大。这时候他才发现，自己做为一个华人，又读了大众传播这种非热门的专业，找工作真的很难。

惨遭滑铁卢

幸好这时候，一个在彭博资讯工作的朋友表示可以帮他安排工作，虽然只是个小角色工作，但姜声扬如绝处逢生般非常兴奋。彭博资讯，全球最大的财经资讯公司，位于纽约第五大道。面试的时候，那个老板对姜声扬很满意，当场拍板决定聘用他。但是按照美国的法律，非美国公民就读毕业后，要申请下工作证才有找工作的资格。接下来的日子，姜声扬坐盼工作证签下来就可以去彭博资讯上

↑声扬初入公司时的宣传照

班了。姜声扬的“上帝”跟他开了个玩笑。工作证像跟他作对似的，不明原因地就是办不下来。彭博资讯的人等了很久，后来没办法只能很遗憾地告诉姜声扬，我们等不了了，只能请别人了。谁知，这话讲完没有多久，姜声扬的工作证就拿到了。

生活如过山车般的极大起伏，让刚毕业的姜声扬备受打击，一段时间里，他整个人都觉得心灰意冷，提不起劲儿来。后来他回到了加州，在硅谷的一间不算大的电脑公司找到了技术撰写员的工作。生活不算差，安稳而平淡，如果不出意外，也许他就会这样继续下去，然后结婚生子……可惜这样的日子没有实现，有一天，大概“上帝”觉得玩笑开够了，于是将凤凰卫视带到了姜声扬的面前。

在那段失意的日子里，因为莫名其妙的不顺遂，他也曾寄情于“上帝的安排”而寻求宽慰。只是那时的他还不能体会，没有一帆风顺的开始，才能让人学会什么叫做珍惜，什么叫做等待。如果当初他真的进了彭博资讯，也许今天凤凰就少了一个叫姜声扬的帅气主播。

香港！香港！

从小在国外长大的姜声扬对凤凰卫视并不熟悉，恐怕当时吸引他的一个是干回老本行的媒体工作，另一个便是可以来到香港这个城市。

在他的印象中，香港是一个很厉害的地方，全世界数一数二的大都会。记得小时候在台湾，如果有人说家里有亲戚在香港，立刻会招来艳羡的目光。当然，对于一个男孩子来说，香港更代表了周星驰、成龙……港片在华人中的繁荣让不少人都对香港产生了向往。

又是一个人搬家。刚到香港的时候，姜声扬在酒店住了一个月才找到了自己理想的房子。房子在十二楼，从客厅望去，能直接看到一个篮球场，因为他喜欢听拍球时的那种“啪啪啪”的声音。第二天他就买回了一个篮球。不管发生什么事情，在楼下的篮球场打一场球，流了一身汗后疲惫地回家，然后洗完了澡出来那种舒畅的感觉，是姜声扬最大的快乐。

有意思的是，游走在东西方，姜声扬来到香港后发现，仍然要面对语言不通的问题。他安慰自己说，这样也好，即使工作干不下去了，至少还能学会一种语言。幸好，姜声扬继承了妈妈的语言天分，来到香港没多久就可以开口闭口地讲广东话了。而当初抱着“试试看”“差不多两年就回去”的想法来到凤凰卫视的年轻人，也从来到这里开始就爱上了这份工作，并为此留在这个城市已经七个年头了。

↑来港的第二年，声扬在公司楼下。公司请人拍宣传照，其他人都是西装、公司内景。可摄像师一见他就说不要正统拍，不要穿西装，要穿便装。于是在这一天的上班路上，声扬碰到摄影师，他们便就地解决了，妆都没化。

穿上外套

姜声扬刚进凤凰卫视的时候让前辈们大叹“阳光得有 点点刺眼”。年轻就年轻吧，干吗还笑得那么灿烂；笑得灿烂也就算了，干吗还露出一口白牙；播新闻竟然不穿正装外套，只着一件浅色衬衫搭配一条领带，实在是让人看新闻也看得如沐春风。

那个厚脸皮、爱表现的小男孩回来了，虽然没什么当主播的经验，但第一次面对镜头姜声扬就很从

↑2010年8月，英国伦敦菜市场，都是新鲜的有机蔬菜水果。

容。紧张？不可能！只有兴奋！娱乐节目、新闻节目他都要得有模有样，是的，他属于这里！

时光荏苒，姜声扬之前想都没有想过自己会在凤凰卫视重新找到追逐理想的激情，在这里待得愈久，他对工作的热爱愈烈，思考也就愈深。随着年龄的增长，阳光青年虽然外表依旧，但内心却早已走过青葱。有一天姜声扬觉得男人到了某一个年龄段，可以专注在一件事情上了！于是他决定穿上西装外套，从此一心一意专注于新闻主播的工作。

只是他仍然没有老老实实地做个正经八百的主播。即使是严肃的新闻节目，他也不想皈依传统，而是总是琢磨着怎么做出自己的特点。于是在凤凰卫视资讯台每晚的《体育新闻》，观众看到了非同一般的激情播报。新闻报完了还有“花絮”——一个姜声扬自创的版块，每天挑选几个体育竞技项目，不讲比赛的输赢，只讲体育背后的话题。节目结尾，他总是说一句“您可以去休息了”，摆明了不想按常理出牌。随性但不娱乐，这是姜声扬坚持的播报方式，也是他坚持保持的自我。

2010年，凤凰卫视资讯台对下午的新闻节目进行改版，每天下午三点的新闻直播延长到一个小时，不再简单地播报新闻，而是由一个主持人和一个评论员一起坐在那里，针对当日的四个重要议题深入讨论。一开始大家都觉得这个改版有点吓人，从坐半个小时到坐一个小时，还要不停地脑力风暴、提问交流。姜声扬却不以为意，说话本就是他的强项，即兴地说话更是他的强项。于是每天下午三点，铁打的姜声扬，流水的评论员。座上的两人往往侃侃而谈，表情也十分丰富，有时神情严肃，有时竟开怀大笑，总之一副聊得很尽兴的样子，真真是做得很随性。

媒体人的本分

在姜声扬如数家珍的事业榜样中，你可以发现一个共同的特点：他们都是不走寻常路的个性名嘴。当中，姜声扬首推Andy Rooney，一个在每一期《60分钟》新闻杂志的结尾，对司空见惯的生活琐事嬉笑怒骂两分钟的倔老头。从事新闻工作这么多年，每日耳闻目睹千奇百怪的国际、社会现象，从小被教导“善、信、爱”的姜声扬也渴望能够像Andy Rooney一样，用充满幽默和智慧的语言提醒世人一些被忽略的价值观。

同是基督徒的外公外婆曾给姜声扬讲过一个故事。有一年他们的教会要盖一个新楼，于是向教徒募捐。外公外婆很痛快地捐了一笔钱，却遭到家人的劝说：退休了，把钱留给自己不好吗？这钱捐出去，能

↑2010年8月，姜声扬在苏格兰爱丁堡古城区，这里可是世界文化遗产。

用在教会身上的有多少呢，谁晓得用在哪里了。后来果然，大楼建了十几层，其中只有三层是给教会用的，其他都租出去做别的事情了。但是外公外婆对他说，捐这笔钱出去是对神的一片心意，至于钱怎么用，最后流到哪里，他们不管，只要这个心意到了，神知道了就好了。那些非法滥用钱的人，他们的报应就让神来定夺，我们做人就做到我们的本分。外公外婆的话更加坚定了姜声扬对工作的热忱和责任。传达积极的信息，为社会尽一份心力，无论结果如何，都要比从事其他更赚钱的行业来得有意义。纵使有朋友笑他想法不切实际，他还是不以为意地坚持自我，颇有点姜爸爸当年的风采。

目标：新闻界的乔丹！

在凤凰的七年，姜声扬第一次为自己的外形而感到过苦恼。太过阳光的外表、太具亲和的气质，风头都远远盖过了自己努力想传达的东西。有人喜欢自己，姜声扬当然感到满心欢喜，只是有时候发现，怎么大家都比较关注他的八卦绯闻，或者不断地评论他的外形，似乎没人注意他努力释放的信息。

姜声扬为此失望过一阵，但又很快恢复平静。这么多年，已经很少有什么事情能够让姜声扬大喜或者大悲，因为信仰的力量教给他用平和与乐观的心态来坚守自己的信念。

姜声扬想成为新闻界的乔丹——一个到了正常该退役的年龄，打球还被人看做是神一样的人物，而他也准备好为此经历重重考验和挑战。

如此，不如养精蓄锐、韬光养晦，等待一鸣惊人。

任韧

自称从小爱玩，玩得还挺“先锋”、挺“实验”，就是他，一路玩到了凤凰卫视的主播席上！也难怪，他的名字早就起好了，“任劳任怨”的“任”、“坚韧不拔”的“韧”，有了这俩精神头，再怎么玩都能玩出成果来。

任韧出生于安徽，2005年中国传媒大学研究生毕业之后，借大学里攒下的一身木事，进了凤凰卫视，成为《金石财经》《时事丌讲》《凤凰全球连线》的主播。原本“玩性不改”的他，主持风格却被誉为“清新稳健”，很有观众缘。如今的他一步步成长为一个富于爱心和专业精神的传媒人。

星座：金牛座

血型：O型

毕业院校：中国传媒大学

专业：英语播音与主持艺术（本科）、国际新闻（研究生）

英语水平：专业八级

任 韧

寻梦还乡

扛着摄像机进山

2009年12月4日。西昌冬日，阳光猛烈。汽车前往普格（普格县位于凉山彝族自治州东南部，任韧此次的目的地）的山路上，不停掠过巍峨翠绿的山峰，山涧江水时隐时现，奔向远方。路上一片寂静。车里坐着的，是凤凰卫视的主播任韧。这一趟出发，那个以往在电视上侃侃而谈，时而理性、时而洒脱的任韧不见了，取而代之的，是一个因信念的激荡而不断陷入沉思的任韧。与他同行的，还有一个叫小涛的慈善组织里的男孩。

任韧此行，颇有点壮怀激烈的感觉。用他自己的话说，他想做一个片子，讲述生命悲苦的尽头究竟是什么。

从2005年进凤凰卫视以来，这几年的主播、记者酸甜苦辣的历程中，任韧一直在找寻一种“接地气儿”的感觉。儿时调皮捣蛋的他，进凤凰滚打摸爬了几年，慢慢对人生有了自己的感受。

刚开始做新闻的时候，任韧脑中常常闪过已故国学大师季羡林的一句话：“真话不全讲，假话全不讲”。后来慢慢发现，各行各业都有自己的底线，对于媒体人，尤其是新闻人来说，这个底线更重要。一位新闻界前辈曾经总结道：“如果不能说真话，起码可以沉默；如果不能沉默，起码可以不说假话。”

在凤凰的这几年，任韧一直行走在辨清“真话”和“假话”界限的过程中。这条界限，并非泾渭分明、黑白分明的一条线，而更像一条犬牙交错、互有渗透的狭长地带。“在真相和假象之间，在触碰和回避之间，在拿捏和分寸之间，我们的工作时如跋涉于黑暗丛林的独行者，有时更贴近阳光，有时却步入黑夜；有时摸到那条界限，一窥那疾风暴雨中的真相，却不得不用更多时间和精力去烘烤衣衫和擦拭鞋面。”

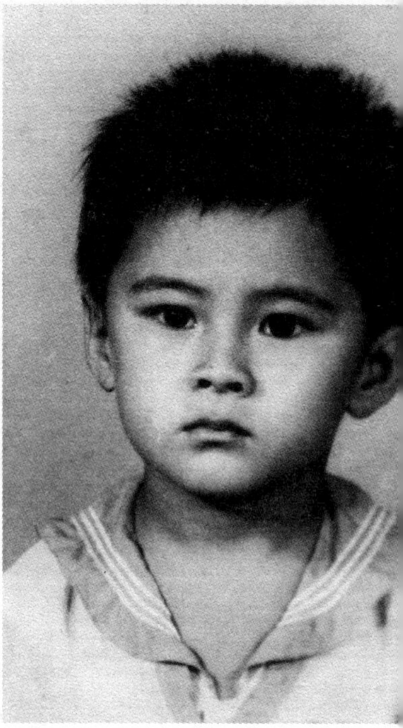
↑童年，有人说像潘冬子。

五年的记者生涯，见惯了世间生离死别、悲喜交加，回头想想的时候，任韧心头常常涌出许多感慨。有一种感觉是怎么都忘不了的，那是一种站在新闻现场的土地上，地气从脚底升腾，弥散四肢百骸，血液沸腾翻滚的兴奋感，后来任韧知道了这叫“接地气”。为了继续找寻这种“接地气”的感觉，此刻任韧又踏上了进山的路。

在决定独自进入四川凉山地区的麻风康复村前，任韧已经做了大量调研。在此之前，任韧在北京的老同学也已经做了许多实地调研和联系工作，无形中替他减少了很多工作量。小涛是一家慈善组织的义工，他是一个平和、淡定的年轻人，他所在的慈善团体，将为任韧提供一切必要的帮助。带着一股热血和冲劲儿，就这么扛着摄像机，任韧进山了。

麻风病在世界范围内曾是一种常见的病，由于这种病症常使人会留下残缺恐怖的容貌，并具有极强的传染性，所以人人谈“风”色变。上个世纪50年代，中国的麻风病人背负着“风中魔鬼”的十字架，被迫离开家人，逃入深山，结成村落。如今，这批曾经的麻风病患者已经康复，科学也证明95%的中国人对麻风杆菌免疫。但是麻风康复者破碎残缺的面容肢体，依旧阻吓着世人走近。正是这群被大家渐渐遗忘的人，牵动了任韧的神经。

多日之后，当这个片子以《梦·乡》为名播出并获得热烈的反响时，任韧写下过这么一段话自明心志：

> 因为那个遥远的、令世界谈虎色变的字眼——“麻风病”，黑暗丑恶的禁忌，曾经驱使人类对麻风病患做过许多蠢事、坏事，甚至恶事，而这一切，居然都是在保护生命的神圣名义下进行的。你也许知道“麻风船”的来历，也许读过维多利亚·希斯洛普的《岛》，甚至读过福柯的《疯癫与文明》，了解欧洲历史上关于麻风病的黑暗一页。
>
> 了解了这些后，也许你会陷入和我一样的困惑：这么多年过去了，中国还有多少麻风病患？他们的生存状况如何？那些已经治愈了的麻风康复者，是否已经过上了正常生活？人类文明的发展程度，配合已经能够治愈早期麻风病的先进医学，是否达到了平和接纳他们的程度？这是我制作《梦·乡》这部纪录片的肇因。
>
> 如果你看完我的片子，仍然对答案感到疑惑，甚至更加疑惑了，那么恭喜你，我的无力感“传染”给你了。如果你是一个有着基本良知、道德感和正义感的人，就一定会接着寻找真正的答案，你也许会试着问更多人这些问题，并开始琢磨自己能做点什么，来寻求解脱。客观上，你的无力感将“传染”给更多人，那么，这部片子的目的就在这儿。

生命悲苦的尽头是什么

山路崎岖颠簸，脚底不停传出土石刮蹭汽车底盘的沉闷声响。“四川凉山州是历史上麻风病高发区，每个县都有麻风村，”同行的小涛告诉任韧，“村里大多是康复患者和他们健康的下一代。因为出于最基本的尊重，这些村子，大家都称之为康复村。”

在小涛的陪同下，任韧开始了为期七天的采访拍摄。

汤医生是村子的管理者，也是村卫生站的负责人。他年轻时因麻风病来到这里，在村长和村支书贪污携款潜逃后，汤医生开始接受慈善团体的培训，成为全村唯一的赤脚医生，并且负担起了村里的管理工作。大山深处，交通不便，这个彝族人家聚集的村落，缺少很多卫生设施，小小的卫生站，只有一些最简单的消炎药、凡士林和葡萄糖水。

麻风病导致病人末梢神经坏死，即使是康复者也永远失去了皮肤的感知能力，长期闭汗特别容易导致皮肤干裂，溃疡成了多发病。镜头前，通过为一位老人处理脚底溃疡，任韧见识了整个惨烈的过程：一块型如脚板的硬皮包裹着脚底的骨头，汤医生用锋利的刀片在硬皮上刮蹭，黄黄的脓水从裂缝里流出。刮过之后，再涂消毒水，裹绷带。来此之前，任韧已经了解过麻风病村的基本生活状态，可这个过程还是令任韧不忍猝睹，尤其当老人毫无表情地抬起脸，黄军帽下溃烂得只剩一颗白惨惨的眼球，泛着余光望向任韧，挤出一丝笑意。任韧与他一对视，心惊肉跳。

这也无怪。任韧自小的成长经历是一帆风顺的，从小学到大学，乃至毕业后进入凤凰卫视，成为记者、主持，这个勇敢、上进的年轻人一直没有真正见识过什么是苦难。此刻看着镜头前默默忍受的人们，任韧有点接受不了。如果说生命必须借由苦难才能将它最深邃的意义挥发出来，那么眼前深沉而缄默的苦难，是否背负着生命最原初的尊严和力量呢?

清晨的桑科洛村静谧安详，熬桉树油的铁炉冒出滚滚白烟，空气中弥漫着桉树叶子燃烧后的特殊香气。在麻风病魔肆虐的阴影下，这里每一个人却都平和、安详。太阳日复一日升起，为每个人身上笼上一层公平而慷慨的阳光，无论贫穷抑或富贵，疾病抑或健康。

苦是什么？从卫生所走出来，任韧一遍一遍问自己。这些住着昏暗简陋的房屋，穿着凌乱破旧的衣物，从事着劳累沉重的活计，忍受着残忍屈辱的病痛折磨的人们，脸上却无一具有大城市中人常见的焦虑和烦躁，相反，以一种源自生命根源的坚韧，不屈不挠地面对生活的考验。仁慈无处不在，体现在此，便是赐给了他们平静而又安然的神情。这种神情深深地打动着任韧，他忍不住要一探究竟：生命悲苦的尽头究竟是什么?

胡马依北风，越鸟巢南枝

几天之中，任韧走访了这个村子的每个角落，沉浸在这种平静安然的环境中，任韧不想离开，这里的一切都让人感动于生命实实在在的美好。

钱智昌，是此次拍摄的主人公。老人是彝族村落里唯一的汉族人。四十多年前，包括钱智昌在内的最早一批麻风病人进入了这个村子，四十多年光阴流逝，他们一手创造出了这个村子。十二岁时得了麻风病后离家，四十多年来，他一直孤身一人，无儿无女。在麻风村住到二十个年头的时候，两个彝族年轻男人看钱智昌老实勤恳（彝族村里男人不耕田，粗活全由女人干），便将他们的母亲——一个彝族老婆婆丢给他，从此不管不问。打这以后，钱智昌便同这个大他二十岁的老婆婆，以夫妻的形式共同生活了近三十年。人总要吃饭，钱智昌在锄头和镰刀柄上绑布条，套住胳膊，跪在地上，一边挖坑，一边用嘴将玉米粒撒入土坑，就这样，一年收获七八千斤玉米，成为他们生存的主要来源。二十年来，钱智昌每天跪在地里种玉米，大他二十岁的老婆婆给"一家人"做饭，这个特殊的"家庭"一直存在至今。

胡马依北风，越鸟巢南枝。年岁一大，钱智昌心头的乡愁味道越来越浓重。"没有感情，总是想回家。"谈及"家庭"生活，了解到钱智昌的心境，任韧心中泛起说不出的滋味。来此之前，任韧已经了解过麻风病村的基本生活状态，但当亲眼面对这些平静而绝望的苦难时，他还是选择了长久的沉默。此刻，作为一个媒体人，任韧感到自己能做的，真是少之又少，当然，也有了一定要做点什么的冲动。

回想二十多年的成长历程，任韧一直走得非常顺利。儿时的他，也曾调皮捣

↑穿背心儿，住平房，玩超级玛丽，傻乐的童年。

↑任韧自称打小儿就是吃货，还不怵镜头。

蛋，爱玩爱笑。不仅爱玩，玩的花样还不少，甚至能算上“先锋”和“实验”。那时候老家阜阳常常有一些走街串巷的架子车，收购废铜烂铁兼补锅碗瓢盆，每逢停到任韧家附近，小任韧便撅着屁股看那些师傅如何点火，如何烧熔锡块、补补丁，长大之后，任韧对此仍旧记忆犹新。

之后小学、初中、高中，任韧遇到的老师一直都不错，他受到了很多哲思方面的启发，大学顺利考上了中国传媒大学的英语播音与主持艺术专业。四年的大学生活，任韧通过主持校内外活动，给广告片配音，给英语口语集训营当业余老师，利用语言优势做了一个又一个尝试，在中国国际广播电台和北京电视台实习之后，又顺利进入凤凰卫视，做了主播和记者。一路走下来，也已经有四年多了。四年多的时间，收获最多的，还是生命的体验。

世事浮云流水，任韧自恃不是一个多愁善感的人。别人眼中的他，也跟多愁善感搭不上边。以往有人曾这样介绍他：

镜头上的他，成熟稳重的正点新闻做得，理性睿智的《时事开讲》做得，充满激情的《凤凰全球连线》做得，和搭档漫天对侃的《今日金牌》也做得。博客世界中的他，也不情愿固定于一成不变的文风。有调侃的时评，他称之为不吐不快；有严谨的政论，他称顺应约稿要求而作；有感性的游记、随笔，他称是玩性大发的尝试。镜头下的他也不能轻易归于内向或者开朗之中，有时众乐乐，也有时独乐乐。他说和特别熟的朋友也经常聚在一起闲侃，边吃烧烤，边喝酒，边聊天，“那也是很high的”；但找不到人的时候，他也可以一个人去旅行，去广西古镇黄姚，去神秘的柬埔寨，一个人端起相机，记录点滴。

此刻身在大山深处，面对一位思乡心切、黯然神伤的老人，他却不能抑止地涌起一种贴近地面的责任感和义务感。

回家的路

回家，这个温柔的字眼，从钱老伯的口里说出之后，也在任韧的心中扎了根。这个梦，能由任韧帮他圆了吗?

↑四川大地震，乘空军直升机采访。

然而，谈何容易！这中间要经历的困难，不用刻意去想，都能猜得八九不离十。尤其是众人对麻风病患者的偏见，更是难以根除啊！但是，任韧无法忘记初次见到钱智昌老人的情景：当他伸出手与钱老伯握手的时候，老人肩膀明显一颤，双臂无意识地向后缩，眼神惊慌得无处逃遁。这样的老人，走向社会，走向那个陌生而熟悉的“家”时，会被接纳吗？他尤其不能忘记的，是老人那祈求而畏缩的眼神。

下定决心为老人寻找“回家”之路后，任韧马不停蹄地开始收集老人家乡的资料。通过了解，任韧知道，由于多年在外，钱智昌在云南昭通的老家已片瓦无存，亲戚散落在云南、广东、四川各地，而从小把他带大的嫂子，按年龄算，现在也已老态龙钟了。从四川普格县到云南昭通巧家县有长途汽车，巧家的村子里，住着钱智昌的嫂了和侄了、侄女。虽然三小时的车程并不远，但这段距离已经阻隔了老人四十年之久。

灰蒙蒙的清晨，山里有飘缈的晨雾，按照事先约定，任韧来接钱智昌。老人专门换上了一件洗得干干净净的藏青外套，肩上背一只破书包，在门口等他。和他同住的彝族老婆婆在一旁望着，手足无措。临走前，钱智昌不舍地看了一眼生活多年的小屋，“老婆婆要伤心了”，已过花甲之年的老人嗫嚅着。

↑在四川凉山州麻风康复村，与村民一起吃饭。

↑任韧和钱智昌。

一路上，任韧和小涛不停地安慰着激动的钱智昌。虽然借手机联系过了嫂子，但老人还是为即将到来的重逢而手足无措，“如果他们愿意接纳我，国家再帮助一点……如果他们不接纳，我六十多岁了，离开人世也好……”这番话，他支离破碎地说了好几遍，说不下去了，眼睛红红的，抽噎着，低头沉默，一车的人都沉默起来。

到了钱智昌的老家巧家县车站，任韧举着摄像机跟钱智昌下车。大门尽头，一个干枯瘦小的身影独自站立——只有钱智昌老迈的嫂子亲自来了。钱智昌的拐棍颤抖着，急速杵着地面，向嫂子奔去。没有想象中的扶肩痛哭，两个老人在相距两米远的地方定住，相对无言，老泪纵横，许久，嫂子偏过头，用手帕擦拭红红的眼，转身走进候车厅。钱智昌紧紧跟着。看到这一幕，曾自诩为“汉子”的任韧差点落下泪来。

晚上，生活终于现出它残酷的一面。钱智昌的侄子、侄女都来了，旅馆昏暗的灯光下，家庭会议沉闷而尴尬。侄子代表家人向任韧他们宣布：“刚才我二爸（钱智昌）想到办法，我们也是这个想法……能够进到养老院去。要是转到巧家这里，没有地，也没有房子，我们也没办法……”

是啊，穷途末路的亲戚，身上还背负着麻风病的阴影，投奔至此，让他们怎么办呢？大家陷入了沉默的僵局。任韧上前，主动关了摄像机，坐下来跟他们协商：钱智昌老家没有地了吗？其他地方亲戚怎么想？真的没有办法了吗？去哪个养老院？要办什么手续？跟去一个人好不好？怎样可以进养老院？

“不行啊，没有办法，明天要上班”，“我们这边是云南，对四川不熟悉，你们带他去吧”，“今晚住旅馆的钱，你们帮他付了吧……没有办法”……

↑在云南巧家县车站，拍摄钱智昌和亲戚们见面。

听了这些话，任韧咬着牙，钱智昌低头坐在一边，不说话。

就这样吧，明天，带他去普格县养老院，不行去民政局……

这次，真的只是“回家看看”。

剩下只有沉默了

只剩下去敬老院的渴望了。

从云南回四川，看着坐在后座的无精打采的老人，任韧心中有说不出的难受。老人絮絮叨叨说了很多：康复村里他是汉族，其他人是彝族，语言不通无法交流，在敬老院可以和人说说话；敬老院有人做饭，一天三顿能吃饱；亲戚不用爬两小时山路，方便来县城看他。他反复把这三个意思说了几遍，任韧和小涛默默听着，不时插上一两句安慰的话。但大家都明白，他们要面对的将是更大的困难。

第一个面对的，是分管养老院工作的一位同志。任韧说明来意，还没等钱智昌说话，他就干脆利落地打断他们：“麻风病怎么能住敬老院呢？你把其他人传

←在麻风康复村家中采访钱智昌。

染了怎么办？”连日来的经历，让任韧练就了一身看碟下菜的本事，赶忙向他解释：“这位是康复者，不是麻风病人，凉山州疾控中心可以开具麻风病痊愈证明。”“不行！”

又一次遭到拒绝。钱智昌又沉默了。从办公室出来，阳光依旧清冽，却晃得耀眼。任韧决定带着钱智昌到敬老院看看。

敬老院在乔乡，离县城半小时车程。任韧带钱智昌在院里走走，老人们三三两两聚过来，形成一个以他为中心的小群体。一小时后，有官员赶来，给他们解释说：“敬老院和康复村是两个保障体系。敬老院只能给城镇无儿无女的孤寡老人住，像他这样的麻风康复者只能住康复村。”

又一个希望被打破了……

后记

任韧2009年12月底拍摄完这部片子，2010年1月初做好了剪辑大纲。由于内容比较生僻，且为独立制片，一直没有找到在主流媒体播放的机会。最终，得以在凤凰卫视《记者再报告》栏目全版播出。

2010年1月16日晚上7：30，凤凰卫视资讯台播出麻风康复者钱智昌回家之路的纪录片《梦·乡》。随后，《梦.·乡》双语版被香港青年协会推荐到“青年院线”10月份的放映会。2010年10月15号“青年院线”放映当日，任韧和香港观众进行了现场交流，香港青年对弱势群体的关注热情，让任韧深深感动。

钱智昌在任韧片子拍摄完成后，重新回到康复村（森科洛村），继续他平凡和孤独的生活，西昌的义工小涛不时给他寄一些书去。

附录：

我爱你如爱众生 >>>

摘自任韧博客

苦是一种什么感觉？有个朋友正为情而苦，柔肠寸断，辗转反侧，无法自拔；也有朋友正逢事业低谷，纵百般努力，不得上级赏识，郁郁终日。这些苦，似针刺刀割，疼痛难当。

可是，还有一种苦，数十年，甚至一辈子，被同类拒绝，遭遇不尽的白眼歧视，妻离子散。纵有正常人一般的七情六欲、爱恨情仇，却生生隔绝于人世温暖之外，自成群落，相互依偎。重回人世的希望一直都在，却在日复一日的等待和自卑中消磨殆尽，鲜活善良的生命纵有不甘，却只能在大山深处孤岛村落中慢慢凋零。甚至他们的第二代、第三代，早已与正常人一样健康，却依旧被打上魔鬼的烙印，无法融入人群，继续在无尽的孤独中自生自灭。

这种苦，谁能担当？

上世纪50年代，中国麻风病人背负着“风中魔鬼”的十字架，幸存者或自愿或被迫离开家人，逃入深山，结成村落。活着或许只是一种痛苦，但谁又愿意像猪狗一样死去？纵然到了今天，麻风病人大部分早已被治愈，科学也证明95％的中国人对麻风杆菌免疫。但是麻风康复者破碎残缺的面容肢体，依旧阻吓着世人走近。

苦的尽头，是什么？

我想寻找答案。因为时不时，有些苦痛也会找上我，有些漆黯也会缠住我，觉得无法承受之时，我想知道，那些与我命运迥异的个体，面对更大更绝望的苦悲，是如何让生命之花执著地开放？

想的多了，就决定做点什么。

我想做一个片子，讲述一个最普通的麻风康复者的故事，它根植于康复者心理和身体双重的苦痛，却必须寻找悲苦尽头的答案。这个答案，不会是“苦尽甘来”那么简单。我只是明白，有些事，非做不可。就像煎熬灵魂的地狱之火，釜底抽薪，才能让它熄掉。

释迦牟尼看尽人间悲苦，巨大的痛怆充塞他的身体，即便是佛，参透苦，又何其艰难！

但佛终于说，我爱你如爱众生。

多么绝情又多情的话！

杨 舒

凤凰卫视最年轻的新闻主播，自2005年底进入凤凰后，像“海绵宝宝”般不断吸取着经验、教训。由于进步突出，2007年获得凤凰最佳新闻主播新人奖。目前主持《凤凰早班车》《南粤纪事》等多个新闻栏目。

在各种突发事件中摸爬滚打，杨舒逐渐变得沉稳起来，并在某次提字器坏掉后激发出了惊人的瞬间记忆。

家乡： 四季如春的昆明

星座： 大蝎座

血型： B型

毕业院校： 中国传媒大学国际传播学院（本科）；香港大学国际与公共事务（研究生）

兴趣： 画插画、养宠物、旅游

专长： 钢琴、唱歌、打快板

最喜欢的食物： 薯片、各种甜品

杨舒

爱上女主播

踏入“说新闻”者的摇篮

1998年，一个叫陈鲁豫的人在新闻界横空出世。这个知性恬美的女人在一个叫做《凤凰早班车》的晨早新闻节目中，以一种优雅的节奏，将世界风云变幻化成一个个小故事，从她口中娓娓道来。学术界称，她的“说新闻”为中国新闻开创了一个新时代。

后来，又来了一个叫陈晓楠的气质美女，举手投足如行云流水，透出淡淡的书卷气。巧的是，这两位都姓陈的美女是北京广播学院外语系的同门师姐妹。于是，不仅《凤凰早班车》成了新闻界争相学习、模仿的样板，连北京广播学院外语系也成了怀有新闻主播梦的年轻人聚集的地方。

2001年，一个叫杨舒的昆明女孩子踏进了北京广播学院，这时，外语系早已改名成了国际传播学院，杨舒是学院内英语播音与主持2001级新生。因为喜欢英语，她报考了这个专业，拿到录取通知书后才想到搜索这个学校的资料，了解后突然发现，天哪，原来我要走上电视这条路了，于是在心中种下了一点点憧憬。

不怕镜头

这是个活泼开朗又有点敏感的女孩子，常会为细枝末节牵动情绪，把喜怒哀乐都挂在脸上。在班里她属于调皮爱闹那一类

↑2009年，杨舒在捷克布拉格的教堂。

型的，会在同学面前模仿不同的老师。回到宿舍，跟舍友们拿个小DV自拍搞笑短剧，扮个夸张的角色，然后自己剪辑剪辑，自娱自乐。有时她也会静下来想一想，我毕业以后干什么呢？

大三的时候，一个好消息传来：中央电视台一档英语节目需要外景主持人。在广院这个广电专业的最高学府，总有些闲不住的年轻人，等不到毕业就跃跃欲试，找媒体实习一下也会有满足的喜悦。而眼下央视的这个机会却很难得：进入国家电视台，一步到位做主持人，这是毕业也难找到的工作。老师鼓励学生们前去面试。杨舒想反正闲着也是闲着，有机会就去试试吧，于是成为四五十个前去面试的学生中的一员。

面试题很简单：模拟主持一个节目，无主题，自由发挥。无主题？杨舒在脑子里搜索了一阵，无端蹦出了刚刚学过的一篇课文叫做《转基因食品》，于是拿了两个苹果，在镜头前“手舞足蹈”起来：“欢迎收看今天的节目……吃午饭的时间到了……我手里有一个看起来很新鲜的苹果，一个已经腐烂的苹果……其实这个新鲜的苹果是转基因产品，可以保存更长的时间……今天我们就来聊一聊什么是转基因食品……”

面试的工作人员目不转睛地看着这个女孩，她竟然不怕镜头，别的同学都是一脸的僵硬，唯独她跟没事人似的表情自然。既不夸张，也不拘谨，可以说是表现得不露痕迹。而且英文也不错，就是她了！一份让同学艳羡的工作就这样被杨舒“不露痕迹”地拿走了。

少儿版《鲁豫有约》

杨舒平时是个在班里不太出风头的人，突然露了这么一小手，同学们都有点讶异。杨舒自己倒不觉得有什么特别，因为自己从小到大都是很爱演的人啊。

小时候，杨舒基本就是在少年宫度过的，早上一门课、中午一门课，下午一门课，学唱歌、跳舞、手风琴、钢琴、写作、滑冰……杨爸爸杨妈妈望女成凤，要把杨舒培养成十八般武艺，样样全能。虽然那时候小杨舒经常紧紧抓着自己的床角，杀猪一样的狂嚎，说不去、不去、坚决不去，但后来，随着天南海北地忙着去表演唱歌、跳舞，因此认识了很多小朋友，也见识了很多地方，小杨舒才渐渐体会到了其中的乐趣。

在还不知道主持为何物的时候，小杨舒就一不留神上电视了。她在电视台的少儿节目当小主持人，每天被打扮得漂漂亮亮地站在摄像机前，也没有人告诉她流程怎么走，眼睛往哪儿看，就告诉她去和身边的小朋友聊天就好。于是，凭着小孩子的好奇，小杨舒本色地做着这个访谈节目，说起来，这也算是少儿节目中的《鲁豫有约》吧。

就在懵懵懂懂中，杨舒不知不觉练就了身为主持人最重要的基本功——在镜头前表现出最自然的一面。就是这个当时唯一没花学费学到的东西，为杨舒在若干年后赢得了人生的第一份工作。

在宿舍里“说新闻”

大学三年级开始，杨舒一边读书一边开始了主持人的生涯。栏目的同事优秀又团结，节目的氛围活泼又轻松，杨舒逐渐把这个工作当成了学习以外的一项乐趣。作为外景主持人，节目给了她很大的自由度。杨舒尝试自己写策划文案，向摄像师表达自

↑2009年，杨舒在捷克布拉格的教堂前。

己的想法，回来参与剪辑、制作，电视节目的各个环节都让她走了一圈。在这两年中，对于她最大的一次挑战是去央视四百平米的演播大厅主持儿童英语大赛。面对那么大的舞台，面对台上的选手、台下的观众，要记得掌控现场节奏，调动现场气氛，相信这种压力和杨舒日后面对的新闻直播不相上下。在这个国家级电视台，在最专业的团队里，配合着最先进的电视设备，杨舒完成了自己对电视行业的初级入门。

同样是大三这一年，杨舒的生活还发生了一件“大事”——宿舍里几个姐妹终于统一意见买了电视，使她的生活朝着现代化又迈进了一步。彼时，“说新闻”的先河已开六年，那位“始作俑者”陈鲁豫小姐早已抛弃新闻阵地，扎进令她至今仍声名大噪的《鲁豫有约》，而《凤凰早班车》早已成为广院所有沾边不沾边专业研读的模板。

有了电视后，每天早晨7点，伴随着一阵铿锵有力的小号声，杨舒搭上了《凤凰早班车》。电视上的陈晓楠一头利落的短发，大气端庄、口吻自然。大师姐的榜样力量促使杨舒有事没事都依葫芦画瓢，抱着张报纸，演练演练什么叫“说新闻”。只不过，每次基本都无疾而终，没一会儿就说不下去了。郁闷的杨舒怎么也想不到，几年后，自己就走进了面前的节目，有模有样地接过了师姐的班。

改变命运的电话

大四快毕业的时候，有一天，杨舒接到系里老师打来的电话。一个慢条斯理的声音问道：“在北京吗？”“在，老师，有什么事吗？”“没什么大事，凤凰卫视资讯台在招主持人，你不是一直惦记做新闻吗？去不去试试？”后来的事实证明，这真是改变命运的一通电话。

2005年8月，中国人民大学旁边的凤凰会馆内，前来面试的学生挤满了化妆间。其中包括面露自信的北大、清华新闻系尖子，有从嗓音和说话的方式上就能判断出的广院播音系学生。还有人选择一直在走廊里晃来晃去，一个个房间看，探头探脑 。

“会有凤凰主持人来面试我们吗？”有人发问。顿时屋子里面炸开了锅，大家开始唧唧喳喳说起自己喜欢的凤凰主持人。

“面试什么内容啊？”大家面面相觑。

“可能报新闻吧。”

“那你太有优势了，你就是广播学院学播新闻的啊！”有人对“播音系”说。

这场面试极为神秘，谁也不知道等会儿在哪里做什么，大家得到的唯一通知就是，准时到凤凰会馆报到。

一个身材苗条、干练伶俐的女生走了进来，手里拿了一大沓今天的报纸，本来乱哄哄的屋子一下子安静了下来，所有人的目光聚焦到她的身上。

只见她把报纸往桌上一摊：“《凤凰早班车》大家都看过吗？”环顾一周，齐刷刷的一阵点头。没看过的也跟着点头，大家生怕表现得对凤凰不熟悉而被淘汰。

女生笑着说：“那太好了，今天的第一轮试镜就和早班车有关，每个人拿张今天的报纸，挑六条新闻，不看稿子说出来，模拟主持一段《凤凰早班车》。”话音刚落，她就风一般地走了。

“Where are you from?”

屋里顿时炸开了锅，只有十分钟的准备时间。唯独杨舒有点暗自庆幸，多亏以前常看陈晓楠主持，还小小地演练过，对节目形式不算陌生。杨舒默默在心里提醒自己，“抓重点，提炼新闻要素，把五个W(who,where,what,when,how)扩展开来，语言精炼，不要为了说新闻而说新闻”。后来杨舒才听说，面试那天，凤凰领导层全都坐在香港总部，通过卫星连线全程直击了他们的表现。

那天面试，除了模拟《凤凰早班车》主持外，还有现场英语问答环节， 面试

↑杨舒宣传照，张建设摄。

官正是“与世界各国领导人风云对话”的凤凰首席评论员阮次山先生。当时他坐在香港总部，而杨舒他们则在北京，双方通过卫星连线隔空面试。

那几天，朝核问题六方会谈团长会议正在北京召开。前来面试的人群中一度盛传，阮先生会问到对朝核六方会谈的看法，包括怎么解读中国在六方会谈的角色。这可是全程英语作答，大家都有点坐立不安。

进入凤凰后，杨舒曾与一同被招进来的同班同学任韧聊起这段面试经历。

任韧问：“阮先生问你朝核问题了吗？”

杨舒回答：“没有啊，你呢？”

任韧说：“我也没有，阮先生问我的第一个问题是‘Where are you from?’（你来自哪里？）”

一年后，杨舒跟随阮先生前往美国华盛顿，进行关于美国总统奥巴马宣誓就职的直播报道。杨舒忍不住当面问阮先生：“阮先生，您当年在北京面试，有问到朝核六方会谈吗？”

阮先生一脸错愕：“我这么善良，会这么问吗？”

年轻是最大的本钱

当杨舒大学即将毕业的时候，央视已经毫无悬念地准备与她签署正式工作合约了，这是多少杨舒的同学们梦寐以求的机会。然而也正在此时，凤凰卫视资讯台向她招手了。

决定离开付出了两年心血的节目，杨舒当初不是没有犹豫过。节目组里太融洽了，大家感情很深，又有很多观众喜欢你，支持你，自己也小有成就感……而凤凰？一个陌生的环境，一个新的工作经验，更要去一个陌生的城市……杨舒最终还是抑制不住自己对新闻的热爱，决定迈出这一步。她对自己说，年轻就是最大的本钱，大不了一切从头再来！

即将离开北京的那几天，杨舒心情特别复杂。离开的决定是匆忙的，时间是紧迫的，还没来得及缅怀，一个生活了四年的城市，一份努力了两年的工作，瞬间就放手了。一种伤感弥漫心头，让她有点难以接受。那几天，杨舒坐在出租车里就忍不住拼命往窗外看，脑海中不断浮现着以往自己奔走于大街小巷拍外景的春夏秋冬，而现在，一切往事如烟……

杨舒头也不回地走了，甚至都没有向观众告别，就已经在香港开始了另一种节奏的生活。央视节目组不断收到观众询问，杨舒去哪儿了？

“莫斯科首都莫斯科”

挑战，杨舒作过充足的心理准备，只是没想到一到凤凰就彻底被击垮了。虽然是科班出身，但这里科班的少吗？自己英语底子好，但这里会多国语言的都大有人在！一下子面对这个国际资讯纵横交错的平台，年纪轻轻、热情活泼的女孩突然丢失了成长中一直伴随的自信。

夜班新闻直播是凤凰新人的训练场，从晚上10点到第二天凌晨6点，直播四档新闻：12点，1点，3点，5点。这可是黄金时段！当然，是美国时间。

第一次上主播台，早已习惯镜头的杨舒还没开始却浑身冒汗。凤凰当时条件简陋，杨舒被推进一个小房间，在整面墙的绿色背景映照下，一个简单的没有靠背的小圆凳摆在中央。杨舒坐了上去，强烈的灯光照在她身上，抬头却只见机器，导演们都在外面的监控室，通过屏幕注视着她，5、4、3、2、1……杨舒觉得心跳加快，脑中涌出一种强烈的紧张感，生怕会读错新闻稿。脸上挤出甜美的微笑，脚下却慌乱地控制着提字器……

第一次直播总算熬了过来，有惊无险，但令杨舒懊恼的是，特意提前背得滚瓜烂熟的稿子，却因为紧张，把“俄罗斯首都莫斯科”说成了“莫斯科首都莫斯科”。接下来的一段时间里，为了锻炼新人，台里有意多制造一些直播感给杨舒，大事小事，只要有现场画面的，就直接切进来，逼迫他们发挥现场解说、现场翻译能力。每做完一次直播，杨舒就会去找前辈、领导问意见，凤凰人单刀直入，三言两语，你的弱点、缺点全部点明。杨舒像“海绵宝宝”般不断吸取着经验、教训。有时候，有些敏感的她免不了患得患失，心情起伏跌宕，领导表扬了就美滋滋的，直播出了错就特别难过，甚至会大哭一场。这种日子在杨舒初进凤凰的几个月折磨了她好一阵子。

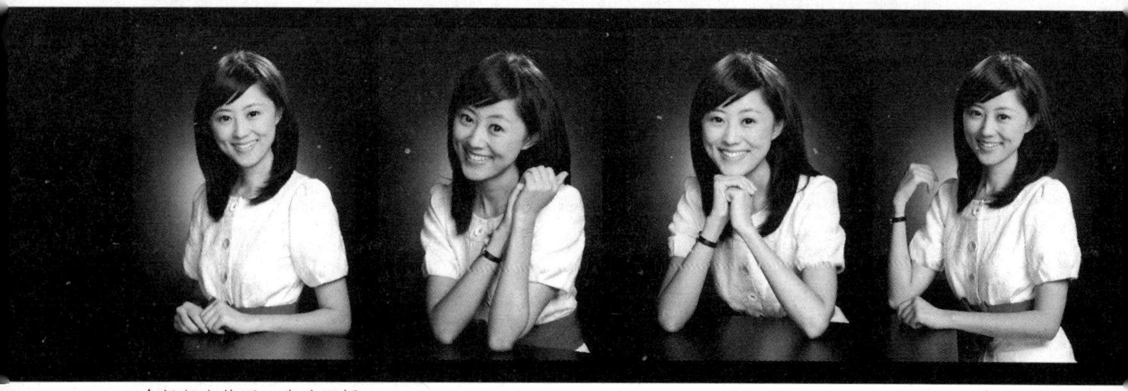

↑杨舒宣传照，张建设摄。

被“逼”出来的凤凰人

如果把不会游泳的人直接扔进泳池会怎么样？要么出现奇迹，要么选择灭亡。凤凰人都会是前者。凤凰员工从不分三六九等，关键时刻，无论你是老主播、新主播，谁当班就谁上。所以，凤凰人都说自己是被“逼”出来的。

在夜班播了三个月新闻后的一天，晚上11点，杨舒左手端着咖啡，右手拿着一摞即将播出的新闻串联单往化妆间走。发型师和化妆师同时在她头上忙活着，杨舒自己则抓紧时间熟悉新闻内容。

11点20分，资讯台编辑部里突然传出一阵骚动，有编辑突然疯狂地跑来跑去，边跑边喊："快！赶一条稿！"

"先走滚动字幕！"

"联系当地记者！"

"叫制图同事做地图！"

资讯台的气氛向来是这么风风火火、咋咋呼呼，杨舒习惯了，没有特别在意。

"闭上眼，画眼线。"化妆师在耳边对杨舒说。

杨舒刚闭上眼，却听见一个洪武有力的声音说："你怎么还在这里！孟买发生火车连环大爆炸了，11点半启动突发事件直播！还不快去！"杨舒急忙睁开眼，回头，资讯台台长钟大年正火急火燎地冲进来。

条件反射般，杨舒倏地跳了起来，下一刻，顶着画了一只的眼线，吹了一半的头发往外冲。

11点26分，杨舒坐上了主播台，耳机里传来导播冷静地声音："杨舒，4分钟，（准备）！"

夜班编辑飞奔递上了一张A4纸，一条来自美联社的短消息：印度马哈拉施特拉邦首府孟买，在当地时间18点24分发生铁路连环大爆炸，造成超过200人死亡，数百人受伤。目前还没有组织承认。

什么？这是唯一的资料吗？四分钟后直播，跟哪个记者连线？有没有现场画面？镜头切到我，我说什么？从身旁编辑台到演播室，所有人都在"上蹿下跳"，杨舒两条腿在不住地发抖，脑子还没有从得到直播消息中反应过来，虽然有过直播经验，但这么短的准备时间，这么重大的新闻事件，这也太刺激了吧！

当时身为凤凰卫视新闻总监的吕宁思一边整理领带，一边"飞"上了主播台，坐在杨舒身边。他刚刚做完《总编辑时间》，闻讯火速赶过来支援，他是这起突发事件直播的评论员。

"别怕，慢慢来，咱们从印度反恐面临的挑战开始说起。"吕宁思的到来让杨舒安心许多。

"中新社记者在线！郑浩在线！试声音……"导播通过耳机传来一条条好消息，有前方记者了，杨舒的心渐渐安定下来。

时间一分一秒地流逝。"10，9，8，7，6，5，4，3，2，1……"

此时此刻的资讯台，尉迟琳嘉主持的《娱乐新闻报道》刚刚开始，活蹦乱跳的他还没说完开场白，就被《1573突发事件直播》的音乐切断了。

“各位晚上好，这里是突发事件直播，我是杨舒，印度孟买发生火车连环爆炸案，造成数百人死伤……”

事后有一天，尉迟琳嘉跟杨舒说，那天晚上他正在家悠闲地吃着薯片，津津有味地看着自己主持的《娱乐新闻报道》，哪知还没说两句，画面就被突然切断，“再接着，你就出来了！”尉迟一脸郁闷地指着杨舒说：“这怎么回事？我眼珠子都掉下来了！”

是错觉吗？

后来突发事件直播做得多了，杨舒渐渐爱上了这种刺激，爱上了这种从台长到编辑、主播、导演、前方记者在最短的时间内里应外合的团结与默契。而每天都在主播台上看着世界的“热闹”，让杨舒的心里开始蠢蠢欲动。虽然工作是与新闻事件同步的，可以第一时间听到、看到记者们发回的一手资料，可这还是与第一现场有距离啊。于是一年中公司年假的那几天，杨舒格外珍惜，把这当是“接地气”的好机会。那些平时挂在她嘴上的地名都成为了她年假的最佳首选。

2008年11月4日，一个注定要在美国历史上留下重重一笔的日子：在这一天，民主党候选人奥巴马击败了他的共和党对手麦凯恩，美国由此诞生了历史上第一位黑人总统！这件大事发生的时候，杨舒正在美国见证历史。她早早就计划好了这次的美国大选自由行，10月底就迫不及待地挎上背包独自上路。

在大都会纽约，她走上被金融海啸击垮的华尔街，看雷曼总部大楼人去楼空，看聚集在街上的人们表达愤怒；在华盛顿，看国会山的草坪为迎接新主人提前修整，看贴有奥巴马贴画的汽车呼啸而过，看投票站的墨西哥裔选民对奥巴马的狂热；还有革命老根据地弗吉尼亚州、宪法起草地宾夕法尼亚州的费城，沿着这条雄心勃勃的路线，杨舒一边游山玩水，一边切身做了一番实地观摩。

回港后不久，杨舒就接到通知，自己将在一个月后随队前往美国，参与奥巴马就职典礼直播报道。美国东部时间2009年1月20日，美国历史上第一位黑人总统在华盛顿就职。再次回到这里，杨舒自信满满地坐在凤凰卫视设在华盛顿的演播室，带领全球华人共同见证这一历史时刻。

刚进凤凰的时候，杨舒天天都在苦恼，怎么能在直播中避免出错？怎么让自己这个小丫头变得更专业？渐渐地，忙碌充实的工作让杨舒忘记了庸人自扰，直到有一天，她拿到了一组新拍的宣传照，突然愣住了，照片上的人是自己吗？没有了像以前一样，嘴角咧到露出八颗牙齿的傻笑，微微收敛的面庞竟隐隐透露出一丝成熟与恬静，是自己的错觉吗？

“今天没有发型师”

2008年，《凤凰早班车》改版，需要一个清新朝气的面孔，杨舒经过三年的兜兜转转终于和这个颇具缘分的节目合二为一。

网络的发达，媒体大环境的改变，促使新闻节目必须要跟上时代的步伐。作为凤凰卫视的王牌节目，《凤凰早班车》决定大幅度加大信息量，除了保留传统特色版块“早班车读报”外，节目将加入一个整合网络新闻的新版块——“国际媒体扫描”。只是内容加了，人手可不加，《凤凰早班车》的编辑只有三个人，每天4点钟就到公司，开始为节目忙得不可开交。准备新版块……主持人上吧！

于是，每天浏览《纽约时报》、《华盛顿邮报》、《朝鲜日报》、日本共同社等等东西方媒体网络版，挑选新闻，及时补充各类媒体的信息量和观点，编译新闻，记下要点，转化成语言……这些光荣的任务就都是主持人自己的了！

晨早节目的准备时间总是特别紧张，从凌晨报纸热乎乎地送到，到最后节目的播出，一分一秒都要计算精准，容不得任何人、任何环节自由散漫。

7点钟的节目，杨舒每天要凌晨4点到公司，努力抗拒着睡眼惺忪，快速翻阅报纸，上网浏览世界各大媒体的新闻。有时候一不留神，就会不自觉地沉浸在一个个报道里看得入迷。只听编辑们一个个追魂电话打来：“喂喂——喂——杨舒，别沉迷在网络世界了，快把翻译好的新闻送过来！”她只好立即回神，手忙脚乱地继续赶工。

6点钟一到，杨舒一边进入化妆间，一边拿着厚厚一沓自己刚挑选的新闻，趁最后的时间理解消化，组织语言，转化成自己的东西。

每一天，每一次，节目开播前，每个人的弦都绷得紧紧的，随时挑战着极限。

这一天，杨舒如往常，左手拿着厚厚一摞报纸，右手拿着的是另一摞网络新闻，三步两步跑到化妆间，往面前的桌子上一放，准备最后的冲刺。杨舒刚坐下来抬头一看，镜子里是化妆师一张焦急又带着同情的脸，只听他说："发型师凌晨重病去了医院，要晚一点才能到，今天没有发型师了！"

什么？！杨舒霎时有点懵了，看着镜子里自己的脸，又看着手上小山一样高的报纸资料，有股热乎乎的东西从眼睛里流了下来了……

从那以后，杨舒学会了化妆和弄头发，她自己评价："至少看得过去。"

瞬间记忆的疯狂

2009年，凤凰卫视资讯台搬入了新的演播大厅。《凤凰早班车》再也不用挤在狭小的"狗洞"（凤凰人对旧址录影室的昵称）里录节目了。地方大了，也漂

↑杨舒与白宫的合影。

亮了，设备先进了，但也难搞了。

新址新演播系统启动后开播《凤凰早班车》的第一天，连公司路都没太记熟的杨舒，好不容易七弯八拐地从化妆间摸上了主播台，一边试设备，一边和编辑、导演热烈赞叹着新大楼的气派、新系统的先进。

因为都是在新系统初次上手，所有人都有点紧张，也格外认真小心，心中默念要领，祈求别出什么差错。

但导演和编辑显然对新环境有点陌生，时常地出个小错，然后一惊一乍地在主播台和导播间跑来跑去。杨舒一边翻着刚递上来的新闻手稿，一边看着他们笑道："要是今天机器不灵了就好玩了！"

有没有人说过，人千万不能在关键时刻开玩笑！

开播前五分钟，杨舒整装待发，气定神闲地等着导播的命令。通过耳麦，她听见导播间里正大呼小叫地说提字器坏了，抬头看看前面，提字词一闪一闪的，确实一直没显示出正常画面。

杨舒通过耳麦，跟导演开玩笑："你们别整我了，赶紧把提字器调一调。"

导演突然很紧张地说："我没跟你开玩笑，我特别严肃地告诉你，提字器真的是坏掉了。"

杨舒倒吸了一口气，只觉肾上腺素迅速开始飙升，手微抖地翻着稿子，大脑则陷入疯狂的记忆。这是老天作对吗，怎么今天的新闻里，没新闻画面的这么多，数字也这么多！

也许人在危急情况下记忆力是超常的，那一天，杨舒真的是靠两条新闻间隙的瞬间记忆，把一个小时的新闻背着完成的。节目终于完成的那一瞬，演播间的导演、编辑终于松了一口气，简直有点崇拜她了。

在凤凰待了六年，杨舒回头望望，有时感到不可思议。想想自己第一次上主播台时的惶恐，紧张到把"俄罗斯首都莫斯科"说成"莫斯科首都莫斯科"，她只想哈哈大笑。

这六年，亲身接触着世界风云变幻；用心地去思考新闻的深度背景和联系；对于自己一直很白痴的经济领域，她花力气、挤时间去学习相关课程；对于自己主持的专题节目，她拼命争取机会参与策划、拍摄、采访、文案……突然，她想起了多年前，自己傻乎乎地在大学宿舍里学着陈鲁豫、陈晓楠，经过亲身"说新闻”的体验，她终于明白了为什么当年自己永远都模仿不下去。

“说新闻不是凭空而来的风格，而是功力到家之后的行云流水。”杨舒的父母曾经怎么也不相信屏幕上那个端庄大气的女主播就是自己的女儿。经过六年的历练，她在观众的目光下完成了向专业新闻女主播的蜕变，淡定从容，荣辱不惊。

↑在美国最高法院。

竹幼婷

一个拥有着酥甜的笑容，怀揣着梦想的女孩。小时候她单纯地想着：“什么样的工作只要讲话，就可以赚钱？”直到有一天看着电视上美丽端庄的女主播，才恍然大悟，这就是她一直想要找的工作。

原本一直朝着这样的目标前进，却在大学毕业后意外当了艺人，演戏、拍MV、主持电台节目，竹幼婷的经历比很多一心当艺人的女生都要丰富。不过，后来她还是舍弃了这光鲜亮丽的一切，投向了那个从小就在她心中萌芽的、和世界脉搏一同跳动的新闻工作。凭着正义感、使命感和良知，在凤凰这个舞台上向世界观众传递着真实。

星座：金牛座

血型：A型

毕业院校：台湾辅仁大学

语言能力：普通话、闽南语、广东话、英语

爱好：做饼干、拼千片拼图

最喜欢的食物：日式料理

竹幼婷
敢飞就会有天空

“敢飞就会有大空”！这是激励一个女孩多年的一句话。从小这个女孩就喜欢做梦，做的却从来都不是白日梦。她总是很勇敢地让它们从“梦”变为“现实”。这个女孩就是竹幼婷。

2007年圣诞节，凤凰卫视的新闻主播台上，人们赫然发现了一张甜美可人的台湾面孔，操着一口甜甜的台湾腔调，不时露出蜜糖一样甜甜的笑容。这是幼婷第一次坐上凤凰的主播台播新闻。多年来的新闻梦想又一次在凤凰实现，上主播台之前，幼婷差点喜极而泣。

虽然不是基督徒，但第一天播新闻赶在了圣诞节，幼婷觉得是个好兆头——在上帝诞生的好日子正式开工，那么在凤凰的新闻路，应该会受到上帝的庇佑吧。然而，梦想之所以美丽，就在于她绚烂的未知性。三个月后，由于人员调整，还没来得及完全感受来凤凰的兴奋，这个女孩就从梦想的云端跌到地面——她被通知要离开主播台了。梦想又一次发生变化，这次应该怎么办呢?

打小就梦想着靠“讲话”赚钱

想当个主播，是幼婷远从小学的时候，就已经立下的志愿。从小就跟别的小女孩不一样，竹幼婷爱说爱玩，活泼好动，精灵古怪。

从幼儿园开始，竹幼婷的妈妈拿出识字卡片，一个字一个字

↑小学运动会原住民舞表演。

耐心教小幼婷认识汉字，小幼婷学习速度超快，很快就识字一箩筐。于是乎，一进小学，班上的国文老师发现，班里有个伶俐的小姑娘，精灵古怪，嘴巴很甜，特别喜欢回答问题，无论问到什么问题，小姑娘都会毫不羞涩地喊出答案。很快，老师们都喜欢上了这个女孩，有问题的时候，也喜欢第一个把她叫起来发言。不用说，这个女孩就是竹幼婷了。

小幼婷这张小嘴，从小就叽里呱啦说个不停。难能可贵的是，她吐字清晰、语速超快，可以连续不停地从早上讲到中午，甚至夸张到连吃便当的空闲都没有。看到小幼婷天天像一只小八哥一样说个不停，老师干脆推荐她去参加演讲比赛试试，说不定可以挖掘出一个好苗子呢。小幼婷果然没有让老师失望，第一次参加演讲比赛，落落大方，毫不怯场，站在台上讲得眉飞色舞，底下的观众都被她逗得笑成一片，最后一举拿下了第一名。谁都想不到，这个小姑娘跟“讲话”还有这么大的缘分。

既然能说能讲，那就继续参加朗诵和演讲比赛，才一点年纪的小幼婷，凭借能说会道，很快捧回家一大堆奖牌、奖品。获得别人认可的感觉真是相当不错啊，小幼婷一边沉浸在“胜利”的小喜悦中，一边却在慢慢想事情了：“要是长大了能一直靠‘讲话’来赚钱多好啊！什么工作可以让我‘讲话’就能赚钱呢？”苦思了很久，直到有一天看着电视上美丽端庄的女主播，小幼婷恍然大悟，这就是她一直想要找的工作。于是，当着全家人的面，小幼婷在站在她最爱的电视机前面，指着新闻主播说：“这就是我的志愿！”当时这个好动的女孩还不到初中，就大胆地觉得已经足够了解自己了。就这样，冒冒失失的，小姑娘做了她人生第一个“大梦”，甚至连自己这张脸能不能上镜头，当主播除了字正腔圆还需要什么别的条件都不知道，她就下定决心要往这个职业挺进了。

学习小达人

那时候，台湾的北一女中是台湾女校第一志愿，在整个台湾都是名声大噪的。初中考高中，小幼婷便把这所学校当成了自己的目标。有人光说不做，但父母老师都知道，小幼婷不是这样的人。除了一副伶牙俐齿之外，小幼婷还有颗不屈不挠的心，要强好胜，不肯服输。这在她长大之后表现更明显，主播梦想一波三折，她却从来没有放弃过。

说起来，竹幼婷是个不折不扣的“考试达人”。小时候就略有痴意的她，抱着上最好的高中、上最好的大学，梦想就能实现的想法，顺利考上了北一女中。

上高中后竹幼婷简直是如鱼得水，校内全是会玩会念书的资优生！跟一帮爱玩爱美的小姑娘凑在一起，小幼婷可玩疯了，差点忘了学习是怎么一回事，直到第一次期中考试的成绩排名出来。

那次的成绩排名，是有生以来竹幼婷考得最差的一次，几乎是她从小学到中学每次考试排名的总和，大大地打击了这位“梦想女孩”的信心。当然许多年以后再次回忆，这是一个微不足道的小事，但这时候的小幼婷，沉浸在自己的号啕大哭中，她哭得不是这次考得不好，而是连期中考的成绩都这么差，以后怎么实现“主播梦想”呢！

↑五岁开始学琴。

如果这就吓倒了她，她也就不是竹幼婷了。小幼婷不屈不挠的斗志被激发，既然成绩落下了，那就以更大的努力补回来，之后的两年里，幼婷在学业上拼得很辛苦——连这点小小的功课都学不好，还怎么去奢谈“梦想”呢？

有付出就有收获，在小幼婷的努力下，成绩渐渐好了起来。当然，她的强项——课外活动也没有落下，从课外活动中，小幼婷得到了最大的快乐和满足。且不说担任校内司仪，主持升旗典礼，以及参加校内各种广播活动，最开心的是曾经主持过一次校际活动。在当时，男校和女校之间界限清晰，一个女校，只有举办校际活动的时候才能看得到“男生”，当竹幼婷站在舞台上，对着建中（台湾男校高中第一志愿）男生吐出台词的时候，顿时有点飘飘然……

不过，让小幼婷最开心的，还是那一届毕业典礼。典礼上，面对成百上千优秀的同学，小幼婷落落大方走上台，代表所有的在校生致词，那可是代表北一女中那些天才同学啊！这是对小幼婷自己的最大的肯定和褒奖！

就这样，这位爱做梦的女孩继续着她的梦想：“如果在北一女中，还能听到我的声音，那我应该是可以继续做我这个主播大梦的。”

一张履历表

高中毕业，没有任何悬念，幼婷选择了台湾辅仁大学的新闻传播专业。这个梦想跟随了她多年，已经成为了她生命的一部分。

刚刚进入大学的时候，幼婷觉得梦想离自己又进了一步了，毕竟是新闻传播专业，毕业之后应该很容易进电视台吧。但是，很快小姑娘发现事情并不像自己想象的那么简单。说到底，university，不就是“由你玩四年”吗？这个时候的年轻人正是最有活力的，大部分新生进了大学，由于刚刚摆脱了高中联考的压力，一下就像失掉了重物的弹簧一样，以更加迅猛的方式大玩特玩，要把高中的压抑补回来。

幼婷看到这一切，陷入了久久的无奈之中，她是为了实现梦想而来的，不是为了玩耍而来的。那时候，周围同学欢天喜地，幼婷却天天愁眉苦脸，担心自己会不会“毕业就失业”，大一就开始烦恼着大四才会面对的烦恼。

终于有一天，竹幼婷下定决心，在电脑前给自己建了一个空白的履历表。这份履历表，将是四年之后投给各大电视公司的，大学四年，她要做出什么来，写进这份履历表，才能让各大电视公司接纳自己？抱着这样的念头，这张履历表，成了督促竹幼婷大学四年成长的动力。

重“激”之下，必有勇夫。竹幼婷的大学生活相当丰富，最光荣的是获得了“联合报王惕吾新闻奖学金”、“世界广播奖学金”，并在颁奖典礼上代表50名大学部获奖学生致得奖感言。

除了校内获得的荣誉，幼婷又把眼光放到了校外。大学三年级开始，她就开始在台湾东森电视台实习了，那是和业界的第一次接触。

初生牛犊不怕虎。7月的暑假是台湾的台风季节，每当有记者要出差到南部去跑台风灾情的时候，这个新来的实习生就不停在旁边举手说：“我也要去！我也要去！”电视台领导看看瘦小的竹幼婷说：“你一定被风吹跑，这样你的保险费太高，你乖一点在公司见习就好。”（别以为领导如此怜香惜玉，等幼婷后来真的开始当记者领薪水，才发海上警报，那边领导就已经打电话要她销假上班：“竹幼婷，台风从宜兰登陆，你就去那里，找个风大雨大的地方连线。”“……领导，您不是怕我被吹走吗？”“吹走？那我就有独家了！”）但她当时的积极争取，让领导留下了印象，所以还没毕业，东森电视台就第一个打电话问竹幼婷要不要过去上班。

另外，实习的同时，她还参加了“爱上主播台”的学生主播征选，入围了前三名，于是有了难得的正式播报经验。

↑幼婷年幼时参加舞蹈班时的练舞场景。

既然“中了大奖”

至此看来，这位“梦想女孩”一路还是往着新闻行业前进的，但是人生啊，就像一盒口味多样的巧克力，你永远都不知道下一块是什么味道。

当幼婷大三跑去参加了MTV台举办的VJ招募活动，却没想到当时合作主办方的凯渥模特儿经纪公司，竟然问这个身高160厘米的女孩要不要签约当艺人。而问她的，正是挖掘林志玲的经纪人江怡蓉江姐：“我就是知道你可以。”虽然后来没有签约，但是江姐这句话，却让这位“天不怕地不怕”的女孩胆敢做了第二个大梦，当艺人！

↑当艺人时，和古巨基为杂志拍照，亲密无间哦。

竹幼婷这个梦想一出口，惊天动地，非同小可，她妈妈第一个翻脸，因为已经有电视台等着让她毕业后去工作，而这个从小不按常规出牌的女儿却临时转变了想法，要去当艺人。演艺圈在外人看来是大染缸，这个姑娘却奋不顾身要往里跳。当时很多人都以为她疯了，做着不切实际的明星梦，然而这位“梦想女孩”心里却清楚地知道，这是一次很好的机会，尽管从小从没敢想过自己能当上明星，但这次的机会就像突然中了大奖，错过了，就再也没有第二次可能了，在这个关口，幼婷敢想敢做敢负责的劲儿又上来了，既然是一个好机会，那就上吧，人生可以有无奈，但不可以有遗憾……

“天不怕地不怕”的幼婷很快就决定加盟演艺圈。非常幸运的是，她第一次就遇上了一个好经纪人：敖君怡，她没有给幼婷一个卖身契似的合约。敖君怡也是出名的电台DJ，所以竹幼婷一边在电台工作，一边继续向敖君怡学习。身在演艺心在主持，幼婷的心一直是想进演艺圈做主持人的，但她运气特别好，不仅遇上了一位好经纪人，更凭着小小年纪，与许多大牌明星合作。和同门师兄古巨基拍了杂志主页，竹幼婷打开了自己的知名度；接着接了徐若瑄曾经拍过的茶广告，甚至和杨丞琳一起演了电视剧。连自己都没想到，一个新人，她已经有了比别人更多的机会。

当然，演艺圈也让她提早感受到了社会最现实的一面。作为一个新人，幼婷曾经被发过一个清晨5点半的通告，却等到下午3点才拍到她的第一个镜头；也遇到摄像师翻脸说不拍她的近镜头："导演，她脸这么胖，真丑"，当下给她难堪；甚至，有次拍了快半年的某一部作品，新闻发布会上，幼婷演出的画面一秒都没有。慢慢地，幼婷领悟到，演艺圈绝对不是你长得漂亮帅气，会唱歌跳舞就行，在没大红大紫前，你要咬牙忍受最直接最残酷的社会现实。所以到现在，幼婷在凤凰主持起娱乐节目，每次看到卖力的艺人，她都很是敬佩。因为自己曾经历过，因此由衷佩服热爱表演事业的每一个人。

很快，两年合约到期，幼婷经过思考，决定停止这趟意外的旅行，回到自己的轨道上来。

在梦想的道路上狂奔

但是，当过艺人，要再回到新闻圈，谈何容易！报纸上，开始有竹幼婷要转行的消息，新闻圈开始耳语，又来一个只想当主播的女生！听在耳里，这位倔强的女孩很不服气，大学前三名毕业的成绩，这不是吹的，这是自己为之奋斗了多年的梦想，她相信自己有这个实力。但是，这趟"迷途知返"肯定会面对很多压力，她太了解。

按照圈子里面的规定，先当好记者，才是当好主播的基础。为了继续沿着梦想努力下去，幼婷使出了"拼命三郎"的劲头。中华电视公司，是当时全台湾收视第一的电视台，能进华视，是她梦寐以求的。她向华视的领导提出了不要薪水实习两个月的想法，希望能让圈子接纳她，让领导看到她的采编能力。

↑竹幼婷在浪漫巴黎。

也许是真诚打动了上天，这次，她终于回到了梦想的既定道路上。

接下来的路还是艰难的。在华视，幼婷接受了给予记者的最严格的训练，曾泡在被水淹了的城市里，看着蟑螂、老鼠的尸体，从她身旁游过；千辛万苦拍摄的带子，被主播退回，并遭责问：怎么好意思拿这种新闻带交差？幼婷不断告诉自己，什么都没有关系，只要还让自己在这个行业里走下去。

像少年时候的不服输一样，竹幼婷铆足了劲儿。气象知识不行，她就到气象局向有专业水准的人请教，甜甜的嗓音谁都不好意思拒绝；医疗专有名词不熟悉，没关系，下班之后把所有的时间都泡在网上，一个一个查寻、解释……就这样匆匆忙忙，幼婷从来没觉得累，在梦想的道路上狂奔，她很满足。

梦想和压力一起砸来

就在竹幼婷二十五岁的时候，一个假日的早晨，她接到了领导电话。电话那头传来领导急促的指示，就是这个指示，让她一下子就哭了。

原来，领导打来电话，要竹幼婷即刻回公司上班，播《午间新闻》，这是当时台里第二个重要的时段。“不是代班，你就是午间主播”，领导口气刻不容缓，梦想砸来的时候，她却觉得太快了，连准备都来不及，她略带抽泣地跟领导说：“我没有准备好。”领导一看这个架势，笑了起来，没看过要当主播的人却大哭的！就这样，硬赶着鸭子上架，几乎一夕之间，多年梦想一下子实现了，面对这样的惊喜，竹幼婷真的有点不知所措。

如此年轻就播《午间新闻》，这个女孩应该安安稳稳地播下去了吧？可是有些人，注定永远在路上。这个时候，台湾的有线新闻台开始大兴，无线电视台由于不是二十四小时播新闻，竞争力逐渐减弱。虽然竹幼婷已经在播新闻，可内心深处她却又不安分起来，她想到有线新闻台进一步磨炼自己。

想做就做，没有一丝迟疑，竹幼婷很快跳槽到了中天电视台，回归了从记者干起的老本行。这都没什么，关键是台湾新闻界工作量实在太大了，总是在挑战人类忍受的极限！在台湾中天采播新闻的日子里，竹幼婷的工作时间是从早上8点到晚上8点，白天跑完一天的新闻，晚上回来立刻化妆，播午夜11点到1点的新闻。每天十五六个小时的工作时间之后，隔天，又是早上8点准时进公司。那段时间，她常常因为工作压力过大而半夜偏头痛睡不着觉，也曾想过辞掉工作换健康，但是，凭借着对一份工作的热情，还有对一个“梦”的坚持，竹幼婷挺了下来，只有梦想才有这么大的力量，让一个人在承受心理极限的时候，还能保持一颗平和的心。

在中天拼了几年，中天新闻高层终于给了竹幼婷一个极大的肯定，决定升她担任专任主播，竹幼婷在领导办公室激动地说了不下百次“谢谢”，这位女孩终于要慢慢地熬出头了……

从小的梦想在此刻完成，然而故事却还没结尾，凤凰卫视台北站一通电话，就像是在这条好不容易走出的康庄大道上，杀出的程咬金……

↑台湾过年播新闻的打扮。

蠢蠢欲动

对一个主播信任度的增加，除了需要时间的累积，背后还要一个伯乐，也就是电视台的支持，幼婷这时候已经有了识慧眼的伯乐，按理说应该不会再发生什么变动了。但是，就在这好不容易柳暗花明的时候，已经在台湾新闻圈累积了七年时间的幼婷，却忽然接到凤凰卫视在台湾招人的电话。这时候的她，在台湾已经算得上风生水起，中天领导刚刚提拔了她，知名度也在慢慢打响，如果继续在中天工作下去，几年之后也可能已经是一位小有名气的主播了。现在，她该怎么选择呢?

体内那个爱挑战的灵魂又在蠢蠢欲动了，面临抉择的时候，还是心中的梦想为她作出了选择。这些年，竹幼婷的身影一直没有停下来过，从演艺圈到华视，又到中天的新闻主播，支撑她走下来的唯一动力，就是小小年纪立下的始终不渝的新闻梦想。

相比台湾的新闻媒体，凤凰卫视这个平台更具国际视野。何况吴小莉、胡一虎等凤凰主持，在台湾业界也是如雷贯耳、大名鼎鼎的，如果能跟他们成为同事，那会学到多少东西啊！就这样，带着对新闻理念的坚持和对新鲜事物的强烈追求，竹幼婷勇敢地作出了决定——到凤凰参加面试。

一开始她并没有很大的自信能被凤凰录取，要知道凤凰卫视已经三四年没有在台湾录取过一个主持人了，要走进全球华人的新闻领域，这是一个千载难逢的机会。但是，在台湾做主播期间形成的播报风格，跟凤凰卫视的完全不同，在凤凰，控制好语速和表情，向观众展现专业、稳健的一面，才是最重要的。所以，面试前，竹幼婷心里打起了退堂鼓。但好在想开了也没有什么大不了的，面试也是一种经验累积，让自己知道这个泱泱大台需要什么人才，也是一个很好的机会。

很快，竹幼婷就接到了凤凰卫视的通知书，她被录用了。这下，竹幼婷铁了心了，为了更高远的梦想，放下台湾的一切，她只身到香港来了。于是就有了开头那段的故事，2007年圣诞节，竹幼婷第一次踏上凤凰卫视新闻主播台，可三个月后，她又要离开这个岗位了……

赶上这匆匆的步伐

这段时间对这个活泼的女孩来说，真是漫长的煎熬。在香港这样国际化的大城市，节奏快得让人不适应，每个人都步履匆匆，各种文化的人都在这里打拼。你必须不断进步，不能有丝毫的懈怠，才能不被这个城市的步伐甩下。

在香港，幼婷没有一个熟悉的朋友，也不敢打电话回家诉苦，怕妈妈陪自己哭。有一段时间，幼婷每天睁开眼，都先问自己这不是真的吧？是做梦吧？等到意识到不能播新闻已经是钢铁般的事实，眼泪就会突然流下来，自信心就像碰上了地震，支离破碎。如果不是那个梦想又一次浮上脑海，幼婷真的不知道自己会怎么办，像电影胶卷一样，以前经历的画面一一重新呈现，想到小小年纪怀抱的理想，中学、大学时代不肯服输的奋斗，做演艺人员时候的吃苦受累，在华视、中天跑新闻、做主播的经历，那些日子无一例外的是，再苦再累，因为梦想的激励，都闪着亮晶晶的光芒。

有梦想的人怎么会被轻易打败呢？好强的竹幼婷也不会这么容易就被打倒的！就算在家崩溃大哭，出门也要擦干眼泪大步走，她下定决心打死也不回台湾了。在这里，哪怕做个记者，她也要做到最好！所以很快，幼婷跑到当时面试她的资讯台领导面前，告诉他："对不起，我没能马上争气，但是我一定要让大家知道您没有选错人！"

这一举动感动了公司很多人，资讯台台长主动过来鼓励她："不管发生什么，你要继续相信自己"，让幼婷感激不已。在凤凰这样的大家庭里，不怕你做得不好，就怕你不肯做，只要愿意做，总会得到同事、领导的鼓励支持。

既然普通话和广东话讲得不好，那就从发音开始练习吧，竹幼婷又拿出了在台湾做记者时那股"拼命三郎"的劲头。第一件事情，她开始和凤凰卫视的"台声"张妙扬老师学发音。从小学一年级就开始拿演讲比赛奖状，这还是幼婷头一次被人说普通话不标准，但她丝毫不气馁，像小孩子牙牙学语般，一个字一个字向老师学着发音，回家又拿录音机录起自己的发音，然后听着中央电视台主播的口播，对照两者的不同。第二件事，幼婷开始跑港闻，虽然当时一句广东话也不会，不过她在台湾跑新闻、跑独家，是没有怕过的，所以对做出"观众能懂又好看"的新闻，幼婷还是有信心的。最大的收获，就是她深入走遍香港许多地方，

↑竹幼婷俏皮宣传照。

广东话也就快速的“识听识讲”，她的人生因为港闻组的这三个月而更加丰富。

娱乐新闻里的大学问

到了夏天，竹幼婷突然被通知重回主播台，不过要转换的是播《娱乐新闻报道》，虽说和她想播的传统新闻有段距离，但对她来说却已经是很值得珍惜的机会。而且播了几天之后，她才发现，真的不能小看娱乐主播，这个岗位对人的锻炼非同一般。在《娱乐新闻报道》这个主播台上，她首先要学习的，就是摆脱对提词器的依赖，这对主持人是一个很大的挑战。既然做，就一定要做好。怀着这样的心理，幼婷抓住每一个机会，相信自己的付出终有一天会有收获的！

平台虽小，努力不少。在这个主播台上，她试着找出娱乐新闻的深度：张艺谋的一部《三枪拍案惊奇》，为什么众人越骂越卖座？《2012》是好莱坞难得对中国友善的一部电影，原因是什么？中国人又买不买账？年轻人可能不知道高锟获得诺贝尔物理奖时已得了老年痴呆症，但是他们知道冯小刚熬了十五年终于得到金鸡百花奖，这条娱乐新闻或许就能让年轻人感悟到人生很多事情只要坚持，总有人看到。播娱乐没想到也能这么严肃吧！幼婷甚至希望《娱乐新闻报道》要多点国际消息，因为中国的娱乐业必须要和世界的娱乐工业接轨，要学习国外的制度和创作空间，因此观众要有水平，才知道什么才是好的艺术作品。做娱乐新闻，幼婷竟然也正经八百地去找出自己的使命，找出其中的乐趣！

后来幼婷还接下了《凤凰太空站》的担子，之后，幼婷越做越好，还代班《娱乐大风暴》，主持风格也越来越轻松、自然。让幼婷最兴奋不已的，还是自己已经不是一个只会念稿的主播了，在娱乐主播这个位置上，她觉得越来越有成就感。

不拍哭戏却可以三秒掉泪

可是，最初的梦想还是一刻不停地压在这个女孩的心中。有天刚下主播台，一位领导和竹幼婷说了一番话，让她陷入了深思："幼婷，我看你在娱乐台待得挺开心的，好像不想回新闻台的样子？"听了这句话，幼婷真是忧喜参半。喜的就是，显然她已经融入了自己的节目，找到了快乐，大家不再看到她愁眉苦脸的样子了；但忧的是，自己也在问这个问题——是不是真的要和新闻路渐行渐远？

这其实也是幼婷的一个自我矛盾。做娱乐新闻，更像是私底下的自己，生活需要多姿多彩，自我的真实表达可以带给观众快乐。但是看到大事发生，她却总是心痒，新闻的热血在体内涌动着，像2009年台湾的莫拉克风灾，自己都没办法去现场采访或播报，让她觉得自己很没用。不过，当她第一次代表凤凰参与台湾八八水灾赈灾晚会的那次，她才真正想通了这个困扰。那次晚会中，幼婷第一次不是以记者的角度去看待台湾土地上的灾难，而是以一个华人媒体的主持人身份参与其中。晚会上，藉由凤凰这个世界性的平台，她可以号召更多的力量来帮助台湾，用不同的方式来帮助自己的家。“这不就是我拼着要来凤凰的意义吗？”

有些事，必须有耐心才能等到水到渠成，这位勇于将“梦想”变为“现实”的女孩慢慢学习着，只要求自己站稳每一步，而并不急着问离终点还有多远。懂得了欣赏沿途的风景，或许更能丰富自己。“在什么位置，都做到最好！”2010年，公司颁发的最佳娱乐新闻主播的奖牌，就是对她力行箴言的最好证明。

到了2010年，竹幼婷从娱乐新闻回归到了《凤凰正点播报》，又接棒主持了凤凰卫视资讯台的新节目《天下被网罗》。2011年她又受命主持《全球资讯榜》。迈入2011年，就是竹幼婷在凤凰的第四年了，她开玩笑地说，以前拍哭戏，要磨蹭一天培养情绪也哭不出来，而在香港的这一路走来，太多故事可以让她三秒掉泪，演琼瑶的那种哭戏都没问题。兜兜转转，或许她花了比别人更久的时间，才不过回到原本的起点，但每次挫折克服后，夜半人静时，这位女孩总会小声地跟自己说：“幼婷，你很棒的！”小小地肯定自己，是她在异乡爱自己的一个方法。“你总是挑最难的路走”，这是台湾的一个知心好友对竹幼婷人生态度的一个结论，然而她心底知道，这都是自己的选择，而靠自己走出的路，也才最心安理得。

回顾这几年在凤凰的日子，竹幼婷深深感恩凤凰能让人发现自己无限的可能，在凤凰，每一个人都可以大胆说梦想，或许不是下一秒就让你实现，但是总会在对的时间让你尽情挥洒。幼婷的新闻梦想，就像是一首变奏曲，起起伏伏、悦耳动听。但不变的是，对新闻梦想执著追求的主旋律，还有她认真对待每一件事的人生态度。幼婷用自己一步步的努力和成功，告诉所有心怀梦想的人：“敢飞就会有天空！”

鲁韬

凤凰的新闻观察员“四虎将”之一，年纪轻轻，一眼看去却有“长者”之风，做事稳重、成熟，隐然大气。游走在世界各地大事发生的现场，在纷繁复杂的新闻事件中剖析出千丝万缕的脉络关系，掌握来龙去脉，还原新闻本质。

人称凤凰“翻译一哥”的鲁韬，临场应变的快速、敏捷，翻译风格的客观、准确，令周围同事叹服不已。相传专家们曾把鲁韬与另外一个电视台的娱记分别翻译的关于“2008年艳照门事件道歉声明”作了比较分析，鲁韬的翻译更尊重新闻事实，平实而恳切，受到专家一致好评。

家乡： 北京

星座： 天蝎座

血型： O型

毕业院校： 北京第二外国语学院

爱好： 摄影、阅读

最爱的食物： 只要是非西方菜，都爱！

鲁 韬

观察员的自我观察

如果要用一个词来形容鲁韬，那就是“低调”；如果非得用两个词，肯定是“成熟、稳重”。这不仅仅是鲁韬给别人留下的第一印象，也是经过历练，鲁韬成就自我的一部分。

别看鲁韬刚过而立之年，在凤凰卫视已拥有了不少“第一”：凤凰卫视目前唯一拥有香港优秀人才计划身份的员工；与太太在凤凰卫视相识、相恋，是凤凰卫视公司内的第一对夫妻组合；也是凤凰四位国际问题观察员中第一个当爸爸的……

记者的三张名片

2006年，第五届亚太安全会议在新加坡香格里拉大饭店举行。这是鲁韬第一次走马上任担任外派记者，代表凤凰进行国际性会议的外出报道，此行他却胸有成竹，没有丝毫紧张和担心。

表面上看，亚太安全会议是由伦敦国际战略研究所发起，新加坡政府负责承办的，但某种意义上说，美国才是其背后最大的势力。尤其是近几届，美国前国防部长拉姆斯菲尔德连年参加，不动声色地起了举轻若重的作用。国家、地区关系之间的微妙变化，从拉姆斯菲尔德的行为可窥一二。

此时又适逢上海合作组织成立五周年，虽然上海合作组织和亚太安全会议两大组织各司其职、互不相扰，但各组织之间和各国家之间的关系，牵一发而动全身，实在是微妙至极。

会议进行到最后一天，鲁韬知道，好戏就要拉开帷幕了。这天最后一场会议是美国国防部长与蒙古国际部长的会晤。众所周知，蒙古是上海合作组织的观察员之一，此次亚太安全会议，蒙古又是美国极力拉拢的国家，风口浪尖之上，蒙古外长的一举一动都被世界人民看在眼里。不过很显然，狡猾的拉氏要利用这场会晤做一场“秀”。

之前鲁韬已经会过这个著名的鹰派人物——拉姆斯菲尔德了，拉姆斯菲尔德也早已知道此行凤凰派出的记者是个不满三十岁的小伙子。最后一场美蒙会晤，也是拉姆斯菲尔德通过新闻官委婉告知鲁韬的。鲁韬嗅出了拉姆斯菲尔德的意图——审这个老狐狸想借助凤凰的影响力，传递某种信息，比如同蒙古关系上升的意思。既然这样，不如将计就计，鲁韬脑子飞快地旋转。

美蒙这一会晤，外界对蒙古和“上合组织”之间关系的肯定会纷纷争议、猜疑，在这样的情况下，“上合组织”就成了这次会晤的一颗定时炸弹。如果把“上合组织”这颗炸弹抛给美国或蒙古的任意一方，其结局肯定可想而知。思考至此，鲁韬不动声色地暗暗作了准备。

最后一场，鲁韬是第一个提问的记者，只见他沉着冷静地向拉氏抛出一个问题——你对“上合组织”成立五周年有何看法？会场内的空气顿时凝结起来，似有无形的刀光剑影在场中较量，狡猾的拉氏低头不语，避而不答。

鲁韬锲而不舍、穷追猛打，将这个问题转向了蒙古国防部长。蒙古国防部长也支支吾吾，说不出个所以然，这个场合是美国拉拢他的场合，他怎么能公开表示我很愿意加入上合组织？这不是故意让美国人难堪吗？好久，蒙古国防部长才敷衍道，这个问题不属于我的权限，这是一个很大的问题，需要我们更高级别的授权才能回答。此时的拉姆斯菲尔德表情极为尴尬，终于忍耐不住，出面打断了鲁韬的提问。

鲁韬目的业已达成，面带微笑结束了自己的提问。事情如他会前所料，一切尽在不言中。

散会之后，鲁韬正要去酒店吃饭，却被告知拉姆斯菲尔德的办公室主任要亲自过来面见自己，得知这位准将要见自己，鲁韬以为自己上了五角大楼的黑名单。不过接下来交谈一番之后才发现，原来拉姆斯菲尔德只是想了解一些自己的个人情况，看来此一役，给拉姆斯菲尔德留下的印象很深。除此，拉姆斯菲尔德还表达了与凤凰卫视合作愉快的立场，听到这些，鲁韬松了一口气。

接着，一位《纽约时报》的记者又叫住了鲁韬，主动要求跟鲁韬交换名片，他对鲁韬在会场表现出的勇敢和执著表示了同行之间的敬佩。这一刻，第一次出征的鲁韬，心中涌起作为一名记者的自豪感和责任感。

多日之后，鲁韬带着凤凰的台标走南闯北，这个沉着、稳重又不乏细心、大胆的年轻人，对记者这个行业有了更深刻的认识。作为一名好的记者，都应该准备三张名片。

一张是印着记者自己名字的实实在在的名片。对于知名记者，知名度就是自己的名片。即便是一般记者，也要对自己报道新闻的内容负责，因为上面是署了自己名字的。

第二张则是媒体名片。记者所在的媒体能够为记者工作提供便利。作为“向世界发出华人声音”的凤凰卫视记者，不仅是自豪感，同时也是一种责任感。遍布全球的中国驻外机构以及华人对于凤凰的了解和尊重，往往让前往陌生国度采访的凤凰记者备感亲切，尤其是当他们热情地伸出手，说一句“哦，你们是凤凰的啊”的时候，更令人备感自豪。

第三张名片是记者的专业能力。尤其身处国际媒体云集的记者会场合时，大牌和资深记者都在，这时候记者的一个名片，就是他的提问水准，谁抓住了独特的新闻点，谁就能赢来最多的敬重。

“为什么选择凤凰？”

第一次上“战场”，鲁韬交出了一张这么漂亮的“答卷”，难怪别人都夸他成熟、稳重。鲁韬自我调侃说这得理解为“老土”的意思，因为“老土”与“鲁韬”的广东话谐音相同。

看似老成，其实鲁韬才刚刚迈入而立之年。鲁韬是2004年底加入凤凰卫视的，其间当编译、做同传、播新闻、干记者、做主持，一直到现在的凤凰观察员，一步一个脚印，打好基本功，不争名，但求实，希望借助凤凰舞台，实现自己的新闻梦想。

↑曾经的少先队员。

↑穿着小猫钓鱼的背心准备上船。

出生在上世纪70年代末的鲁韬，最终走上媒体这条路，首先跟鲁韬从小的兴趣不无关系。鲁韬从小就生长在一个外交官家庭，儿时的耳濡目染，可以说是鲁韬后来从事国际新闻工作的“童子功”。

父母是新中国成立后出生的一代人，他们见证了共和国的成长。而作为改革开放后成长起来的一代人，鲁韬的成长经历则是中国改革开放的一个缩影。如果说父辈是讲究 “奉献”的一代，那么鲁韬这一辈可能是更渴望“实现”的新一代。父辈自强、务实、重视教育，强烈的爱国心，对事业的使命感，深深地影响了鲁韬的世界观。

尽管很多事情和话题当时并不明白，却激发了小鲁韬对国际事务的浓厚兴趣。再加上家中藏书很多，小小年纪，鲁韬已经接触了很多“奇怪”的知识。那时候，家里的那面墙上，一直挂着一张大大的国际地图，每次听到一个地方的新闻，鲁韬总会去地图上找一找，看看那个地方究竟在什么地方，离自己有多远。同龄的小朋友过来玩的时候，小鲁韬可神气了，他能把很多奇奇怪怪的国家的首都说得一清二楚，还能一口气把中国周边的邻国都数一遍。

后来世界格局发生大动荡，出现了很多新的国家，老地图过时了，家里人才把这幅地图取下来。以后家里搬家换房子，就再也没有挂过地图了。不过那张老地图已经深深印在小鲁韬的脑海中了：中国是一个很大的国家，但并不是孤立存在的一个国家。中国发生的事情，是会受到其他国家的影响的，同时也会影响其他的国家。其他大国也同样如此。

现在想起来，这其实是一种朴素但颇为深刻的地缘政治观。尤其长大了到凤凰工作后，鲁韬更深深地明白，所谓针对国际新闻的凤凰视角，很大程度上其实是一方面让观众真实地了解世界怎样看待中国，国际事务会对中国产生怎样的影响；另一方面让观众领悟到，中国应该怎样塑造和发挥自己的影响力。

“中国翻译的国家队”

如果说是开放的时代和家庭的熏陶，让鲁韬和凤凰最终结缘，那么还有一个媒人，是为鲁韬和凤凰牵线搭桥的红娘——这就是世界上最通行的一种语言：英语。

高中毕业报考大学的时候，考虑到从小的兴趣，鲁韬报考了北京第二外国语学院的英语专业。大学毕业之后，经过层层选拔，鲁韬考上了外交部的翻译室，所谓“中国翻译的国家队”，也是在那个时候，他接受了“地狱式”的培训。这种地狱式的培训，以两大“魔鬼战术”闻名，一是训练密度高，二是训练系统性强。两大战术轮番轰炸，凡是经历了这场“地狱式”翻译训练的，只要没有粉身碎骨，保全下来的无一不是翻译精英。

在外交部翻译室一年的培训之后，鲁韬被公派到英国西敏寺大学的伦敦外交学院留学，学习翻译和外交课程。除了系统的翻译训练之外，更多是系统地学习了外交的理论和实践，包括外交史、外交礼仪、外交常识，还有一些外交的基本业务，像谈判、交涉、外交官书的起草等。

这段为期十个月的在外求学经历，也是鲁韬第一次真正走出国门，见识外面的广大世界。除了学习之外，鲁韬还到欧洲的主要国家进行了一番游历，包括南欧、北欧、西欧的各个国家基本都转了一个遍，也成了日后了解西方社会的一个窗口。

当时英国BBC的一个制作点就在大学附近。鲁韬上学时候就对BBC的新闻节目比较感兴趣，这下他开始留意媒体在现代生活中的重要性和影响力了。从小生长在外交家庭，他对外交官的生活已经不再陌生，但媒体这个陌生的行业，在这个时候深深地吸引了鲁韬。

那时候，每周三英国的议会都有一个现场直播的首相问答，鲁韬经常都会看，时间长了，他对政治的理解越来越深。他越来越意识到，政府的透明度对一个国家政治决策进程的科学化，对公民参与度的提高都是非常有好处的。而对中国来讲，在这方面还有很大发展的空间。另外他也明显感觉到了中国越来越强大的影响力。而基于扩大影响力来看，媒体是一个最有力的工具，所以在媒体从事外交相关事务，应该有一个比较好的发展前景。而这，成了鲁韬后来到凤凰的一个根本原因。

2004年底鲁韬加入凤凰卫视，成为了一名真正的媒体从业者。

凤凰的“翻译一哥”

在凤凰，鲁韬经历了多个角色的转换，从编译、同传、记者、主播、辩论会节目嘉宾，一直到现在的凤凰观察员，其间经历过各种工作的挑战，同时也为成为一个全能的新闻人，打下了扎实的基本功。

2004年，鲁韬初进凤凰，主要从事同声传译工作。与之前从事会议同传不同的是，电视同传的准备时间短，对同传内容背景知识的储备要求非常高；电视媒体受众面更广，翻译的好坏直接影响受众接受的程度。在准备时间越来越少的情况下，鲁韬迎难而上，不断更新词汇量，做到“时刻准备着”。每年年初美国总统的国情咨文一个多小时的演说，鲁韬凭借扎实的功底，每一次都非常出色地完成。

2008年，陈冠希艳照门事件被炒得沸沸扬扬，陈冠希的道歉声明全球直播之前，鲁韬临时披挂上阵，第一时间同传给全球的华人观众。由于同一时间各电视台同传风格迥异，之后，网上好事者将鲁韬的翻译与另外一家电视台的翻译风格进行了对比，对鲁韬的平实、贴切的翻译风格大为称赞。之后一次中国翻译国际会议上，又有与会者把这两篇翻译拿出来讨论，对鲁韬的翻译给予积极评价。由于同声传译的高效即时性和现场性，应对紧急突发情况，也成为考验一个同传者基本素质的试金石。

临场应变的快速、敏捷，翻译风格的客观、准确，使得鲁韬很快就成了凤凰的“翻译一哥”。

记者也要靠人性的力量

2006年7月12日，以黎战争再次爆发，冲突、武装、流血、战斗成了以黎双方每天的主题。为了更及时地报道以黎冲突，凤凰卫视先后派出了四组记者，多点布置、相互配合，呈阶梯式对这场战争进

↑和黎巴嫩难民在一起。

行报道。

鲁韬作为四组记者中的成员之一，留守叙利亚首都大马士革，跟踪黎巴嫩真主党两个主要盟友——叙利亚和伊朗的相关反应，探访和报道叙利亚当地的黎巴嫩难民情况。

战争的阴云笼罩，大量黎巴嫩难民涌入叙利亚避难，同一片天空下，悲伤的眼神，恐惧的表情，无一不让鲁韬感到痛心。有一次去采访的路上，看到几个流离失所的难民孩子，鲁韬赶紧把身上带着的钱全部掏出来分给了他们。看到这一切，当地的导游都差点感动得流下泪来。

本来鲁韬一直希望采访在大马士革的另外一股军事力量哈马斯对于战争的态度，对方基于安全理由一直不愿露面。不过看到鲁韬在难民面前的真情流露后，导游最终下定决心，通过各种渠道，终于敲定了与哈马斯高层的秘密访问。

接下来，鲁韬经历了仿佛谍战电影中的接头环节，包括多次变更接头地点，更换搭乘车辆等等，终于冒着生命危险，成功采访到哈马斯的政治局委员。谈得兴起，这位政治局委员甚至把三个儿子都招呼出来，于是鲁韬与三个孩子留下了珍贵的合影。

“热接触”与“冷观察”

新闻观察员这个岗位是凤凰卫视独有的。有人说，这个新闻观察员就是对新闻事件“热接触”和“冷观察”的多面手。一方面游走在世界各地大事发生的现场，对世界形势洞若观火；另一方面，每天为纷繁复杂的新闻事件抽丝剥笋，从中剖析出千丝万缕的脉络关系，掌握来龙去脉，还原新闻本质。

2009年5月，鲁韬加入《凤凰观察》栏目。每天早上9点开始，作为观察员的鲁韬，就要为公司总编会准备一个当日的新闻报道线索和焦点。在早上10点左右的总编会上，除了要汇报当日焦点话题，还要作出简要报道建议。会后基本上马上就要开始就选定的话题，进行紧张的研究，制作《凤凰观察》稿件。由于《凤凰观察》稿件篇幅较长，资料画面不多，有些相对冷门话题，甚至还要从网上下载图片，并定制相关图表特效，栏目组成员一直处在高度紧张的工作状态。

在稿件送剪之后，观察员要考虑18点短评的思路和角度，既要与稿件保持一定的关联，又要将新闻事件的来龙去脉梳理清楚，更重要的是要总结归纳出有一定特色和深度的观点。

可以说，《凤凰观察》是一个以“酿”而不是以“量”取胜的节目，是在时间压力下对新闻深度最大追求的一种尝试。为了在相对有限的时间内（通常是12个小时内），对单一新闻事件有一个较为深入全面的报道，又要满足一般电视观众对节目节奏加快的要求，观察员需要有一种“时刻准备着，时刻充电着”的工作姿态，尤其是要对事件的发展具有一定的前瞻性。

在鲁韬看来，公众对于新闻事件的关注度，正在向“更快、更准、更深”的方向发展。凤凰卫视在新闻报道上，一向以快取胜，强调第一现场、第一反应。曾经是观察员的何润峰眼中的鲁韬，是观察员中写稿速度最快的。鲁韬解释这是因为之前同传翻译的经历，必须短时间、高效率地写完稿子。

不过鲁韬认为，快只是第一步。他说，随着网络等新媒体的崛起，电视作为曾经最为迅捷、传播效率最高的媒体形式，在反应速度、成本效应等方面已经受到了越来越大的挑战，这不单是凤凰一家电视媒体所面临的挑战。作为一线的电视新闻人，也应该调整思路，在继续强调速度取胜的同时，要在报道的准确度，以及报道的深刻度方面下工夫。形象地讲，就是努力瞄准观众在众多媒体选择中“信谁的”和“听谁的”问题。同样报道一个新闻事件，观众相信谁呢？同样解读一个新闻事件，观众爱听谁呢？

↑凤凰战斗队前往古巴。

《凤凰观察》这种新闻节目形式，就是朝着“更准”“更深”的方向作出的尝试。由于一般的新闻报道，无论是记者在外采访，还是总部编译稿件，受到及时报道以及篇幅要求的制约，可能在准确度和深入度方面，受到限制。《凤凰观察》这个栏目，则有效弥补了这方面的不足。每天18点焦点新闻播出的《凤凰观察》栏目，一般由一篇深入报道稿件和一段2至3分钟针对性点评组成。这总共5至6分钟的节目，其实是每位观察员一天辛勤工作的结晶。

“其实是新闻人不好做”

尽管工作的要求提高了，不过在凤凰的经历以及外交方面的知识储备，让鲁韬敢于在一些问题上发表自己的看法。第一次做观察节目的“中美知识产权”话题就曾被国内权威媒体引用。鲁韬深感作为凤凰观察员的成就感，“虽然现在的‘观察声音’比较稚嫩，但已经引起了一定的关注”。

回顾自己在《凤凰观察》栏目的两年工作，鲁韬觉得，有一些亮点，但更多的是对自身的提升。至于最大的体会，则是永远要在新闻事件前，保持一个清醒的头脑，切忌主观和情绪化。

美国媒体2010年初预测的中美关系面临对台军售，会见达赖以及汇率贸易等三重挑战，不幸一一变成事实，中美关系受到严重干扰，不过鲁韬在《凤凰观察》节目中指出， 应当对汇率贸易问题和对台军售，会见达赖问题的性质作出区分，中国在汇率贸易问题上应当展现更多的弹性，同时也不要将奥巴马政府与美国国会，视为铁板一块，让中美关系的弹性进一步降低。在4月份国家主席胡锦涛赴美出席核安全峰会，以及中美战略与经济对话的恢复，使中美关系曾在上半午出现转机。

不过美国利用3月底韩国天安舰事件，大打安全关切牌，加快重返亚洲的战略部署，再加上美国中期选举的国内政治因素，中美关系在下半年又遭遇南海问题、美航母赴黄海军演等多重冲击。鲁韬先后参与或牵头制作了 “中美关系新挑战”等系列稿件，对中美关系的发展作出全面评估。

《凤凰观察》栏目对于新闻策划的强调是有回报的。在新闻严重同质化，媒体资源相对有限的情况下，准确严谨的新闻策划，是做出特色和深度的保证。对一个事件发展的判断，直接对报道的形式选择和报道的资源投放产生影响。鲁韬较早提出了吉尔吉

↑流亡后的泰国前总理他信为鲁韬题词：你的命运取决于你的决心。

斯斯坦骚乱形势发展不致失控，泰国政局动荡中红衫军必败，英国大选工党会下台，以及中期选举将深刻影响美国未来政局等看法和判断，对凤凰台领导调度报道资源，起到了一定的参考作用。

“我们是一对经得起考验的年轻夫妻”

提到凤凰，鲁韬说的最多的两个字就是“感谢”。“感谢凤凰，对人才的启用不拘一格；感谢凤凰，给年轻人提供了很多机会。”如果说还有一个感谢，那就是感谢凤凰让他认识了一个好妻子。

鲁韬的妻子也是凤凰的员工，2006年底，鲁韬认识了一个在《凤凰太空站》节目工作的漂亮姑娘，后来发展着发展着，漂亮姑娘变成了鲁韬的老婆。2007年9月，鲁韬与太太正式结婚，婚礼上，凤凰老板刘长乐对两位新人送上感人的祝福：“我们是老凤凰，希望凤凰卫视有一批小凤凰，让我们的事业后继有人。”

娶妻生子，是一个男人走向成熟的重要阶段。如果说不仅拥有外在美而且拥有内在美的妻子，是鲁韬在凤凰卫视的最大收获，那么儿子的出生，则是上天给予鲁韬的一个考验，真正的男人会坚强面对任何苦难。过了这一关，鲁韬的心态洒脱了很多。

2008年，夫妻俩的儿子出生。但由于超早产，产后几个月，小家伙一直在医院。早产儿所有的并发症，小生命都一一经历了。鲁韬怕妻子过度伤心，坚持将妻子送回家，独自一个人在医院承受儿子病情的起起伏伏。妻子问起，他也报喜不报忧。那种独自一人的煎熬，鲁韬至今都无法用语言来形容。“那是真正考验一个男人当天快塌下来能否撑起腰板挺得住的时候！”

儿子先天心脏有问题，需要立即动手术，可在香港手术排期非常困难。鲁韬想起凤凰老板刘长乐在孩子出生第二天，曾经电话询问他需要什么帮助，当时的鲁韬不知道怎么办，只能说声谢谢。这次在不得已的情况下，不得不开口求老板帮助。没想到老板立刻找到相关机构帮忙，第二天就给孩子做了手术。手术很成功，小生命挺过了一关又一关，算得上是一个奇迹。鲁韬对老板刘长乐心存感激，认为老板是自己心目中的“活菩萨”。“凤凰卫视为什么能走到今天，除了赶上一个好时代，也和老板本人的风格，善待员工，真正替员工办实事是分不开的。”就这样，鲁韬一直怀着感恩的心，在凤凰快乐地工作。

↓凤凰老板刘长乐（中间）和凤凰的同事们一同参加鲁韬婚礼。

↑和太太一起观礼国庆阅兵。

“我们是一对经得起考验的年轻夫妻。”鲁韬与太太互相扶持，一起走过了艰难的日子。现在鲁韬工作之余，生活空间基本被孩子填满了，他很享受着孩子带给家庭的快乐。

鲁韬儿子的小名叫“镛镛”，镛是大钟的意思，鲁韬希望儿子能够像大钟一样铿锵有力，又不张扬。这也正是鲁韬自己追求的生活状态：静水流深，深水无声，不露也锋芒。

卢琛

播音系科班毕业的她却是一个不走寻常路的新闻主播。喜欢在播新闻时画烟熏妆的她，并不给人妖艳的感觉，反而更多了些主播的端庄和专业，说白了就是，长得就像主播。她经历了记者、编辑、电台主持和首席新闻主播等多种身份的转换，采、编、播能力俱佳。其播报如行云流水，风格自然、稳健、大气，令观众留下深刻印象。

卢琛曾于2000年只身前往智利，与智利国家电视台合作，每周制作有关智利政治、经济、文化的系列报道，并于总统府专访当时的总统拉戈斯。

星座：天蝎座

血型：B型

毕业院校：中国传媒大学播音专业（本科）；英国莱斯特大学全球化与传媒（研究生）

嗜好：蜷曲在沙发里，和爱犬Star跑步

爱好：骑马，和宠物对话

最喜欢的食物：麻辣火锅

喜欢做的事：浪迹天涯

愿望：打理牧场

卢 琛
我行我素，我型我秀

“琛式”播报

卢琛是十足的个性新闻主播。

她画浓重的眼妆，戴抢眼的首饰，头发总是吹得很酷，穿低胸衫搭配深色套装。这是她自己设计的形象，无论从妆容到服饰，夸张的细节都在提醒观众，这是一个女人在做新闻。

与极致的女性化装束反差甚大的，是卢琛在主播台上如男人般驾驭一切的气场。主播台上，她总是眼神凌厉，表情严肃，举手投足干脆利落，一副职业的派头。无论直播《凤凰全球连线》，与众专家连线访谈，多方探讨全球焦点；还是主持《今日看世界》，深度剖析国际事件，追踪新闻来龙去脉，做好这些，没点随机应变、判断取舍的果断和对国际问题的熟悉很难达到。

“琛式”播报是观众给她的播报风格起的名字，因为她听起来语速不定，时快时慢，音量有变，时大时小，然而不论如何变化，却总能叫人一听就懂，而且感到自然和谐、悦耳动听。卢琛却说自己对播报风格没什么设计可言，只是想把自己知道的东西有效地传递给观众而已。

↑卢琛童年，小辫儿冲天。

大家闺秀的教育

说起来十个人中有九个都不会相信，卢琛的本科出自国内播音主持艺术的最高学府——北京广播学院，是名正言顺的播音科班出身。当年，出于对语言的天赋与兴趣，卢琛本意是想报考外语专业的，作为重点高中的学生，她对自己的高考很有信心，也没什么压力。这时，同学们都在讨论着艺术院校提前面试的事情，对“面试”这回事很感兴趣的卢琛便在同学的“撺掇”下，起哄似的一起报考了广播学院播音与主持专业。

卢琛的高中同学们或许并不知道，平时跟他们一样两点一线，埋头苦读的卢琛其实深藏着“十八般武艺”。卢琛的父母虽然都是理工科的大学老师，却非常重视培养女儿的艺术细胞。卢琛六岁的时候，妈妈给她选择了民乐里最难学的琵琶作为音乐启蒙，请了四川音乐学院的专业教师给她上课。不论春夏秋冬、刮风下雨，妈妈总是背着琵琶，骑车带着卢琛一起去老师家上课，从来没间断过。有时候学烦了，小卢琛就一边哭一边在妈妈的教导下练琴，不过一直都没有放弃。上高中后，卢琛又学习了古筝，一直练到上大学。

那时卢琛除了擅长乐器，还在唱歌、朗诵、主持这些“耍嘴皮子”的事情上显示出了天赋。在她读中学的时候，学校一来外宾，有时正在上课的小卢琛就被叫出去表演节目或主持活动。让卢琛感到幸运的是，爸爸妈妈都是开明的家长，不怕参加课余活动影响孩子学习，反倒觉得可以提高孩子的修养，多长见识。所以卢琛小时候参加的社会活动特别多，从不到六岁开始直到高一离开成都，一直都在广播电台、电视台参加着活动。

专业学府的个性班长

有这样功底的卢琛在艺术类院校面试中丝毫没有怯场，很顺利地就通过了播音主持专业的面试。后来她在高考中发挥正常，考过了一类重点分数线，随后就被广播学院以高分顺利地提前录取了。到了这关口，卢琛才明白了艺术类院校提前录取是怎么回事，可是一切已经无法改变。挥别自己的第一志愿——上海外国语大学，卢琛成了当时播音专业有史以来最高分的新生。

大学时期，成绩第一的卢琛理所当然地成为班长。但这个班长有些不同，常常带头逃课，第一个出去“打工”。从大一开始卢琛就一边上课一边去北京广播电台实习，以后又陆续去了其他电台和电视台。卢琛当然有自己的理由，习惯了高中那种紧张、高效的学习方式，一下子过渡到大学这种松散的学习方式，她觉得自己不用花费全部的时间和精力，就能轻松搞定所有课程了，而剩下的时间，自己当然也没有必要浪费。

不过，这个高分数的播音班长也会有搞不定的东西，那就是对新闻播音的不解。卢琛从小就做广播电台、电视台的小主持人，习惯于随意自然表达的她，对

↑卢琛一副深情琼瑶剧女主角的扮相。

一本正经的新闻播音一直心生排斥，她很害怕一字不改的东西。于是直到她毕业后在央视做新闻主播时，在一众的“字正腔圆”中，她的“琛式”播报显得十分“不同”。

即便如此，卢琛还是认为科班训练对一个主持人来说是重要的，尤其是在向人传达信息上，有没有经过训练其实差距很大。大学的播音基础学习和专业训练早已经烙在了她的骨子里，只是有时候她没有意识到而已。

“我希望你能录取我！”

卢琛从小就个性十足，从不懂得怯场。

中考那会儿，卢琛特别想去一个省重点学校上学，在考试中分数却差了一点。暑假里，大家拿到了分数，都在等录取通知，卢琛却一个人跑到心仪的学校里去逛。在校园里，她走着走着就走到了校长办公室门口，一看校长正在里面坐着呢，卢琛就进去了，张口就跟校长说，我想跟您谈谈。校长一惊，一个陌生的小女孩突然跑进来说找自己谈话，于是问，你要谈什么啊？卢琛就开始一股脑地讲起来，说我特别喜欢这所学校，可是分数又不够，但是我有很多特长，我要是到你们学校来肯定会给你们这所学校增光添彩的，我希望你能录取我……校长一边听一边看着这个小女孩，当场就给逗乐了，说你叫什么名字，登记下来吧。然后又说，你等我一下，我去开个会。说完他就去旁边的教室开会了。原来校长是去跟老师讨论啦，会上他们一致通过，决定录取卢琛。于是校长走出去对卢琛说，我们可以要你，并教了她填志愿的方法，卢琛真的就被录取了。

似乎被校长的举动鼓舞了，一入学卢琛就开始展露锋芒，竞选学生会主席，无论是竞选演讲，还是发表施政纲领，都难不倒这个六岁就上台做小主持的女孩，所以她无比顺利地当选了学生会主席。遗憾的是卢琛在这所成都的重点高中只待了一个学期，就随工作调动的父母转学到了北京的一所市重点中学。

北京的高中生活与成都那所学校色彩斑斓的环境相比要沉闷得多。学校考虑到卢琛是外地重点学校转来的好学生，于是特意安排她到了全国模范教师做班主任的班级，连座位也安排在了全班成绩最好的同学旁边。刚来的一段时间，卢琛觉得自己一直和班里的气氛合不来。她就不明白，为什么本来学校要求是8点钟第一节课，可7点半没到校，就会被老师堵在楼道里。那时卢琛骑自行车上学，正赶上北京修环线，每天都要路过一段工地，害她总是要扛着自行车上下天桥。有时赶上下雨，还要趟一段泥浆路，弄得身上和车上都是黑泥，每当这时她就觉得特别懊恼。再一到校看到老师站在那儿，简直崩溃了。更让卢琛受不了的是，每当下课铃响起，她刚想站起来，却又坐下了，因为班里的所有人竟然都无视铃声，坐在那儿埋头写作业，弄得她也不好意思出去了，说话也不敢说了。

在这样压抑的环境之下，卢琛依然“顽强”地参加各种课余比赛，征文、演讲等等，并曾获得过全国中学生演讲比赛一等奖。

小孩说大人话

卢琛大学时的梦想是主持环游世界的那种节目，任人自由发挥，活泼中又带着一点知性，就如同当时央视国际部有名的主持人王雪纯。在临近大学毕业时，卢琛确实在国际部实习过一段时间，也正是由于这段时间的优异表现让她毕业后顺利被分配到央视。正当她满心欢喜地以为可以实现梦想的时侯，却接到通知说，自己被分到了海外部做新闻主播。当时的海外部，也就是今天的央视四套，还仅仅是个对外频道，并没有在中国境内落地。也就是说，她每天主持的节目，身边亲友即使打开电视也看不到，并且是她最不擅长的新闻节目。

这个小小的“差错”确实给当时的卢琛造成了一点点心理落差，但如今看来，假使不是在海外部这个接受新思想最快的地方，又如果海外部当年并没有选择卢琛主持改版的新节目，现在的她是什么样子也许还要两说。

卢琛第一次上主播台就赶上一件大事，中国驻南斯拉夫人使馆被炸。那天正好是她值班，主任说，今天就你上吧。卢琛当时感觉整个采编室的气氛几乎都凝固了。发生了这么大的事情，从上到下的同事们都很谨慎，所以直到卢琛上台的前一刻稿子才定下来，她拿着看都来不及看的稿子，战战兢兢地坐在那儿，开始了人生中的第一次新闻直播。卢琛事后说，也不知道自己当时是怎么读下来的，反正当时的播音组组长看了之后说，这孩子行，心理素质好。

其后，卢琛就开始了轮班主持《中国新闻》的工作。现在回想起来，她对那段时间的评价是：小孩说大人话。

↑这个仰角真让人看了神清气爽。

第一次找到做新闻的乐趣

卢琛一直觉得自己是走感性风的，大学里学得最好的专业课是演讲，而新闻播音却是所有专业里最差的。可她恰恰与新闻有缘。

2000年，海外中心改版，央视第一个60分钟的早间新闻直播节目《新闻60分》出世。在当时，央视海外部的这档新节目可谓相当超前，它有了嘉宾访谈环节，并加大了新闻同期的运用，很多时候还会直接切到新闻现场，让主持人就着CNN的信号画面现场解说。更大的改变是，它摒弃了国内时政新闻、会议新闻优先的传统，将当天发生的重大国际时事作为头条，完全按新闻规律办事。《新闻60分》让卢琛第一次感觉到了做新闻节目的乐趣，体会到了什么是主持人的新闻感和驾驭力。尤其她那扎实的英文功底也有了用武之地，还有无法规定动作的新闻现场时间，让她可以彻底丢弃字正腔圆的播音脚本，更多依靠自己临场的发挥。“琛式”播报也就在此时萌芽。

《新闻60分》当时的举动，可以说是现在很多电视台都不敢做的，而这种突破性的尝试，正是卢琛向往的工作状态。当这样一个形态的节目展现在她面前时，她才第一次在新闻领域找到了能真正体现出自己风格的节目。如今卢琛回想这段有标志意义的经历，觉得很特别。《新闻60分》开播不久，当时的广电部部长还亲自发文表扬了这个节目，也表扬了作为节目主持人的卢琛。

“9·11”的亲历者

2000年，也是后来带给内地新闻界颠覆性冲击的凤凰卫视资讯台成立的元年，这意味着，卢琛的主持风格以及《新闻60分》这个节目的确算是中国内地新闻专业化的先行者。这样的情况引起了美国的注意。美国大使馆邀请卢琛参加中国媒体业青年精英访美交流活动，同行的还有《环球时报》、《中国青年报》、新华社以及北京电视台等同行。

在美国期间，他们和当地新闻媒体做了一个月的交流。他们去参观美国的媒体，去参观美国金融界，同政府机关、研究学会的人交流，可以说都是和一些尖端层面的人直接对话，这一切使卢琛很兴奋。特别是美国媒体的运作给卢琛留下了深刻的印象，他们在做交流的时候，思维方式与中国媒体差别很大，做的深度也不同，这促使卢琛产生了强烈的学习欲望，甚至还未回国就迫不及待地下了出去读书的决心。

更不可思议的是，在美国仅仅一个月的交流时间里，卢琛却亲身遇上了震惊世界的“9·11”事件，这只能说她仿佛命中注定与重大新闻事件有缘。

卢琛记得当时她在华盛顿远远就看见有个地方冒烟了，然后听说是五角大楼。新闻职业的敏感性让她迫不及待赶到现场一探究竟。她立即问旁边的人怎么去，人家说恐怕去不了，地铁可能都封锁了。卢琛不管不顾地跑到了地铁上，但地铁只开了一段就不动了，她就从地铁下来顺着冒烟的方向不停地跑。卢琛当时穿着高跟鞋和一身正装，现在回想起来她也不知道自己当时是怎么跑那么远的。跑到附近后，她碰见了一个黑人女孩，女孩告诉她说，有一个酒店的制高点可以看见五角大楼的全部。卢琛就跟着她跑到酒店上面，拍了不少照片。后来她才得知，原来那个黑人女孩也是搞新闻的，看来无论哪个国家，新闻工作者都有相同的职业病。

↑简洁率性的卢琛。（王酉年摄）

一定要出去读书！

在美国一个月的交流活动成为了卢琛事业转折的助推器，她决心已下，一定要出去读书！于是回国后仅仅三个月时间，卢琛就申请到学校，跟台里辞了职，风风火火奔向了英国。

卢琛在英国攻读的是“全球化与传媒”专业，学的都是国际政治和国际关系，似乎与媒体有点不沾边，但这正是她煞费苦心的选择。

通过这一年的学习，她觉得自己开始喜欢政治，喜欢研究国际格局。她发现其实新闻发生的根源就是国际格局决定的，做国际新闻，其实背后真正的东西就是国际关系。有了这样的视角，看问题就有了宏观的角度，就不会掉到每一个新闻里头出不来。

在英国，卢琛还结识了很多同行的朋友，那时候他们专业是六个人，几乎都来自各国的主流媒体，有印度的，有英国的，还有美国的，也有中国同学，因为都是做媒体，所以交流特别多。在英国卢琛还结识了一个曾在BBC任主播的老前辈，于是跟着他在BBC一个专题栏目实践了半个月。

可以改导语的主播

英国学习归来后，卢琛不想继续做主播了，她想尝试做记者，可是没想到又被海外中心找了回去，而吸引她回巢的原因又是一档改版的新节目。

这是一个在当时算得上十分新锐的节目，要设置评论员在一旁随时点评重点新闻，还有读报环节。这就要求主持人具有特别强的驾驭力，能调配所有场外记者的连线以及场内的专家。那时候是2003年，这种节目形态已经是完全按西方模式走的，连演播室设计都是CNN风格的。卢琛当时就接受了，觉得这是自己非常向往的工作状态。

二进央视，卢琛形象大变，她跟化妆师要求画很重的烟熏妆，戴很“扎眼”的首饰，穿很低胸的衣服，头发也搞得很夸张，总之整个造型是西化的，一下子给人很深的印象，甚至搞得随后四套的化妆间里掀起了烟熏妆的小浪潮。

作为一名主播，卢琛却经常会在直播前仔仔细细地修改自己即将播报的稿子。对此，稿子的原作者——记者们并不太在乎，因为对于卢琛每次做出的修改，大家基本上是信服的。于是卢琛的手稿上总是写写画画堆满了字。其他主播们总会开玩笑地说，你能找着你要说的话吗，但是卢琛却觉得不划成这样自己才不习惯。她说自己绝对不会说不明白的话，记者们写的稿件如果她认为没有说清楚的，或是遣词造句不够专业，她怎么也忍不住手痒，把它改过来，不然她觉得自己没法说清楚。于是，卢琛成为了一个有权限修改稿子的主播。

↑太有主播相了。

从英国回来后，卢琛不再是被迫走入新闻世界的那个随性的姑娘，在国外得到的学习和磨炼，使她能够步步领先，表现出强有力的新闻驾驭感，心态也明显和以前不一样了。

当节目做得越来越得心应手，生活也变得越来越舒适安逸的时候，卢琛又一次出乎所有人的意料，再次从央视辞职了。这次并不为了求学，也没有新工作接替，在其他人看来，她就是这样“挥一挥衣袖，不带走一片云彩”地走了。然而对卢琛自己来说，这次的出走却不是什么一时冲动，更不是拍脑门的决定，准确点说，她感到自己需要换一种节奏去生活，多一些时间去调整，找一种方式去沉淀。

只要是在行进中就有收获

卢琛说自己拥有两个“自我”——工作时理性的“我”与生活中感性的“我”。当卢琛第二次离开央视的时候，理性的“我”暂时谢幕了。因为有亲人居住的关系，卢琛来到美国，开始了长达一年的游历生活。

游历是卢琛最爱的事情，迄今为止，只有大洋洲没有留下她的足迹。卢琛对待她的每一次旅行都有一种虔诚的精神，每到一个国家，起码待上十天半个月，纵观东西南北，丈量每一寸土地，体验当地人的生活，感受当地独特的文化。她想要的绝对不是旅游景点大收集，而是一段没有计划，没有向导，没有旅游大巴，随心所欲、深入民间的经历。

↑阳光特足，卢琛特快乐。

卢琛曾经利用在英国读书时的假期去过埃及，那是个主要说阿拉伯语的国家，并且彼时刚出了几次恐怖袭击游客事件。卢琛却不以为意，她与一位女同学结伴，晚上就住在当地破旧的小酒店，吃饭就吃当地的小吃，去金字塔时也不乘旅游专线，而是参照当地人乘车的线路，甚至到了半夜两点依然闲逛在开罗大街上，结果花半个多月时间把埃及玩了个遍。卢琛的适应能力非常强，把她扔到一个陌生环境，五分钟就可以适应了。

读书的日子，卢琛开着车几乎把整个英国、整个欧洲都转遍了。她最享受的是不论走到哪个城市，几乎都有一个博物馆去参观。去到佛罗伦萨的时候，发现米开朗琪罗的雕塑竟在身旁触手可及，当时她兴奋极了，原来只能在画册上看到的东西现在就在眼前，怎么会这么幸福！还有去佛罗里达，突然听说海明威的故居在那里，她又高兴坏了，把车一扔，就跑了进去。渐渐地，她开始沉迷于这种旅游中的意外惊喜。

卢琛在美国的游历富于传奇色彩。一辆汽车、爱犬Star、一张大地图、简单的行囊，开始行天下。从纽约到洛杉矶，又从洛杉矶沿着南部新墨西哥州到佛罗里达。一年中，这一人一犬在不同城市游走，晚上就住街边小酒店，找不到酒店就把车开到沃尔玛停车场。公路上，看见景区的牌子就拐过去欣赏欣赏，看到熟悉的城市名就转进去参观参观，也许走进去一看，哦，原来这么萧条，于是逛一圈就出来继续前进。

在美国的一年，看起来是静止的，对卢琛来说却特别重要。不仅实实在在地接了每一寸"地气"，更助她酝酿出一种洒脱和放得开的感觉，这不正是卢琛在主播台上的气场吗。

"所有的经历都没有浪费时间，只要你是在行进中，收获都是很大的。"

凤凰有一种东西"刺激"着我

一年过后，正当卢琛准备结束放逐时，很巧的是，凤凰卫视找到了她。凤凰的专业主义激情、宽松的话语环境以及不断推陈出新的机制，都使她相信，这里蕴藏着可以使她大有作为的空间。

卢琛手上的两档节目《今日看世界》与《凤凰全球连线》都要求主持人有很高的参与度。不光确定选题、谋篇布局要亲力亲为，与编导协同合作，还要时常提笔撰稿。特别是接手《今日看世界》后，卢琛很快将节目转变成了自己的风格，注重加强新闻性，选题必须都是当周热点。延续以往的风格，对于编辑写的稿子，如果卢琛发现有问题，就经常会推翻重写，由此熬到半夜是常有的事。现在卢琛又开了新栏目《环球人物周刊》，这是一个互动性的节目，有嘉宾，有观众。不在特别需要的情况下，卢琛并不主张跟嘉宾事先沟通，她更喜欢嘉宾那种现场自然的反应。

来到凤凰四年了，卢琛却一直激情四溢地工作着，在这里，无论是不断出现的更适合自己的新节目，还是这个环境里的每一个人，都闪烁着值得学习的亮点。卢琛在自己的节目里也自主地学习了很多东西，然后又呈现到节目中去，这个过程本身就会让人进步特别快。能够不断地挑战自己，卢琛非常享受这种感觉。

有“通体感”的母亲

自从去年有了女儿之后，卢琛觉得现在的自己已进入了一种稳定时期，不像过去那样总有一种紧迫感。

卢琛是一个责任感特别强的妈妈，她还琢磨出了自己的育儿“理论”：孩子和母亲之间存在一种通体！经她“研究”发现，从怀孕的时候起，母亲跟孩子就是互通的，到孩子生下来的时候，母亲要认真地完成给孩子的第一次喂奶，第一次抱孩子在怀里，让他跟着你同时心跳，这种通体做得好的话，小孩就会特别听话，也不会哭闹了。

卢琛的“研究”在自己身上大获成功，因为她和女儿就建立了非常好的通体，她们的生物钟竟然基本同步更新。在卢琛坐月子的时候，也就是她没上班的时候，孩子晚上都是八九点睡觉。可是当她上班后，需要直播完《凤凰全球连线》，11点半才能回家来喂奶时，孩子也自然调整到了12点睡觉。卢琛很享受这样的过程，她觉得小孩子会带来无穷的乐趣，他给你的反馈都特别的积极，你对他任何的示意，他都会示意特别积极的状态。

卢琛在香港的住处离公司不远。这里一面靠山，一面靠海，附近就是个大度假村，基本算是香港的远郊了。在香港郊区，居民们都盖起了两三层的小楼，虽然不是什么豪宅，却有点田园牧歌的味道。卢琛住的小楼在一条路的尽头，爱犬Star依然跟着她，对于出门就能踩到松软的草地，Star恐怕比卢琛更开心。十分钟的车程，卢琛可以自由地切换于工作的理性与生活的感性之间，一家人其乐融融、简单自然。

看卢琛的过往，人们往往会总结出一个词——“随性”，随性放弃优越的工作，随性选择一段生活。卢琛承认自己在生活中是随性的，但对于工作和人生，不如说她是一种清醒和洒脱。